Regionale Clusterfelder für Erneuerbare Energien

Michael Kunkis

Regionale Clusterfelder für Erneuerbare Energien

Springer VS

Michael Kunkis
Frankfurt am Main
Deutschland

Goethe Universität Frankfurt am Main, Institut für Soziologie, 2015

Siegelnummer D.30

Gutachter:

Prof. Dr. Alexander Ebner
Apl. Prof. Dr. Christian Stegbauer

ISBN 978-3-658-11327-8   ISBN 978-3-658-11328-5 (eBook)
DOI 10.1007/978-3-658-11328-5

Die Deutsche Nationalbibliothek verzeichnet diese Publikation in der Deutschen Nationalbi-
bliografie; detaillierte bibliografische Daten sind im Internet über http://dnb.d-nb.de abrufbar.

Springer VS
© Springer Fachmedien Wiesbaden 2016

Gedruckt auf säurefreiem und chlorfrei gebleichtem Papier

Springer Fachmedien Wiesbaden ist Teil der Fachverlagsgruppe Springer Science+Business Media
(www.springer.com)

Inhaltsverzeichnis

1. Einführung

Die kapitalistische Gesellschafts- und Wirtschaftsverfassung sowie die Analyse wirtschaftlicher Phänomene, insbesondere in Gestalt von Innovationsprozessen, sind von zentralem Interesse der wirtschaftssoziologischen Forschung. Dabei besteht der Anspruch der Wirtschaftssoziologie darin, „wirtschaftliches Handeln so zu analysieren, wie es tatsächlich abläuft und nicht, wie es unter den sehr anspruchsvollen Annahmen der ökonomischen Modelle ablaufen müsste" (Deutschmann 2007: 79). Ein zentraler Bestandteil wirtschaftssoziologischer Überlegungen ist hierbei, dass soziales Handeln, worunter insbesondere auch wirtschaftliches Handeln zu verstehen ist, von Ungewissheit geprägt ist. Das Problem der Ungewissheit kann in diesem Sinne als ein Problem der sozialen Ordnung verstanden werden (Beckert 1996: 137). Zahlreiche Vertreter der neueren Wirtschaftssoziologie berufen sich in ihren Forschungsansätzen und Untersuchungen oftmals auf das Konzept der Einbettung nach Mark Granovetter (1985). Unter dem Konzept der Einbettung nach Granovetter ist zu verstehen, dass soziale Handlungen aus den sozialen Beziehungsgefügen der handelnden Akteure hervorgehen und unter Rückbezug auf diese erklärt werden können (Granovetter 1985: 481ff.). Die handelnden Akteure sind in diesem Sinne in Netzwerke interpersoneller Beziehungen eingebettet. Eben diese soziale Einbettung bedingt zu einem wesentlichen Teil ihr Handeln (Granovetter 1985: 504). Auch wirtschaftliches Handeln ist demnach in soziale Beziehungen und Kontexte eingebettet, und kann deshalb nicht unabhängig davon analysiert werden (Granovetter 1985: 504). Jedoch ist die Geltung des Einbettungskonzepts nach Granovetter umstritten, da es sich als nicht ausreichend theoretisch begründet und empirisch anwendbar für die Besprechung wirtschaftlicher Sachverhalte erwiesen hat (Deutschmann 2007: 83f.; vgl. weiterführend Krippner et al. 2004; Bourdieu 2005; Beckert 2009). In diesem Zusammenhang erscheint es angebracht, mit dem Konzept der sozialen Einbettung, das einstige Herzstück der neueren Wirtschaftssoziologie zu hinterfragen und ein alternatives Erklärungskonzept zu überdenken. Als ein vielversprechendes Konzept, mit dem sowohl soziale als auch wirtschaftliche Phänomene besprochen werden können,

7

wird an dieser Stelle eine wirtschaftssoziologisch geprägte Feldtheorie angesehen (vgl. Bourdieu 2003; Fligstein/McAdam 2012; vgl. weiterführend Martin 2003, 2009). Als die zentralen zu erklärenden wirtschaftlichen Phänomene dienen dabei sogenannte Wirtschaftscluster.

In Kapitel *Struktur und Raum* findet eine Besprechung der strukturellen und raumtheoretischen Grundlagen und Rahmenbedingungen statt. Hierbei stehen verschiedene theoretische Konzeptionen, insbesondere in der Form unterschiedlicher Wirtschaftssysteme sowie Finanz- und Innovationssysteme, im Mittelpunkt. Diese Rahmenbedingungen sind dabei sowohl von grundlegender Bedeutung für die Ausgestaltung eines nationalen Wirtschaftsmodells, als auch für die jeweilige interne Strukturierung von Wirtschaftsclustern. Anschließend an die Einführung der zentralen strukturellen Rahmenbedingungen wird dargestellt, welche Bedeutung der Dimension des Raums in der Besprechung von Wirtschaftsclustern zukommt. Diesbezüglich werden spezifische raumtheoretische Ansätze vorgestellt. Ein besonderter Fokus wird hierbei auf den Clusteransatz nach Michael Porter gelegt. An die Besprechung der regionalen Wirtschaftsräume schließt eine Interpretation soziologischer Raumkonzepte an. Diese raumsoziologischen Ansätze dienen dabei der Anreicherung und Modifizierung des porterschen Clusterkonzepts.

Ein zentrales Element der vorliegenden Untersuchung ist die Ausarbeitung eines erweitertes Feldkonzepts. In Kapitel *Feld und Cluster* werden hierfür zentrale feldtheoretische Ansätze besprochen. In Anschluss daran eine ausführliche Darstellung der Felderkonzepte nach Paul DiMaggio und Walter Powell, Pierre Bourdieu, Harrison White sowie nach Neil Fligstein und Doug McAdam, wird ein weiterführendes Feldkonzept in die Diskussion eingebracht. Der modifizierte Feldansatz zeichnet sich hierbei durch das spezifische Zusammenwirken von Institutionen, Netzwerken und kognitiven Rahmungen aus. Zudem wird im in diesem modifizierten Feldansatz die besondere Bedeutung von individuellen und kollektiven Interessen für das feldliche Handeln hervorgehoben. Mit Rückbezug auf die besprochenen Raumansätze wird hierbei ein modifiziertes Clusterkonzept realisiert.

Für die empirische Umsetzung werden *Clusterfelder für Erneuerbare Energien* in Deutschland analysiert und interpretiert. Das Erkenntnisinteresse liegt des Weiteren darin, die Bedeutung spezifischer sozialer, institutioneller, feldbedingter sowie systemischer Grundlagen für die Entwicklung und Ausrichtung von Wirtschaftsclustern zu identifizieren. Auch wird darauf eingegangen, ob sich in den einzelnen Clustereinheiten spezifische soziale und institutionelle Settings bzw. Arrangements aufzeigen lassen, die von einem allgemeinen, nationalen Wirtschaftsmodell in Deutschland abweichen. Hierfür werden vier regionale Wirtschaftscluster als exemplarische Felder untersucht. Die Arbeit schließt in einer pointierten *Schlussbetrachtung*.

2. Struktur und Raum

Im Fokus der vorliegenden Untersuchung stehen Wirtschaftscluster und deren Analyse als regionale Felder. Diese Clusterfelder gründen dabei jedoch nicht in einem neutralen Raum oder Umfeld, sondern sie sind vielmehr in einen systemischen Gesamtzusammenhang integriert. Als allgemeine strukturelle Rahmenbedingungen können hierfür insbesondere spezifische Wirtschaftssysteme bzw. nationale Wirtschaftsmodelle sowie Finanz- und Innovationssysteme angesehen werden. Des Weiteren ist auch die Dimension des Raums in die Überlegungen einzubeziehen, da es sich bei Wirtschaftsclustern um spezifische räumliche Agglomerationen handelt. In diesem Sinne werden zunächst die allgemeinen strukturellen Rahmenbedingungen für wirtschaftliches Handeln in Deutschland vorgestellt und in Hinblick auf das vorliegende Forschungsinteresse besprochen. Daran anknüpfend findet eine Besprechung verschiedener Finanz- und Innovationssysteme statt. An die Besprechung der strukturellen Rahmenbedingungen schließt eine Auseinandersetzung mit sogenannten Wirtschaftsräumen und eine Interpretation soziologischer Raumverständnisse an. Hierbei werden insbesondere die Ansätze der industriellen Distrikte, der regionalen Produktionswelten sowie der Clusterkonzeption vorgestellt. Als Grundlage für die weitere Besprechung wird der Clusteransatz um essentielle Beiträge der soziologischen Raumforschung erweitert, um auf dieser Basis ein modifiziertes Clusterkonzept zu erhalten.

2.1. Wirtschafts- und Finanzsysteme

Die vergleichende Kapitalismusforschung widmet sich der Analyse, Beschreibung und Erklärung von Wirtschaftssystemen, insbesondere kapitalistischer Modelle

(Jackson/Deeg 2006: 12). Die behandelten Kapitalismusmodelle unterscheiden sich dabei insbesondere hinsichtlich bestimmter, sie kennzeichnende, institutioneller Konfigurationen und Arrangements, u.a. in Form der Ausgestaltung des Finanz- und Innovationssystems oder von spezifischen Arbeitnehmer-Arbeitgeber-Beziehungen (vgl. North 1990; Durkheim 1992; Streeck 2010). Von besonderer Bedeutung ist hierbei das Verständnis, dass sich Institutionen nach einem pfadabhängigen Prozess bzw. Muster etablieren. Zentrale Ansätze der ver-gleichenden Kapitalismusforschung verweisen zunächst auf den Nationalstaat als die zentrale Untersuchungseinheit (Hall/Soskice 2001: 4).[1] Diesbezüglich werden diverse Typologien und Bezeichnungen von Kapitalismusmodellen unterschieden (vgl. Hollingsworth/Schmitter/Streeck 1994; Casper/Hollingsworth/Whitley 2005; Crouch 2005a; Deeg 2009). Abgrenzend von den nationalstaatlich-konzipierten Kapitalismusvarianten, können innerhalb der Diskussion der vergleichenden Kapitalismusforschung zudem alternative Ansätze, u.a. in Form regionaler Kapitalismusvarianten, aufgefunden werden (vgl. Crouch/Schröder/Voelzkow 2009a).

2.1.1 Varieties of Capitalism

Den wohl einflussreichsten und wirkmächtigsten Ansatz innerhalb der ver-gleichenden Kapitalismusforschung stellt der Varieties of Capitalism-Ansatz (VoC) nach Hall und Soskice dar (vgl. Hall/Soskice 2001). Hall und Soskice arbeiten in ihrem Ansatz die institutionellen und organisationalen Gemeinsamkeiten bzw. Unterschiede von bereits entwickelten Volkswirtschaften heraus. Dabei rekurrieren sie auf Modernisierungsansätze, Ansätze der Trans-aktionskostentheorie, des Neo-Korporatismus und der Social Systems of Production (Hall/Soskice 2001: 2-6; vgl. weiterführend Shonfield 1965; Crouch 1979; Schmitter 1979). Die zentralen Bezugspunkte der Analyse von Hall und Soskice sind die unternehmerischen Akteure in einem bestimmten kapitalistischen System (Hall/Soskice 2001: 6). Unternehmen stellen hierbei die wesentlichen Akteure der ökonomischen Wertschöpfung dar. Als solche müssen sie wechsel-seitige Koordinierungsleistungen ausführen, um über strategische Interaktionen bestehende oder aufkommende Koordinationsprobleme systemintern lösen zu

---

[1] Der Nationalstaat kann in diesem Zusammenhang als ein Container verstanden werden, durch den eine Trennung von internen und externen Interaktionsformen stattfindet (vgl. Brenner et al. 2003).

können (Hall/Soskice 2001: 5). Die von Hall und Soskice angeführten Koordinationsprobleme können dabei in den Bereichen der industriellen Beziehungen, des Ausbildungssystem, der Unternehmensfinanzierung, der Unternehmensführung, den Beziehungen zwischen den Unternehmen, der internen bzw. externen Arbeitsbeziehungen sowie im jeweiligen Innovationssystem auftreten (Hall/Soskice 2001: 6-21). Die von den Akteuren entwickelten Beziehungsmuster prägen dabei den Charakter des jeweiligen marktwirtschaftlichen Modells bzw. des jeweiligen Produktionsregimes (vgl. Hall/Soskice 2001).

Hall und Soskice treffen eine Unterscheidung zwischen zwei wesentlichen kapitalistischen Grundsystemen der marktwirtschaftlichen Ausgestaltung und Ausrichtung (Hall/Soskice 2001: 8f.). In diesem Sinne werden zum einem mit der koordinierten Marktwirtschaft und zum anderen mit der liberalen Marktwirtschaft zwei grundlegende Idealtypen unterschieden. Das Beziehungsgeflecht in einer koordinierten Marktwirtschaft zeichnet sich durch enge Abstimmungsprozesse zwischen den beteiligten Akteuren aus. Das systemische Miteinander in liberalen Marktwirtschaften ist dem hingegen dadurch geprägt, dass die Beziehungen zwischen den Akteuren, insbesondere die Beziehungen der unternehmerischen Akteure unter- und miteinander, von Wettbewerb und Marktmechanismen gekennzeichnet sind. Die Beziehungen in liberalen Marktwirtschaften können in diesem Sinne als eher formal verstanden werden. Die Beziehungsmuster in koordinierten Marktwirtschaften sind tendenziell informeller Art (Hall/Soskice 2001: 8). Die zentralen Sphären des Varieties of Capitalism-Ansatzes sind dabei u.a. das Arbeits- und Firmenrecht, die Ausgestaltung der Arbeitnehmer-Arbeitgeber-Beziehungen sowie das Finanzsystem. Dabei zeigen sich zwischen den beiden Grundtypen, den koordinierten und liberalen Marktwirtschaften bzw. den entsprechenden Länderbeispielen, Deutschland und den USA, deutliche Unterschiede in der Ausgestaltung dieser Sphären (Hall/Soskice 2001: 21-33).

Aus der Sicht des Varieties of Capitalism-Ansatzes ergeben sich, je nach Systemtyp, spezifische institutionelle Wettbewerbsvorteile aus den Komplementaritäten zwischen den einzelnen Subsystemen, u.a. Corporate Governance, Finanzen, Arbeitsbeziehungen, zwischenbetriebliche Beziehungen, Bildung und Ausbildung sowie Innovation (vgl. Mayntz 2009). In koordinierten Marktwirtschaften, u.a. Deutschland und Frankreich, wird dabei das strategische Umfeld von Unternehmen stärker über nicht-marktliche Mechanismen koordiniert. Dies äußert sich etwa in den langfristigen Mustern hinsichtlich der Unternehmensfinanzierung und einer kooperativ angelegten technologischen Standardisierung, was wiederum inkrementelle Innovationen im Sinne von relativ stabilen technologischen Paradigmen fördert (Hall/Soskice 2001: 21-27). Liberale Marktwirtschaften, u.a. die USA und Großbritannien, sind von einer marktlichen Koordinierung der allgemeinen Beziehungsmuster geprägt, die sich u.a. in einer an kurzfristigen Renditezielen orientierten Unternehmensfinanzierung und einer starken Deregulierung von Arbeitsmärkten äußert. Dieses systemisches Miteinander solle Wettbewerbsvorteile im Bereich radikaler Innovationen generieren, was sich insbesondere in Phasen technologischer Paradigmenwechsel bewähre (Hall/Soskice 2001: 27-33).

Wie bereits angeführt, können die koordinierten und liberalen Marktwirtschaften insbesondere in Form der beiden zentralen Aspekte des Innovationstyps bzw. Innovationssystems sowie des Finanzierungssystems voneinander abgegrenzt werden. Demzufolge werden in koordinierten Marktwirtschaften inkrementelle Innovationen generiert, während eine liberale Marktwirtschaft radikale Innovationen hervorbringt (Hall/Soskice 2001: 21-44). Nach dieser Betrachtungsweise würden in Deutschland insbesondere inkrementelle Innovationen ihre Umsetzung finden, und in den USA radikale Innovationen. Des Weiteren zeichnen sich koordinierte Marktwirtschaften dadurch aus, dass Unternehmen langfristiges, sogenanntes geduldiges, Kapital in Form von Bankkrediten zur Verfügung gestellt bekommen. In Deutschland hat sich hierfür das Hausbank-Prinzip, einer Bank, die besonders enge und lang andauernde Beziehungen mit einem Unternehmen pflegt, herausgebildet. Unternehmen in liberalen Marktwirtschaften wiederum beziehen ihre finanziellen Mittel zumeist nicht über Banken, sondern über Finanzmärkte bzw. finanzmarkt-orientierte Finanzgeber, u.a. in Gestalt institutioneller Investoren oder Venture Capital-Unternehmen (vgl. Bottazzi/Da Rin 2005). Venture Capital bzw. Risikokapital stellt dabei außerbörsliches Beteiligungskapital dar (vgl. Black/Gilson 1998; Gompers/Lerner 2001, 2006; vgl. weiterführend Freeman 2005; Caselli 2010). Als solches wird Risikokapital insbesondere bei jungen oder riskanten Unternehmungen eingesetzt (vgl. Kortum/Lerner 2000; Bottazzi et al. 2002).[2] Auch werden die finanziellen Beziehungen zwischen den beteiligten Akteuren in koordinierten und liberalen Marktwirtschaften unterschiedlich eingeschätzt. In koordinierten Marktwirtschaften werden die Beziehungen zwischen Kapitalgeber und Kapitalnehmer als besonders eng beschrieben. Insbesondere Vertrauen zwischen den Handelspartnern und der jeweiligen Reputation sind dabei von großer Bedeutung. Die Beziehungen zwischen den Handelspartnern in liberalen Marktwirtschaften werden dem hingegen als distanziertere, unpersönliche Beziehungen umschrieben (Hall/Soskice 2001: 8f.).

---

[2] Das eingesetzte Risikokapital kann in verschiedenen Phasen der Unternehmensfinanzierung, u.a. der Startfinanzierung, genutzt werden (vgl. Gompers/Lerner 2006). Die ersten Venture Capital-Organisationen entstanden nach 1945 in den USA. Von einer Venture Capital-Industrie kann seit Mitte der 1970er Jahre gesprochen werden (vgl. Gompers/Lerner 2006; Antonczyk/Breuer/Brettel 2012). Im klassischen deutschen Wirtschaftsmodell ist die Finanzierung über Venture Capital bzw. Risikokapital zunächst nicht angelegt bzw. vorgesehen.

Es konnte gezeigt werden, dass der Varieties of Capitalism-Ansatz nach Hall und Soskice auf einer Dichotomie zwischen liberalen und koordinierten Marktwirtschaften basiert. In diesem Zusammenhang ist zu hinterfragen, ob diese Dichotomie begründet und stabil ist. So könnte es beispielsweise auch zu Prozessen der Konvergenz oder Hybridisierung der angeführten Kapitalismusmodelle kommen (vgl. Schmidt/Hackethal/Tyrell 2001; Lane 2003; Streeck 2009). Eine zufriedenstellende Beantwortung dieser Fragestellung konnte bislang jedoch noch nicht gegeben werden (Amable 2003: 19; vgl. weiterführend Kang 2006; Deeg/Jackson 2007). Ein weiterer Kritikpunkt ist, dass der Ansatz von Hall und Soskice auf eine relativ eng begrenzte Gruppe an Nationen, die mit den liberalen bzw. koordinierten Idealtypen weitestgehend korrelieren, beschränkt ist (Casper 2010: 335ff.). Ebenfalls ist die Verknüpfung der Koordinationsform der Marktwirtschaft, liberal bzw. koordiniert, und einem spezifischen Innovationstyp, radikal bzw. inkrementell, als eine zu einseitige Kombination zu kritisieren (Crouch 2005b: 444). Auch wird auf die Auswirkungen, die ein möglicher institutioneller bzw. organisationaler Wandel innerhalb eines entsprechenden Referenzsystems haben könnte, im Ansatz von Hall und Soskice nur bedingt thematisiert (vgl. Crouch 2005a; Streeck/Thelen 2005; Hall/Thelen 2009). Des Weiteren legen Hall und Soskice den Fokus auf Unternehmen als die zentralen Handlungsakteure. Die Bedeutung von Unternehmen soll an dieser Stelle nicht relativiert werden, jedoch ist die Frage gerechtfertigt, ob es noch weitere Akteure gibt, die im Sinne der vorliegenden Fragestellung, von Bedeutung sind. Auch ist zu klären, ob die Strukturierung des Subsystems der Finanzierung Auswirkungen auf die Innovationsfähigkeit von Unternehmen hat (vgl. Laperche/Uzunidis 2008; Amable/Palombarini 2009). In diesem Sinne ist auch die Nähe zur Rational Choice-Theorie und die dominierende Makroorientierung des Varieties of Capitalism-Ansatzes zu hinterfragen. Eine ausgereifte Mikrofundierung bieten Hall und Soskice ebenfalls nicht an. Schließlich ist zu klären, ob es gerechtfertigt ist, von einem homogenen nationalen Kapitalismusmodell zu sprechen (vgl. Kang 2006; Teipen 2008; Casper 2010). So sollten spezifische Aspekte von räumlich gebundenen sozialen, institutionellen und kulturellen Settings nicht vernachlässigt werden. Es ist zu prüfen, ob insbesondere wirtschaftliche Subsysteme aufzufinden sind, die von einem einheitlichen, nationalen Wirtschaftsmodell abweichen. Zudem ist von Interesse, ob und wie die regionalen und nationalen Wirtschaftsebenen miteinander interagieren.

2.1.2 Regionale Kapitalismusvarianten

Im Fall der sogenannten regionalen Kapitalismusvarianten liegt der Untersuchungsfokus auf der regionalen bzw. lokalen, d.h. einer räumlich eingrenzten, Ebene (vgl. Crouch/Schröder/Voelzkow 2009a; vgl. weiterführend Hudson 2012). Hierbei handelt es sich um ein Alternativkonzept, das sich vom Varieties of Capitalism-Ansatz abhebt, indem die darin verfolgte Argumentationsweise, insbesondere die Fokussierung auf den Nationalstaat als Schablone, für eine umfassende Analyse kapitalistischer Systeme als zu vereinfachend und deshalb als ungeeignet kritisiert wird (Crouch 2005b: 450; vgl. weiterführend Glassmann/Voelzkow 2006). Der zentrale Kritikpunkt dabei ist, dass die nationalstaatliche Ebene als ein zu grobes und somit ungenaues Konzept zur Beschreibung von Kapitalismustypen angesehen wird, da mit dem Konzept eines nationalen Kapitalismussystems nicht auf die potentielle vorhandene Heterogenität innerhalb eines Nationalstaats eingegangen werden kann (Glassmann/Voelzkow 2006: 220; vgl. weiterführend Sorge 2005). Die räumlich eingegrenzte Ebene der Region kann sich an politischen Vorgaben orientieren. Sie kann jedoch auch losgelöst davon existieren. Ebenfalls kann sie, zumindest theoretisch, über nationale Grenzen hinweg existieren. Es ist jedoch tendenziell davon auszugehen, dass es sich bei den regionalen Kapitalismusvarianten um regionale Systeme handelt, die sich von dem gegebenen nationalen Kapitalismusmodell in zentralen Punkten, u.a. in der Ausgestaltung eines spezifischen Innovationssystems, unterscheiden. Mit einer regionalen Fokussierung kann auch eine sektorale Spezialisierung einhergehen, d.h. es kann in einem solchen regionalen Kontext zu Bündelungen spezifischer Industriezweige oder Branchen kommen (Crouch/Voelzkow 2009: 2). So ist meist keine einheitliche Verteilung von Industrien innerhalb eines Landes aufzufinden. Insbesondere die Ausdifferenzierung spezifischer regionaler Innovations- und Produktionssysteme mit einem jeweils eigenen Produktionsmodell oder einer spezifischen Governance-Konstellation sprechen für die Ausbildung kreativer Inkohärenzen bzw. regionaler Kapitalismusvarianten (Crouch/Voelzkow 2009: 6; Glassmann 2009: 39ff.).[3]

> There may even be *creative incoherences* within national innovation and production systems, when internal diversity produces a loose coupling of different institutional spheres, leading to the creation of autonomous

---

[3] Unter kreativen Inkohärenzen verstehen sie Autoren, dass Akteure, in diesem bestimmten Fall sind damit insbesondere Unternehmen angesprochen, nicht nur Empfänger von Regeln, gesetzt durch nationale Institutionen, sind, sondern in einem lokalen Zusammenhang auch selbst zu Setzern von Regeln werden können (Crouch/Schröder/Voelzkow 2009b: 673; vgl. weiterführend Crouch et al. 2009).

subsystems and governance structures on the sectoral and/or local level. (Crouch/Voelzkow 2009: 6, Herv. i. O.)

Wie besprochen werden im Varieties of Capitalism-Ansatz mit den koordinierten und den liberalen Marktwirtschaften zwei Idealtypen kapitalistischer Wirtschaftssysteme unterschieden. Jedoch ist davon auszugehen, dass nicht nur auf nationaler Ebene eine Unterscheidung von verschiedenen Modellen der kapitalistischen Organisation stattfindet, sondern in spezifischer Art und Weise auch auf lokaler bzw. regionaler Ebene (vgl. Crouch/Voelzkow 2009; Crouch/Schröder/Voelzkow 2009a). So wechselt in den regionalen Kapitalismusvarianten der Untersuchungsfokus vom nationalen Kontext auf regionale Zusammenhänge hinsichtlich der Organisation von kapitalistischen Wirtschaftsmodellen. In Anlehnung an den Varieties of Capitalism-Ansatz kann in diesem Sinn von regionalen Spielarten des Kapitalismus gesprochen werden (vgl. Crouch/Schröder/Voelzkow 2009a). Eine relevante Fragestellung hinsichtlich der Ausgestaltung regionaler Kapitalismusvarianten ist die Ausprägung regionaler Governance-Strukturen. Es ist davon auszugehen, dass es in den zu besprechenden regionalen Wirtschaftsclustern zu Abweichungen vom vorherrschenden nationalen Wirtschaftsmodell und den dort vorzufindenden Koordinationsproblemen kommt. Insbesondere ist von sektoralen Unterschieden auszugehen (vgl. Glassmann/Voelzkow 2006). In diesem Sinne „können sich eigenständige regionale Subsysteme (regionale Wirtschaftscluster) herausbilden, die mit ihren eigenen institutionellen Konfigurationen *nicht* vollständig mit den nationalen Mustern übereinstimmen" (Voelzkow 2007: 11, Herv. i. O.). Dabei können sich spezifische regionale Governance-Strukturen vom nationalen Kontext, in den diese regionalen Subsysteme bzw. Wirtschaftscluster ursprünglich integriert sind, abkoppeln (Voelzkow 2007: 11). Kommt es zu einer solchen Abkopplung regionaler Wirtschaftscluster vom vorherrschenden nationalen Muster, insbesondere von nationalen Innovations-, Finanzierungs- oder Governance-Modellen, so kann von regionalen Inkohärenzen gesprochen werden. Anschließend an die Varieties of Capitalism-Debatte kann dann von Konvergenztendenzen innerhalb der Idealtypen gesprochen werden. So ist es vorstellbar, dass sich im Zuge der Ausbildung regionaler Inkohärenzen „Inseln koordinierter Wirtschaftscluster in liberalen Volkswirtschaften oder Inseln liberaler Wirtschaftscluster in koordinierten Volkswirtschaften entstehen" (Voelzkow 2007: 12).

Die Ausdifferenzierung eines Finanzsystems ist zentral für die Entwicklung eines Wirtschaftssystems, insbesondere für den Ablauf von Tauschgeschäften und eine effektive Gestaltung von Handelsbeziehungen. Als die zentralen Aufgaben eines Finanzsystems sind die effektive Abwicklung von Finanz- bzw. Finanzierungsgeschäften und die Gewährleistung einer Finanzstabilität anzuführen (vgl. Hartmann et al. 2007). Von wesentlicher Bedeutung sind Finanzsysteme insbesondere für die Finanzierung innovativer Aktivitäten und die Finanzierung von Unternehmensneugründungen (vgl. Beck/Levine/Loayza 2000; Allen/Gale 2001; Allen/Chui/Maddaloni 2004). Ein Finanzsystem zeichnet sich dabei durch ein bestimmtes institutionelles Zusammenspiel der internen Struktur, den Regularien und den Deutungsmustern hinsichtlich des Gegenstandsbereichs des Finanzierungswesens auf der jeweils nationalen Ebene aus (Deeg 2010: 309ff.). Die zentralen Bestandteile eines Finanzsystems sind, neben geldbezogenen Institutionen wie Banken, insbesondere ein entsprechendes unabhängiges Rechtssystem und die wirksame Überwachung dieses Systems, u.a. durch spezifische Finanzaufsichtsbehörden. Zusätzlich sind Finanzsysteme geprägt durch die allgemeine Finanzstruktur und die bestehende Marktstruktur in einem Wirtschaftssystem (Hartmann et al. 2007: 14). Des Weiteren sind Finanzsysteme durch gesetzliche Vorgaben geprägt.[4] Von einer besonderen Rolle für ein nationales Finanzsystem ist die Ausgestaltung des jeweiligen nationalen Rechtssystems. Über gesetzliche Vorgaben und Restriktionen werden zudem wesentliche Rahmenbedingungen eines Finanzsystems festgelegt (vgl. La Porta et al. 1998; Lerner/Schoar 2005; Kaplan/Martel/Strömberg 2007). Jedoch sind nicht alle Eigen- und Besonderheiten eines Finanzsystems auf systemische Rahmenbedingungen zurückzuführen. So kann die Verfügbarkeit von Venture Capital in Deutschland und in den USA nicht in Abhängigkeit von den jeweiligen legalen Systemen oder von sonstigen systemischen Differenzen gesehen werden, sondern vielmehr von der vergleichsweisen geringen Erfahrung von Nicht-US-Venture-Capital-Investoren (vgl. Kaplan/Martel/Strömberg 2007). Zudem können sich Finanzsysteme im zeitlichen Verlauf wandeln. Dies zeigt sich u.a. in der veränderten Rolle der Banken, ehemals im Kreditwesen verwurzelt, die nun vermehrt als Investmentbanken tätig sind, oder der wachsenden Bedeutung des Wertpapier- bzw. Finanzmarktes (vgl. Culpepper 2005).

---

[4] So wird etwa durch den Glass-Stegall-Act aus dem Jahr 1932 ein Trennbanken-System in den USA eingefordert (Allen/Gale 2001: 4). Durch diese gesetzliche Regelung findet eine Differenzierung zwischen dem Einlagen- und Kreditgeschäft von Banken und dem Wertpapierhandel statt.

In der Diskussion werden mit bankbasierten und marktbasierten insbesondere zwei prägende Finanzsysteme unterschieden (Allen/Gale 2001: 4; vgl. weiterführend Hackethal/Schmidt/Tyrell 2005; Tylecote/Visitin 2009). Als klassisches Beispiel für ein bankbasiertes Finanzsystem ist Deutschland anzuführen, während die USA als Länderbeispiel für ein marktbasiertes Finanzsystem zu nennen sind (Allen/Gale 2001: 4; vgl. weiterführend Zysman 1983). Diese Einteilung der Finanzsysteme weist diesbezüglich auffallende Parallelen mit dem Varieties of Capitalism-Ansatz auf (vgl. Hall/Soskice 2001). Auch im Fall der Finanzsysteme ist von Idealtypen zu sprechen, die empirisch als solche in einer Reinform zwar in der Regel nicht aufzufinden sind, die aber von ihrer Grundausrichtung einer der beiden genannten Grundformen, koordiniert bzw. liberal, zugeschrieben werden können. Es können jedoch auch Transformationsprozesse innerhalb spezifischer Finanzsysteme beobachtet werden (Hackethal/Schmidt/Tyrell 2005: 404ff.). Aus diesen Gründen ist die Einteilung in zwei wesentliche Finanzsysteme als zu vereinfachend anzusehen (Allen/Chui/Maddaloni 2004: 492). In diesem Zusammenhang kann ergänzend mit einem staatlich dominierten Finanzsystem ein weiterer Typus angeführt werden (Zysman 1983: 99ff.). Als Länderbeispiel für ein staatsdominiertes Finanzsystem ist Frankreich zu nennen.

In bankbasierten Finanzsystemen nehmen Banken eine zentrale Rolle in der Bereitstellung und Distribution von Geldmitteln bzw. Kapital ein (Allen/Chui/ Maddaloni 2004: 492). Sie sind die Schlüsselinstitutionen, durch die Geld verwaltet, geschöpft und verteilt wird (Stearns/Mizruchi 2005: 284). Banken fungieren in bankbasierten Systemen zudem als Vermittlungsinstanzen zwischen Investoren und Kreditnehmern und reduzieren als solches die bestehende Informationsasymmetrie zwischen den Akteuren (Baecker 1991: 122). Zudem stellen Banken stabilisierende Faktoren in einem ungewissen Marktumfeld dar. Auf diese Art und Weise tragen sie u.a. auch zum Wachstum von Volkswirtschaften bei (Allen/Carletti 2010: 37). Banken können in diesem Sinne als ein Schatten des wirtschaftlichen Geschehens angesehen werden, da sie zwar zumeist nicht als ökonomischer Akteur im eigentlichen Sinn auftreten, jedoch wäre ohne sie kein wirtschaftliches Handeln möglich, da sie einen Großteil des sich im Umlauf befindlichen Kapitals kontrollieren (Baecker 1992: 101). Während Banken in bankbasierten Finanzsystemen die Schlüsselrolle einnehmen, liegt der Fokus in marktbasierten Finanzsystemen auf den Finanzmärkten (Black/Gilson 1998: 244; vgl. weiterführend Levine 2002). Unter Finanzmärkten sind organisierte Märkte zu verstehen, auf denen u.a. Wertpapiere, Rentenpapiere und Anleihen gehandelt werden (Allen/Gale 2001: 4). Auf Finanzmärkten sind mit den Anbietern von Kapital, den Finanzintermediären und den Kapitalkonsumenten drei wesentliche Akteursgruppen zu unterscheiden. Die Gruppe der Kapitalanbieter kann in ältere Akteure, u.a. Banken, und neuere Akteure, u.a. institutionelle Akteure oder Risikokapital- bzw. Venture Capital-Anbieter, unterteilt werden. Die Unterschiede zwischen bank- und markbasierten Finanzsystemen können herangezogen werden, um die unterschiedliche wirtschaftliche Entwicklung von Nationalstaaten zu beleuchten. Auf empirischer Grundlage kann jedoch nicht zweifelsfrei geklärt werden, welches Finanzsystem, bank- oder marktbasiert, für den wirtschaftlichen Erfolg zu präferieren ist (Beck/Levine 2002: 165). Für die Transformation von Finanzsystemen kann das Fallbeispiel der sogenannten Deutschland AG angeführt werden (vgl. Streeck/Höpner 2003).

Zudem zeigt sich die zunehmende Bedeutung von Finanzmärkten für die Finanzierung von Unternehmen. Diese Transformationsprozesse werden insbesondere auch in dem theoretischen Konzept der Finanzialisierung thematisiert. Unter dem Konzept der Finanzialisierung ist eine zunehmende hegemoniale Stellung der Finanzmärkte, der entsprechenden Akteure und den spezifischen Logiken in den wirtschaftlichen, politischen und sozialen Sphären eines globalen Kapitalismus zu verstehen (vgl. Boyer 2000; Epstein 2005; Krippner 2005; Dore 2008; Deutschmann 2011). Von einer zentralen Bedeutung für eine zunehmende Finanzialisierung werden die Deregulierung und Liberalisierung von Finanzmärkten angesehen (Lütz 2005: 294f.; vgl. weiterführend Thelen 2012). Ein zentrales Ereignis war hierbei die Aufkündigung des Bretton-Woods-Systems, d.h. der Regelung von internationalen Währungsordnungen und Wechselkursen, in den 1970er Jahren (Nölke 2009: 125). Der zunehmenden Finanzialisierung des Wirtschaftssystems, d.h. der steigenden Bedeutung der Finanzwirtschaft und damit einhergehend der abnehmenden Bedeutung der Realwirtschaft, wird ebenfalls ein Veränderungspotential für die Finanzsysteme zugeschrieben (Nölke 2009: 125; vgl. weiterführend Krippner 2005; Hessling/Pahl 2006). In den zu meist nationalstaatlich geprägten Finanzsystemen kristallisieren sich dabei Veränderungen der traditionellen Anlegerstrukturen und Eigentümerverhältnisse heraus (vgl. Streeck/ Höpner 2003; Crouch et al. 2009). Finanzsysteme können unter den Gesichtspunkten der Internationalisierung und Globalisierung betrachtet werden (Perez 2003: 72ff.; vgl. weiterführend O'Sullivan 2005; Casper 2010). Im Zuge einer fortschreitenden Finanzialisierung sollten insbesondere liberale Marktwirtschaften, im Sinne des Varieties of Capitalism-Ansatz, deutlich im Vorteil gegenüber koordinierten Marktwirtschaften sein (vgl. Hall 2007; Engelen 2008; Hall/Gingerich 2009). Hieran schließt ein zentraler Kritikpunkt an der Annahme einer fortschreitenden Finanzialisierung an. Es ist zu fragen, ob es tatsächlich zu einer zunehmenden Dominanz finanzmarktgeprägten Kapitalismusmodelle kommt (vgl. Deeg 2012).

2.2. Innovationssysteme

Auch im Fall der Innovationssysteme ist davon auszugehen, dass sie wesentliche strukturelle Rahmenbedingungen für wirtschaftliche Sachverhalte und Frage-stellungen darstellen.[5] In einem solchen systemischen Zusammenhang werden zumeist bestimmte Ziele verfolgt, u.a. die Steigerung der wirtschaftlichen Leistung innerhalb einer vorgegebenen zeitlichen Einheit.[6] Darüber hinaus grenzt sich ein Innovationssystem von der umgebenden Umwelt ab, insbesondere durch bestimmte Zugangsbeschränkungen in das System oder durch festgelegte Regeln bzw. Sanktionsmechanismen innerhalb des Systems (vgl. Edquist 2005). Wichtige Bestandteile eines Innovationssystems sind dabei Organisationen und Institutionen (Edquist 2005: 188) Unternehmerische Akteure können als die primären Akteure von tatsächlichen Innovationen angesehen werden (vgl. Lazonick 2005). Jedoch finden die innovativen Tätigkeiten von Unternehmen nicht isoliert statt, sondern sie sind in weiterführende Zusammenhänge integriert (vgl. Edquist 1997, 2005). So sind zumeist mehrere Akteure in den tatsächlichen Innovationsprozess involviert. Die beteiligten Akteure sind dabei nicht allein auf Unternehmensebene zu finden, sondern vielmehr sind dabei auch weitere Organisationen und Institutionen, u.a. Universitäten, aber auch politische Einheiten, angesprochen.

In den zu besprechenden Ansätzen der Innovationssysteme stehen Inno-vationsprozesse und die dahinterstehenden Lernprozesse im Zentrum des gen-erellen Verständnisses (vgl. Edquist 2005). Des Weiteren wird bei der Analyse von Innovationstätigkeiten ein gesamtheitlicher und interdisziplinärer Forschungsansatz verfolgt sowie eine historische bzw. evolutorische Perspektive angewandt. Demzufolge kann der Ansatz der Innovationssysteme auf post-schumpeterianische Diskussionen der ökonomischen Innovationsforschung zurückgeführt werden. Da es sich bei diesen Ansätzen aber um keine formalen Theorien handelt, ist das Inter-pretationsspektrum hinsichtlich der Bestandteile der Innovationssystemansätze relativ weit gefasst (Edquist 2005: 184-187). In diesem Sinne gestalten sich die einzelnen Innovationssysteme unterschiedlich aus, d.h. es sind abweichende Aufbau- oder Wirkungsweisen von Innovationssystemen festzustellen. Inno-

---

[5] Unter einem System ist dabei ein Zusammenschluss von bestimmten Bestandteilen und Elementen zu verstehen, die in einem konkreten und bestimmten Verhältnis zu einander stehen.

[6] Eine entsprechende Argumentation im Rahmen des Innovationssysteme-Ansatzes findet sich in der Gegenüber-stellung von myopischen und dynamischen Innovationssystemen. Myopische Systeme sind typisch für angelsäch-sische Volkswirtschaften. Investitionsvorhaben im Bereich neuer Technologien richten sich auf der Basis von Finanzmarktressourcen primär an der unmittelbaren Marktnachfrage aus, was bei hoher Unsicherheit zu Unterin-vestitionen führt. Akteure in dynamischen Systemen wie Deutschland und Frankreich mit ihren bankbasierten Finanzsystemen akzeptieren dagegen den langfristigen Charakter der Finanzierung technologischer Innovationen (vgl. Patel/Pavitt 1994; Tylecote 1996).

vationssysteme können dabei insbesondere aufgrund ihrer räumlichen Rahmenbedingungen unterschieden werden. Des Weiteren können Innovationssysteme hinsichtlich technologischer oder sektoraler Charakteristika kategorisiert werden.

2.2.1 Innovationsgedanke

Innovationen sind daher von zentraler Bedeutung für kapitalistische Systeme und können als solche als ein grundlegendes, erklärungsbedürftiges wirtschaftliches Phänomen angesehen werden (vgl. Dosi et al. 1998; Beckert 1997; Ebner 2009). Allgemein gefasst beziehen sich Innovationen „auf sämtliche neue[.] Entwicklungen, gleichgültig welcher Art" (Heertje 1988: 2). Oftmals werden sie mit technischem Wandel gleichgesetzt (vgl. Rammert 2008). Als solches stehen Innovationen für die Einführung und die Anwendung neuer Produktmethoden und neuen Produkten" (Heertje 1988: 2) im Mittelpunkt. Jedoch können unter Innovationen auch Finanzinnovationen oder soziale Innovationen gefasst werden (Fagerberg 2005: 1; vgl. weiterführend Zapf 1989; Howaldt/Jacobsen 2012). In einem weitergefassten Verständnis können Innovationen als „materielle oder symbolische Artefakte bezeichnet [werden], welche Beobachterinnen und Beobachter als neuartig wahrnehmen und als Verbesserung gegenüber dem Bestehenden erleben" (Braun-Thürmann 2005: 6).

Des Weiteren sind Innovationen als Ergebnis prozessual ablaufender Entwicklungslinien zu verstehen (Pavitt 2005: 86-89). Sie sind in diesem Sinne weder planbar noch linear modellierbar (Fagerberg 2005: 5). Vielmehr entstehen Innovationen in einem systemischen Zusammenhang, in dem den Komponenten Wissen und Lernen eine wichtige Bedeutung zukommt (Fagerberg 2005: 5ff.). Als die zentralen Akteure, die Innovationen durchführen, werden Unternehmen angesehen (vgl. Lazonick 2005). Darüber hinaus gibt es weitere Akteure, die zumindest als innovationsförderlich angesehen werden, u.a. Universitäten, Forschungseinrichtungen oder auch finanzielle Akteure. Es ist festzuhalten, dass Innovationen im Kontext interaktiver Lernprozesse systematisch vernetzter Akteure entstehen, d.h. neben wirtschaftlichen und technologischen Akteuren sind auch soziale sowie wissenschaftliche Akteure an Innovationsprozessen beteiligt (Blättel-Mink/Ebner 2009: 11; vgl. weiterführend Blättel-Mink 2009). Zudem sind Innovationen als ungewisse Elemente wirtschaftlicher Aktivitäten anzusehen. Ungewiss sind sie deshalb, weil sie zum einen in der Regel nicht planbar sind, zum anderen sind die Entwicklungsdauer und auch die erfolgreiche Umsetzung einer Innovation nicht im

20

Vorfeld abzusehen, und somit auch nicht der wirtschaftliche Erfolg der Innovation (O'Sullivan 2005: 240f.). Zudem sind Innovationen meist mit hohen Investitionen verbunden (O'Sullivan 2005: 240f.). Die Finanzierung von Innovationen kann somit als ein kritisches Moment im Zusammenhang wirtschaftlichen Wachstums angesehen werden (vgl. Dosi 1990; Rodriguez-Fuentes 2003).

Einen wesentlichen Beitrag für ein besseres Verständnis von Innovationen und Innovationsprozessen hat Schumpeter in die Besprechung eingebracht (vgl. Schumpeter 1993, 2010). Dabei bezeichnet Schumpeter zunächst die in den neoklassisch geprägten Wirtschaftswissenschaften vertretene Annahme eines vollkommenen und perfekten Wettbewerbs als imaginär. In diesem Sinn ist unter Kapitalismus ein Entwicklungsprozess mit evolutionärem Charakter zu verstehen (vgl. Schumpeter 1993). Der Kapitalismus ist dabei „von Natur aus eine Form oder Methode der ökonomischen Veränderung und ist nicht nur nie stationär, sondern kann es auch nie sein" (Schumpeter 1993: 136). Schumpeter bringt zudem eine eigenständige und neuartige Klassifikation von verschiedenen Innovationstypen in die allgemeine Diskussion ein (vgl. Schumpeter 2010). Er unterscheidet Innovationen zum einen nach Produkt- oder Prozessinnovation, zum anderen bezeichnet er auch neue Rohstoffquellen, das Abschöpfen neuer Märkte oder neue Organisationsformen als unterschiedliche Innovationstypen (Schumpeter 2010: 91). Ebenso unternimmt Schumpeter eine Unterscheidung von Innovationen hinsichtlich ihres Neuerungsgehalts. So unterscheidet eher zwischen inkrementellen und radikalen Innovationen. Während sich inkrementelle Innovationen eher als stetige, kaskadenartige und relativ langsame Weiterentwicklungen beschreiben lassen, sind radikale Innovationen sprunghaft und von einem enorm hohen Neuigkeitswert (Schumpeter 1997: 111ff.).

Innovationen, insbesondere des radikalen Typs, sind eng mit dem Bild der schöpferischen Zerstörung verbunden (Schumpeter 1993: 137). Unter schöpferischer Zerstörung ist ein Prozess zu verstehen, der „[u]naufhörlich die Wirtschaftsstruktur von innen heraus revolutioniert, unaufhörlich die alte Struktur zerstört und unaufhörlich neue schafft (Schumpeter 1993: 137f.). Dieser Wandel bzw. diese Neukombinationen gehen mit einem enormen Veränderungspotential und insbesondere auch mit einem hohen Grad an Ungewissheit einher, da alte Strukturen durch neue ersetzt, und diese neuen Strukturen zuerst etabliert werden müssen (Schumpeter 2010: 95). Mit dem Aufkommen radikal neuer Entwicklungen gehen sogenannte Konjunkturzyklen einher (vgl. Schumpeter 2010; vgl. weiterführend Freeman/Perez 1988). Ein weiteres zentrales Moment des Innovationsprozesses ist die Bereitstellung finanzieller Mittel zur Durchführung von Innovationen (Schumpeter 2010: 117ff.). So ist der moderne Kapitalismus als ein auf Privateigentum beruhendes Wirtschaftssystem zu verstehen, in dem Innovationen mittels geliehener Kaufkraft, sprich Kredit, umgesetzt werden (vgl. Schumpeter 1993; vgl.

weiterführend Perez 2003; Ebner 2007). Insbesondere in seinen frühen Arbeiten hebt Schumpeter die Rolle des Unternehmens als den zentralen Akteur im Innovationsprozess hervor (vgl. Schumpeter 2010; vgl. weiterführend Ebner 2006). Als solches können Innovationen als ein sozialer Vorgang verstanden werden (Schumpeter 2010: 93). Somit sind Innovationen keine isolierten Ereignisse, sondern sie sind vielmehr als zeitliche oder sektorale Ballungen zu verstehen (Schumpeter 2010: 108). In diesem Sinne sind „Innovationen immer mit dem Aufstieg neuer Männer zur Führerschaft verbunden" (Schumpeter 2010: 103). Während Schumpeter in seinen frühen Arbeiten die Unternehmer als die zentrale Figur im Innovationsprozess positioniert, sind es in den späteren Arbeiten Großunternehmen, die aufgrund einer enormen Bündelung von wirtschaftlichen und personalen Kapazitäten in der Lage sind, Innovationen durchzuführen (vgl. Schumpeter 1928).

Wie angeführt, wird davon ausgegangen, dass Innovationen über einen systemischen Charakter verfügen. Darunter ist zu verstehen, dass Innovationen nicht losgelöst von bestimmten strukturellen und institutionellen Rahmenbedingungen verstanden werden können. Vielmehr werden Innovationen und innovative Tätig- und Fertigkeiten durch die sie umgebende Umwelt beeinflusst (Asheim/Gertler 2005: 291f.). Diese Umwelt ist dabei nicht als neutral zu verstehen, sondern sie ist vielmehr danach ausgerichtet bzw. daran interessiert, Innovationen sowohl zu fördern als auch einzufordern. Dies geschieht in der Regel in einem spezifischen systemischen Zusammenhang, d.h. Innovationen finden in einem organisierten und regulierten Umfeld statt. Die Art und Weise wie sich Innovationsprozesse vollziehen, sind dabei als zeit- und raumabhängig zu beschreiben (vgl. Asheim/Gertler 2005: 291f.). Es stehen dabei diverse Fragen im Mittelpunkt, wie und von welchen Akteuren Innovationen durchgeführt werden, ebenso in welchen systematischen Umfeld Innovationen entwickelt werden. Der letztgenannte Aspekt wird mit dem Begriff des Innovationssystems gefasst (vgl. Edquist 1997, 2005). Unter einem Innovationssystem ist dabei ein heterogenes Netzwerk zu verstehen, das „unterstützend an der Generierung, Modifizierung und Diffusion neuer Technologe beteiligt" (Blättel-Mink/Ebner 2009: 11) ist. Ein Innovationssystem umfasst in diesem Sinne jene Netzwerke aus Institutionen des privaten und öffentlichen Sektors, deren Aktivitäten und Interaktionen neue Technologien initiieren, importieren, modifizieren und diffundieren (Freeman 1987: 1). Innovationssysteme können zudem als ein spezifisches historisches Ergebnis der Institutionalisierung und Ökonomisierung von Wissenschaft, Forschung und Technologie in der Entwicklung kapitalistischer Marktwirtschaften verstanden werden (vgl. Freeman 1995; Ebner 2009). [7] Die zentralen Bestandteile von Innovationssystemen sind die darin involvierten Organisationen und Institutionen

---

[7] Unter Ökonomisierung sind Prozesse der zunehmenden Rationalisierung und Leistungsrechnung ehemals nicht dieser Logik folgenden Systeme zu verstehen (vgl. Hirsch-Kreinsen 2010, 2011).

(Edquist 2005: 182). [8] Für den Vergleich von Innovationssystemen können verschiedenste Kennzahlen, u.a. die Forschungs- und Entwicklungsaktivität von Unternehmen, die Investitionen in Forschung und Entwicklung, Investitionen in das Aus- und Weiterbildungssystem sowie die Patentierung und Implementierung von Innovationen, herangezogen werden (vgl. Smith 2005).

2.2.2 Sektorale Innovationssysteme

Innovationssysteme können nach unterschiedlichen Charakteristika, insbesondere hinsichtlich der involvierten Akteure und der Organisation des Innovationsprozesses, aber auch insbesondere nach Wirtschaftssektoren, variieren (Malerba 2005: 380). Ein Sektor umfasst dabei ein Set von Aktivitäten und Akteuren, die durch eine bestimmte Produktgruppe in Verbindung zueinander stehen und in diesem Sinne zusammengefasst werden können (vgl. Breschi/Malerba 1997; Malerba 2004, 2005). Wesentliche Dimensionen von Sektoren sind Wissens- und Technologiedomänen, Akteure, Netzwerke sowie Institutionen (vgl. Malerba 2005). Dabei sind sektorale Systeme nicht statisch angelegt, sondern sie können sich im Zeitverlauf verändern und wandeln (Dolata 2008: 43). In diesem Sinne unterscheiden sich sektorale Innovationssysteme (SIS) nach ihren jeweiligen Wissensbasen, den involvierten Akteuren, den Beziehungsmustern zwischen den Akteuren und den relevanten Institutionen (Malerba 2005: 380; vgl. weiterführend Casper/Soskice 2004). Die einzelnen Sektoren können zudem durch ihre Forschungsintensität, den Marktstrukturen bzw. -dynamiken oder nach technologischen Regimen voneinander unterschieden werden (Malerba 2005: 382; vgl. Nelson/Winter 1982). Technologische Regime beziehen sich insbesondere auf das Wissens- und Lernumfeld, in dem die Akteure eines sektoralen Innovationssystems, u.a. Unternehmen, operieren (Malerba 2005: 382; vgl. weiterführend Malerba 2007). Wesentliche Unterschiede zwischen verschiedenen sektoralen Innovationssystemen bestehen in den Quellen von Innovationen und den Mechanismen der Aneignung der resultierenden wirtschaftlichen Erträge (Malerba

---

[8] Organisationen sind formale Strukturen, die gezielt gegründet wurden und einem bestimmten Zweck zugedacht sind. Institutionen hingegen sind Sets von allgemeingültigen Verhaltensweisen, Normen und Routinen, die die Beziehungen und Interaktionen zwischen Individuen, Gruppen oder Organisationen, sprich den einzelnen Akteuren in einem Innovationssystem, regeln (Edquist 2005: 188).

2005: 382).[9] Sektorale Innovationssysteme verfügen zu meist über einen lokalen Fokus, sie können aber auch zusätzlich oder ausschließlich in einer nationalen oder globalen Dimension angesiedelt sein. Im Folgenden werden mit den nationalen und den regionalen Innovationssystemen zwei weitere zentrale und prominente Ansätze innerhalb der Innovationssystemforschung dargestellt, die mit der national-staatlichen bzw. der regionalen Ebene explizit eine spezifische räumliche Dimension in ihren jeweiligen Ansatz miteinbeziehen.

2.2.3 Nationale Innovationssysteme

Innovationssysteme können länderspezifisch unterschiedlich ausgestaltet sein (vgl. List 1959; Freeman 1995; Edquist 1997). Den unterschiedlichen verschiedenen Kapitalismusvarianten entsprechen spezifische nationale Innovationssysteme im Sinne institutioneller Netzwerke aus Akteuren des privaten und öffentlichen Sektors, die sich an der Generierung und Diffusion technologischer und organisationaler Innovationen beteiligen (vgl. Nelson 1993; Freeman 1995, 2002; Lundvall 2007). So lassen sich auf der Grundlage nationaler Varianten kapitalistischer Marktwirtschaften auch spezifische Typen von nationalen Inno-vationssystemen (NIS) nachbilden, wobei institutionelle Aspekte, beispielsweise das Innovationsverhalten der Unternehmen und die Orientierung von Finanz-ierungsmustern, im Vordergrund stehen. So lässt sich in Analogie zum Varieties of Capitalism-Ansatz ein vertragsbasierter, auf multiplen und kurzfristigen Bezieh-ungen angelegter Typ von Innovationssystem ausmachen, dem ein relationaler, auf exklusiven und langfristigen Beziehungen angelegter Typus entgegengestellt wird (Nooteboom 2000: 245ff.; vgl. auch Hübner 2009). In diesem Sinne wird auch von nationalen Innovationsstilen gesprochen. Diese stellen eine institutionell ein-gebettete Gesamtschau technologischer Lernprozesse dar, die das gesamt-wirtschaftliche nationale Leistungsprofil prägen (Lundvall 1998: 416ff.).

Ein nationales Innovationssystem wird an nationalstaatlichen Grenzen festgemacht (vgl. Freeman 1988, 1995, 2002; Lundvall 1988, 1995, 1998; Nelson 1988, 1993; OECD 1997). Auch im Konzept der nationalen Innovationssysteme wird davon ausgegangen, dass wirtschaftliches Handeln mit Ungewissheit behaftet

---

[9] Dabei können mit angebotsdominierten, skalenintensiven, spezialisierten und wissensintensiven vier Typen sektoraler Muster hinsichtlich innovativer Aktivitäten unterschieden werden (Malerba 2005: 382ff.).

ist. Somit steht auch dieser Ansatz neoklassischen Dogmen, u.a. der Vorstellung eines vollkommenen Markts, kritisch gegenüber. Zudem wird angenommen, dass Innovationen in Prozessen interaktiven Lernens ihren Ursprung besitzen (Lundvall 1998: 407f.). In der Ermöglichung interaktiver Lernprozesse nehmen Institutionen eine wichtige Rolle in einem nationalen Innovationssystem ein. Auch stellen Institutionen eine tragende Rolle bei der Stabilisierung wirtschaftlicher Strukturen dar. Institutionelle Unterschiede haben dabei einen Einfluss auf die Verhaltens- und Leistungsprofile der entsprechenden Akteure (Lundvall 1998: 409ff.). Somit sind Institutionen für die Herausbildung eines nationalen Innovationssystems von zentraler Bedeutung. Hierbei wird davon ausgegangen, dass nationale Unterschiede auf eine bestimmte vorherrschende Wirtschaftsstruktur und strukturelle und institutionelle Merkmale im Sinne einer Pfadabhängigkeit zurückzuführen sind (vgl. Breschi/Malerba 1997; Lundvall 1998; Deeg 2005). Selbst bei Ländern, die sich in ihrem geschichtlichen Hintergrund und der geographischen Lage ähneln, „sind die institutionellen Unterschiede bei der Durchsetzung von Innovationen überaus bemerkenswert" (Lundvall 2009: 77). Dabei ist anzunehmen, „dass nationale Unterschiede in diesem Zusammenhang immer noch substantiell sind und einen systemischen Charakter besitzen" (Lundvall 2009: 77).

Zentrale Argumente, die für eine Betrachtung von Innovationsprozessen auf nationalstaatlicher Ebene sprechen, sind die nationale Spezialisierung von Innovations- und Produktionsprozessen und, auf die Unternehmensebene bezogen, die Feststellung, dass Forschungs- und Entwicklungsbestrebungen, als Grundlage für Innovationen, zumeist im inländischen Rahmen durchgeführt werden (Lundvall 1998: 411). Zudem spielen heimische Inlandsmärkte bei der Durchsetzung von Innovationen eine wichtige Rolle (Lundvall 1998: 413). Ein weiterer Punkt, der für eine Untersuchung eines nationalen Innovationssystems spricht, ist der Umstand, dass sich politische Bestrebungen hinsichtlich einer Innovations- und Technologiepolitik, und somit auch einer Wirtschaftspolitik, auf die nationalstaatliche Ebene beziehen. Weitere Gründe systemische Innovations- tätigkeiten auf einer national-staatlichen Ebene zu betrachten, liegen nicht zuletzt in empirischen und forschungspragmatischen Gegebenheiten und Einschränk- ungen. Das Konzept der nationalen Innovationssysteme steht jedoch auch in der Kritik (vgl. Cooke/Heidenreich/Braczyk 2004). Zum einen wird Kritik daran geübt, ob die Einheit des Nationalstaats eine geeignete Schablone ist, um Innovations- tätigkeiten festzuhalten. Zum anderen stellt sich die Frage, wie Globalisierungs- prozesse und, damit einhergehend, eine Aufweichung nationalstaatlicher Grenzen mit dem Ansatz der nationalen Innovationssysteme in Einklang gebracht werden können (Blättel-Mink 2006: 183). Auch wird wiederholt die Gefahr einer politischen Instrumentalisierung von Innovationen, insbesondere hinsichtlich einer protektionistischen Politik, kritisiert (Lundvall 1998: 412).

[I]t is only by breaking down national systems into the sub-systems that constitute them that we can understand how they develop. (Lundvall 1998: 414)

An dieser Stelle wird angenommen, dass eine Aufschlüsselung nationaler Innovationssysteme in spezifizierte Systeme geeignet ist, den systematischen Zusammenhang von Innovation und räumlicher Dimension zu beschreiben. Als solche spezifizierten Systeme werden regionale Innovationssysteme verstanden.

2.2.4 Regionale Innovationssysteme

Bei regionalen Innovationssystemen (RIS) handelt es nicht um Subsysteme von nationalen Innovationssystemen. Vielmehr ist der Ansatz der regionalen Innovationssysteme als ein eigenständiger Ansatz zu verstehen, wie Innovationen aus einer systemischen, regionalen Perspektive erklärt werden können (vgl. Cooke/ Heidenreich/Braczyk 2004; Asheim/Herstad 2005; Cooke 2009). Der Untersuchungsbereich ist dabei nicht der Nationalstaat, sondern die Region (vgl. Cooke/ Morgan 1998; Saxenian 2000). Die Region ist als eine „politische Einheit auf Meso-Ebene zu verstehen [...], angesiedelt zwischen nationaler oder bundesstaatlicher und lokaler Ebenen der Regierungstätigkeit" (Cooke 2009: 94; vgl. weiterführend Canter/Graf/Meder 2009). Im Konzept der regionalen Innovationssysteme wird insbesondere eine Kritik am Konzept der nationalen Innovationssysteme geübt. Hierfür wird angeführt, dass durch die Betrachtung der nationalen Ebene den Unterschieden innerhalb eines Landes, u.a. in Form von ungleichen wirtschaftlichen Bedingungen, keine wesentliche Bedeutung beigemessen wird. Ein zentraler Aspekt der regionalen Innovationssystemforschung besteht des Weiteren darin, die lokale Verteilung von Innovationsnetzwerken sowie den Einfluss politischer Entscheidungen auf die regionale High-Tech-Industrie zu erklären (Powell/Grodal 2005: 56-58; vgl. weiterführend Ebner 2008a). Auch im Fall der regionalen Innovationssysteme sind Wissen und Lernen von zentraler Bedeutung für die Innovationsfähigkeit und Innovationsleistung (Asheim/Herstad 2005: 169). Durch die zentrale Bedeutung von Wissen und Lernprozessen wird in diesem Zusammenhang oftmals der Begriff der lernenden Regionen genutzt (vgl. Florida 1995; Boekema et al. 2000; Bathelt/Glückler 2011; Schiele/Ebner 2013). Des Weiteren wird in regionalen Kontexten die Bedeutung von Sozialkapital betont (vgl. Kallio/Harmaakorpi/Pihkala 2010).

Zudem können verschiedene Typen von regionalen Innovationssystemen voneinander unterschieden werden (Cooke 2004a: 3-16.). Zunächst können regionale Innovationssysteme hinsichtlich der Governance-Infrastruktur kategorisiert werden. Diesbezüglich können mit den sogenannten Graswurzelbasierenden, netzwerkbasierenden und dirigierten drei unterschiedliche Ausformungen regionaler Innovationssysteme unterschieden werden (vgl. Cooke 2004a). Des Weiteren kann eine Unterscheidung hinsichtlich der Unternehmensinfrastruktur stattfinden. So werden auch in diesem Fall mit lokalen, interaktiven und globalisierten regionalen Innovationssystemen drei spezielle Ausformungen regionaler Innovationssysteme angeführt. Hierbei ist auch auf das noch vorzustellende Clusterkonzept zu verweisen. Cluster können in diesem Zusammenhang als Mikrovarianten von Regionen verstanden werden (Cooke 2004a: 6ff.).

Ein regionales Innovationssystem zeichnet sich insbesondere durch eine flexible Spezialisierung der in einer Region ansässigen Unternehmen, einer spezifischen Kooperationsstruktur zwischen diesen Unternehmen, engen Arbeitnehmer-Arbeitgeber-Beziehungen sowie durch besondere institutionelle Settings aus (Cooke et al. 2007: 115; vgl. weiterführend Cooke 2004a; Hilbert et al. 2004; Manger 2009). Die regionale Einbettung bzw. Integration der Akteure sowie die damit einhergehenden engen Kooperationsbeziehungen und intensiven Informationsaustauschbeziehungen, sind zudem als die wesentlichen Vorteile eines regionalen Innovationssystems anzuführen (Cooke et al. 2007: 114). Die regionalen Vorteile, die solche sozialen, institutionellen und räumlichen Settings für Unternehmen, insbesondere für deren Innovationsfähigkeit, bereitstellen, lässt sich auf eine exemplarische Art und Weise am regionalen Innovationsnetzwerk des US-amerikanischen Silicon Valleys aufzeigen (vgl. Saxenian 2000). Als weitere Beispiele für regionale Innovationssysteme sind u.a. Baden-Württemberg, Nordrhein-Westfalen, Wales sowie Südtirol zu nennen (vgl. Heidenreich/Krauss 2004; Hilbert et al. 2004; Cooke 2004b; Ebner 2008a; Krauss 2009). Hierbei ist ersichtlich, dass sich die Definition einer Region, je nach Verständnis, erheblich in den einzelnen Ansätzen unterscheiden kann.

Im Ansatz der regionalen Innovationssysteme zeigen sich Problematiken, die in der räumlichen, sozialen sowie zeitlichen Dimensionierung eines regionalen Innovationssystems beruhen (Heidenreich 2004: 363ff.; vgl. auch Heidenreich/Krauss 2004). Das Konzept der regionalen Innovationssysteme ist als solches auf die Generierung und Förderung von Innovationskapazitäten in einem regionalen Kontext ausgelegt. An der Verstetigung von Innovationsprozessen auf einen festgelegten räumlichen Kontext kann, ähnlich wie bei dem vorgestellten Konzept der nationalen Innovationssysteme, kritisiert werden, dass die verbindliche Festlegung auf einen steifen räumlichen Rahmen, die Innovationsfähigkeit von Unternehmen oder sonstigen Akteuren begrenzt, da ein Innovationsprozess bzw. eine innovative

Aktivität, insbesondere verstanden als die Neukombination von neuem Wissen, nicht oder nur bedingt an räumlichen Grenzen festgemacht werden kann. Vielmehr besteht die Gefahr, bei einer zu rigorosen Interpretation des regionalen Rahmens, eine Lock-in-Situation herbeizuführen, die Innovationen eher hinderlich als förderlich ist. Zwar stellt auch in einem globalisierten Umfeld die Integration von Unternehmen in den Kontext eines regionalen Innovationssystems einen bedeutenden Faktor dar (vgl. Heidenreich/Mattes 2012).

2.3. Regionale Wirtschaftsräume

Im Folgenden werden Wirtschaftscluster als eine spezifische Ausformung eines Wirtschaftsraums adressiert.[10] Bevor jedoch auf das eigentliche Clusterkonzept eingegangen wird, findet eine Besprechung zentraler Arbeiten statt, die zum einen als theoretische Vorläufer des Clusterkonzepts angesehen werden können, oder die zum anderen im weiteren Verlauf der Untersuchung dazu gereichen, das Clusterkonzept auf substantielle Art und Weise hinsichtlich seiner inhaltlichen Definition und empirischen Anwendbarkeit anzureichern. Als zentrale theoretische Vorläufer des Clusterkonzepts sind sowohl die Arbeiten zu den sogenannten industriellen Distrikten nach Marshall als auch weiterführende Ansätze, hierbei insbesondere die regionalen Produktionswelten nach Storper, zu verstehen (vgl. Marshall 1962, 1997; Storper 1997; vgl. weiterführend Piore/Sabel 1989; Storper/Salais 1997; Crouch et al. 2004; Voelzkow 2007).

Es werden zunächst verschiedene Ansätze vorgestellt, die unter der relativ offen gehaltenen und weitgefassten Begrifflichkeit der regionalen Wirtschaftsräume zusammengefasst werden können. Um den Begriff der Region nicht unnötigerweise einer begrifflicher Unschärfe auszusetzen, wird die Region zunächst als eine räumliche und auch soziale Einheit eingeführt. Regionen werden hierbei als wichtige Bestandteile in einem globalen und wissensbasierten Kapitalismus angesehen (Florida 1995: 528; vgl. weiterführend Porter 2001). Insbesondere sogenannten lernenden Regionen kommt dabei als potentielle Quelle von Innovationen und wirtschaftlichem Wachstum eine Schlüsselposition zu (vgl.

---

[10] Die Entwicklung der Wirtschaftsraumforschung kann anhand eines Drei-Phasen-Modell beschrieben werden. Beginnend mit den sogenannten regionalen Industriedistrikten, dann über Großunternehmen mit Massenproduktion hin zu einer flexiblen Spezialisierung der wirtschaftlichen Akteure und regionalen Ökonomien (vgl. Piore/Sabel 1989; Sabel/Zeitlin 1997).

Schiele/Ebner 2013). Mit der Betonung des Faktors Wissen steht der Ansatz der lernenden Regionen dem tayloristischen Wissensmanagement oder dem fordistischen Konzept der Massenproduktion entgegen (Florida 1995: 528). Trotz, möglicherweise auch aufgrund, fortschreitender Globalisierungstendenzen, stellt die Region eine wichtige wirtschaftliche sowie soziokulturelle Basis der modernen Wirtschaft dar (vgl. Porter 2002; Sassen 2002; Scott/Storper 2003).

Regions are becoming focal points for knowledge creation and learning in the new age of global, knowledge-intensive capitalism, as they in effect become learning regions. These learning regions function as collectors and repositories of knowledge and ideas, and provide the underlying environment or infrastructure which facilitates the flow of knowledge, ideas and learning. (Florida 1995: 527)

Es wird davon ausgegangen, dass die Wettbewerbsfähigkeit einer Region Auswirkungen auf die innovativen Aktivitäten der dort angesiedelten Akteure, insbesondere wirtschaftlicher Prägung, hat (Gertler/Wolfe/Garkut 2000: 688; vgl. weiterführend Audretsch/Hülsbeck/Lehmann 2011). So können sich durch regionale Nähe räumlich determinierte Wettbewerbsvorteile ergeben, u.a. hinsichtlich der Finanzierung innovativer Unternehmungen (Schamp 2003: 179). Des Weiteren wird angenommen, dass sich aufgrund der räumlichen Nähe und der regionalen Begrenzung netzwerkgestützte Synergieeffekte ergeben (Altemayer-Butscher 2009: 27ff.). Von besonderem Interesse ist zudem die politische Ausgestaltung, d.h. die Governance-Struktur, jener Regionen, insbesondere deren spezifischen regionalen Besonderheiten und Abweichungen vom nationalen Standardmodell (Glassmann/Voelzkow 2006: 220; vgl. weiterführend Voelzkow 2007). Dabei kann die Governance regionaler Wirtschaftscluster vom „nationalen Kontext, in den diese Cluster jeweils ‚eingebettet' sind, abweichen" (Voelzkow 2007: 11). Regionale Inkohärenzen zeigen sich dabei insbesondere dann, wenn „auf regionaler Basis die kritische Masse an Unternehmen erreicht werden, die es benötigt, um Governancemodi zu etablieren, die nach dem nationalen Modell nicht vorgesehen sind" (Voelzkow 2007: 12). In Form von Regionen drücken sich somit nicht nur gewisse räumlich-geographische Lagen, sondern zudem auch spezifische Wirtschaftsstrukturen sowie soziostrukturelle Klassenlagen aus (vgl. Huchler/ Geiger 2009). Als die spezifischen soziokulturellen Dimensionen zeigen sich hierbei die jeweiligen tradierten kulturellen Identitäten einer Region (vgl. Altemayer-Butscher 2009).

2.3.1 Industrielle Distrikte

Das Konzept der industriellen Distrikte nach Marshall beschreibt eine räumliche Ballung handwerklicher Kleinunternehmer in bestimmten Gebieten Englands, u.a. Sheffield, und Deutschlands, u.a. Solingen, des 19. Jahrhunderts (vgl. Marshall 1962, 1997). Diese Kleinunternehmen bilden lokal bzw. regional arbeitsteilig organisierte Produktionsnetzwerke. Ein industrieller Distrikt zeichnet sich dadurch aus, dass in einem regionalen Kontext spezialisierte Dienstleister, Zulieferer und Fachkräfte zusammenarbeiten. Zentral für diesen Ansatz sind die Ausbildung eines lokalen Arbeitsmarkts mit qualifizierten Arbeitnehmern und die Etablierung räumlich gebundener Normen (vgl. Marshall 1962, 1997). Zudem resultieren aus dieser räumlichen Konzentration niedrige Transport- und Transaktionskosten. Des Weiteren sind die industriellen Distrikte von einer spezifischen, ihnen eigenen, industriellen Atmosphäre geprägt. In diesem Zusammenhang kann auch von bestimmten lokalen bzw. regionalen Normen und Konventionen, sowohl wirtschaftlicher als auch sozialer Art, gesprochen werden.

Im Verlauf des 20. Jahrhunderts standen die regionalen Produktionszusammenhänge vermeintlich vor ihrer Auflösung (Martin/Sunley 2003: 7; vgl. weiterführend Breschi/Malerba 2005). Im Zuge neuartiger und dominanter Arbeitsprozessmodelle, insbesondere in Form des Fordismus bzw. Taylorismus, wurden kleinteilig orientierte Produktionszusammenhänge durch das neuartige Modell der Massenproduktion hinsichtlich ihrer Leistungs- und Wettbewerbsfähigkeit in Frage gestellt (Piore/Sabel 1989: 28-55). Zudem kam es einer zunehmenden Internationalisierung, nicht nur von Absatz- sondern insbesondere auch von Arbeitsmärkten. Seit Mitte der 1970er Jahren ist jedoch eine gewisse Renaissance regionaler Produktionszusammenhänge festzustellen (Piore/Sabel 1989: 229ff.; vgl. weiterführend Martin/Sunley 1996). In Anschluss an das originäre Konzept der industriellen Distrikte nach Marshall ist hierbei das Fallbeispiel der regionalen Produktionszusammenhänge im sogenannten Dritten Italien von besonderem Interesse (vgl. Becattini 1978, 1990).

Unter dem Dritten Italien ist ein spezifischer Landesteil Italiens zu verstehen, der weder dem von der Industrie geprägten Norden noch dem ländlich geprägten Süden Italiens zugerechnet werden kann (vgl. Burroni/Trigilia 2001). Das Modell des Dritten Italiens umfasst dabei die Regionen Emilia-Romagna, Toskana, Venetien, Trentino-Südtirol sowie Umbrien. Kennzeichnend für diese Regionen ist ein Set an Faktoren und Ressourcen, die spezifisch für diesen räumlichen Kontext sind und die als räumlich gebunden anzusehen sind (Breschi/Malerba 2005: 1). Solche Faktoren und Ressourcen können lokale Wissensbestände, gut ausgebildete, aber relativ immobile Arbeitskräfte und lokale Organisationen bzw. Institutionen sein (vgl.von Hippel 1994; Markusen 1996). Die regionalen Akteure, hierunter sind insbesondere Klein- bzw. Kleinstunternehmen zu verstehen, zeichnen sich dabei durch einen hohen Grad an Homogenität aus (Lazeron/Lorenzoni 2005: 171).

Ähnlich dem Konzept der industriellen Distrikte nach Marshall findet auch im Modell des Dritten Italiens eine spezifische Interaktion zwischen den Unternehmen in einer bestimmten räumlichen Nähe statt. Kennzeichnend für das Dritte Italien, verstanden als eine spezielle Form eines industriellen Distrikts, sind die Fokussierung auf eher traditionelle Branchen des Handwerks, u.a. der Textilverarbeitung, die räumliche Nähe der Akteure und die Beteiligung von regionalen oder lokalen Institutionen hinsichtlich der Gestaltung von Arbeits- und Kooperationsbeziehungen (vgl. Cainelli 2008). Der Zusammenschluss dieser Unternehmen gründet auf persönlichen Verbindungen, einer bestimmten Arbeits- und Unternehmenskultur und bestimmten Handlungsweisen der Unternehmer und weiterer Akteure, insbesondere politischen Ursprungs. Zusammengenommen resultiert hieraus ein spezifisches lokales Produktionssystem (vgl. Cainelli 2008). Des Weiteren ist das Konzept der industriellen Distrikte eng mit dem bereits vorgestellten Ansatz der regionalen Innovationssystems und dem noch vorzustellenden Clusterkonzept verbunden. Zudem besteht eine weitere Anknüpfungsmöglichkeit der genannten Konzepte mit den Konzeption der innovativen und kreativen Milieus bzw. Städten (vgl. Ratti 1997; Crevoisier 2004; Florida 2004; Cooke/Lazzeretti 2008). Hierbei steht die Innovationsfähigkeit in unterschiedlichen europäischen Regionen im Zentrum der Untersuchung. Ein Milieu stellt dabei ein bestimmtes soziokulturelles Umfeld dar, wodurch bestimmte Wissens- und Lernprozesse geprägt werden, die wiederum die Innovationsfähigkeit in einem räumlich definierten Umfeld beeinflussen (vgl. Camagni 1991).

2.3.2 Regionale Produktionswelten

In verschiedenen Ansätzen der Wirtschaftsraumforschung wird angenommen, dass das ehemals dominante Wirtschaftskonzept des Fordismus, welches insbesondere mit den Schlagwörtern Massenproduktion und Standardisierung verbunden ist, an Bedeutung für die wirtschaftliche Organisation von Arbeitsprozessen verloren hat (vgl. Piore/Sabel 1989). Der Forderung nach post-fordistischen Produktionsmodellen, die sowohl flexibel als auch wissensbasiert aufgestellt sind, kommt nach Storper das regionale Wirtschaften sehr nahe (vgl. Storper 1997). Somit findet dadurch eine Wiederentdeckung der Region als wichtige wirtschaftliche Einheit statt. Die Region, verstanden als eine spezifische räumliche Einheit, beinhaltet dabei eine lokale bzw. regionale Konzentration und Fokussierung bestimmter Branchen, Unternehmen sowie weiterer Akteure. Darüber hinaus werden in diesen regionalen Kontexten weitere Spezifikationen miteinbezogen, die die Regionen sowohl voneinander unterscheiden als auch die einzelnen regionalen Wirtschaftszusammenhänge von sonstigen Organisationsmodellen abgrenzen. Bei Storper geht dabei mit der Regionalisierung von Produktionsprozessen die Spezialisierung von Wirtschaftsprozessen einher (Storper 1997: 3f.).

Die Theorie der regionalen Produktionswelten findet ihren wissenschaftlichen Ursprung in der sogenannten reflexiven Wendung innerhalb der Sozial- und Wirtschaftswissenschaften (Storper 1997: 42). Mit dieser Wendung werden die Bedeutung menschlicher Beziehungen sowie die Rolle von Ungewissheit und Erwartungen für die Koordination wirtschaftlichen Handelns betont. Storper folgt eben jenem neuen Verständnis wirtschaftlichen Handelns, indem er die Literatur zu den industriellen Distrikten und der Transaktionskostenökonomie als ungeeignet kritisiert, Innovation und wirtschaftliche Dynamik erklären zu können (vgl. Storper 1997). Regionale Produktionswelten sind als ein Zusammenspiel der Bereiche Technologie, Territorium und Organisation zu verstehen.[11] Durch diesen interaktiven Ansatz wird ein pfadabhängiger Prozess einer bestimmten regionalen Entwicklung vorgegeben (vgl. Storper 1997; vgl. weiterführend Nelson/Winter 1982). Storper spricht hierbei von kohärenten regionalen Produktionswelten, die als innovative und lernfähige Wirtschaften agieren (Storper 1997: 48ff.). Bei Produktionswelten handelt es sich um eine Verbindung von Menschen, Organisationen, Objekten und Ideen, die als zusammenhängend und sich ergänzend verstanden werden können (vgl. Storper 1997). Unter dem Begriff der Welt sind dabei die spezifischen kognitiven Rahmenbedingungen und Konventionen innerhalb einer Region zu fassen. Diese regionalen Welten bzw. Produktionswelten sind als Idealtypen zu verstehen (vgl. Storper 1997; Storper/Salais 1997; vgl. weiterführend Weber 1980).

Auch im Ansatz der regionalen Produktionswelten wird angenommen, dass regionale Ökonomien als zentrale Einheiten der Weltwirtschaft anzusehen sind (Storper 1997: 3). Die zentralen Vorteile dieser regionalen Welten sind die, aus der räumlichen Nähe resultierenden, existierenden Wissenskontexte und sogenannte

---

[11] Storper nutzt hierfür den Begriff der heiligen Dreiheit (Storper 1997: 42). Organisationen unterscheiden sich nach verschiedenen inter- bzw. intraorganisationalen Beziehungen und nach abweichenden institutionalisierten Interaktionsformen. Der Bereich des Territoriums wird als die zentrale Einheit wirtschaftlichen und sozialen Lebens verstanden. Das Territorium kann unterschieden werden hinsichtlich der dort vorhandenen regionalen Potentiale, der Interaktionsformen oder des Wissenstandes vor Ort. Territorien erfüllen dabei bestimmte Funktionen in den verschiedenen produktbasierten Innovationssystemen. Hinsichtlich der Technologien kann eine Verschiebung von Standardisierung zu Spezialisierung und zu Vielfalt festgehalten werden (vgl. Storper 1997).

nicht-handelbare Beziehungen zwischen den Akteuren. In diesem Sinne sind auch auf regionaler Ebene die nicht-handelbaren Wechselbeziehungen zwischen den vertretenen Akteuren von besonderer Bedeutung. Dabei handelt es sich um nicht direkt erfassbare Beziehungen von Akteuren in einer Region, u.a. in Form von Konventionen, informellen Regeln sowie Gewohnheiten, die wiederum als bestimmte regionalspezifische Settings verstanden werden können (Storper 1997: 4f.). Wirtschaftliches Handeln, welches stets mit Ungewissheit einhergeht, wird im Kontext der regionalen Welten von Konventionen begleitet und unterstützt (vgl. Knight 1948; Storper 1997; Storper/Salais 1997).[12] Die einzelnen Produktionswelten unterscheiden sich in ihren jeweiligen fundamental unterschiedlich ausgeformten Routinen und daraus resultierenden Handlungsweisen mit Ungewissheit umzugehen (Storper/Salais 1997: 26). Dabei ist eine jede Produktionswelt nach eigenen Grundprinzipien organisiert. Die Organisation der jeweiligen Produktionswelt ist wiederum abhängig von den vorliegenden Produkt, den involvierten Akteuren und dem daraus resultierenden Ungewissheitsmomenten. Zudem werden in den regionalen Produktionswelten Kapazitäten für ein reflexives und kollektives Handeln bereitgestellt (Storper 1997: 126). Über Routinen, eingespielte Praktiken und als selbstverständlich wahrgenommene Annahmen findet die Koordination wirtschaftlichen Handelns statt.[13]

Die jeweiligen Produkte, die innerhalb der regionalen Produktionswelten hergestellt werden, stehen im Zentrum der Zugangs- und Herangehensweise. Dadurch, dass das Produkt in diesem Ansatz eine zentrale Stellung einnimmt, und geprägt durch den Umstand, dass in den einzelnen Produktionswelten unterschiedliche Produkte eine bestimmte pfadabhängige Entwicklung vorgegeben haben, entwickelten sich in den einzelnen Produktionswelten eigenständige und sie kennzeichnende Konventionen sowie Beziehungs- und Bezugsmuster zwischen den Akteuren. Storper unterscheidet hierbei zunächst im Bereich der Technologie zum einen zwischen Standardisation und Flexibilisierung, und zum anderen zwischen kodifizierbarem und nicht-kodifizierbarem Wissen. Insbesondere nicht-kodifiziertes Wissen ist räumlich an Entitäten, die diese Wissensform inkorporieren, gebunden, und ist als solches somit geografisch determiniert. Storper stellt in seinem Ansatz eine Unterscheidung von vier Produkttypen vor, die jeweils im Sinne einer Idealtypbildung zu verstehen sind.[14] Auf diese Art und Weise ergeben sich mit interpersoneller Welt, der Marktwelt, der Industriewelt und der

---

[12] Knight unterscheidet zwischen Risiko und Ungewissheit (vgl. Knight 1948; vgl. weiterführend Dosi/Egidi 1991; Schmidt 1996; Runde 1998; Dequech 2003). Bei Situationen unter Risiko können Eintrittswahrscheinlichkeiten angegeben werden. Diese Angabe ist bei Situationen unter Ungewissheit nicht möglich.

[13] Storper grenzt sich dabei von Granovetter ab, dem er vorwirft, dass das von ihm in die Diskussion eingebrachte Konzept der sozialen Einbettung wirtschaftlichen Handelns zu kurz greifen würde, um die soziale Dimension wirtschaftlichen Handelns tatsächlich erfassen zu können (Storper 1997: 44; vgl. Granovetter 1985).

[14] Die Idealtypen werden dabei über die Dimensionen standardisiert/spezialisiert und generisch/dediziert gebildet.

Welt intellektueller Ressourcen vier verschiedene Produktionswelten (Storper 1997: 123). Die Akteure in den jeweiligen Welten verfolgen zwar zunächst individuelle Interessen, sie sind jedoch in die jeweiligen zugrunde liegenden Rahmungen der Welten eingegliedert, wodurch eine kollektive Erwartungsstruktur entsteht. Hiermit wird auch das möglicherweise bestehende Problem der doppelten Kontingenz entkräftet (vgl. Ganßmann 2007).[15] Durch diese Konventionen werden zudem, je nach Produktionswelt, bestehende Ungewissheitsproblematiken gelöst (Storper 1997: 112). Für eine Anreicherung der Konventionsdiskussion werden im Folgenden weiterführende sozialwissenschaftliche Ansätze der Konventionsthematik besprochen.[16]

In einer ersten Annäherung wird eine Konvention in diesem Zusammenhang als „eine sozio-kulturell verankerte Handlungslogik bezeichnet, die es den Akteuren ermöglicht, sich in Situationen und unter Bedingungen der Unsicherheit handelnd zu koordinieren und eine gemeinsame Intention zu realisieren" (Diaz-Bone 2011: 23). Das zugrunde liegende Akteursmodell der Soziologie der Konventionen unterstellt dabei, dass Akteure über spezifische Handlungskompetenzen verfügen. In diesem Sinne nutzen die Akteure Konventionen wie eine grundlegende Handlungsgrammatik. Zudem wird angenommen, dass die Akteure hinsichtlich ihres Kompetenzprofils als unvollständig ausgestattet anzusehen sind. Als ähnlich unvollständig ausgestattet werden auch Institutionen angesehen. Daher werden Konventionen als eine allgemeine Grundlage für das gesellschaftliche Handeln angesehen.

Konventionen nehmen eine zentrale Rolle in der Besprechung sozialer und wirtschaftlicher Sachverhalte ein (Storper/Salais 1997: 15ff.). Dabei findet eine

---

[15] Unter Kontingenz bzw. doppelter Kontingenz „ist eine Konstellation gemeint, in der zwei Akteure nicht nur jeweils von sich selbst denken, dass sie ihre Handlungen frei wählen können, sodass das, was sie tun, kontingent ist, sondern dass sie auch ihrem Gegenüber die gleiche Wahlfreiheit zuschreiben (müssen), sodass beide um diese doppelte Offenheit der Handlungsmöglichkeiten wissen" (Ganßmann 2007: 63).

[16] In den 1970er Jahren entwickelte sich, aus der französischsprachigen Sozialwissenschaft heraus, eine pragmatische Soziologie, die sich durch eine Vielfalt verschiedener Handlungslogiken und durch die Annahme kritisch-reflexiver Akteure auszeichnet (vgl. Diaz-Bone 2011). Diesem Ansatz zufolge handeln Akteure dabei nicht nur nach Normen oder gesellschaftlichen Werten, sondern sie artikulieren „vielmehr in ihren verschiedenen faktischen Handlungsformen eine pragmatische Moralität und eine Gemeinwohlorientierung" (Diaz-Bone 2011: 13, Herv. i. O.). Durch diese Annahme sollen Bedenken bezüglich eines unter- bzw. übersozialisierten Akteurmodells ausgeräumt werden (vgl. Granovetter 1985; vgl. weiterführend Wrong 1961). Die Ökonomie der Konventionen, als Teilstück einer pragmatisch ausgerichteten Sozialwissenschaft, kann als Versuch eines gemeinsamen Forschungsansatzes von Soziologie und Ökonomie verstanden werden (vgl. Diaz-Bone/Salais 2011). Im Folgenden wird aus Gründen der Darstellbarkeit und der Zielrichtung der Fragestellung auf eine tiefergehende Besprechung der Unterschiede zwischen den Ansätzen der Soziologie der Konventionen und der Ökonomie der Konventionen verzichtet (vgl. Diaz-Bone 2011). Beide Begrifflichkeiten, die Soziologie der Konventionen und die Ökonomie der Konventionen, sind nicht als deckungsgleich anzusehen (Diaz-Bone 2011: 22). Die Soziologie der Konventionen reicht dabei über die Ökonomie der Konventionen hinaus (vgl. Jagd 2007). Dabei wurzeln die Grundkonzepte der Soziologie der Konventionen in einer pragmatischen Anthropologie

Betonung der „spezifisch pragmatische[n] Realität der Konventionen als eine durch das koordinierte Handeln für das koordinierende Handeln hervorgebrachte Realität" (Diaz-Bone 2011: 30) statt. Konventionen ermöglichen die Koordination wirtschaftlichen Handelns unter der Bedingung von Ungewissheit. Dabei können Konventionen als allgemeine Prinzipien, Handlungsregeln, Regelkompetenzen, Repräsentationen der Kollektive, kognitive Formate, Diskursordnungen oder Vernetzungsstrategien verstanden werden (vgl. Diaz-Bone 2007b, 2012). Eine Konvention ist in diesem Sinn als ein praktisches Regelsystem zu interpretieren, das als Form einer sozialen Repräsentation Anwendung findet (vgl. Thévenot 2001; Boltanski/Thévenot 2007). Je nach Kontext können Konventionen unterschiedlich ausgeprägt sein, woraus wiederum ein Pluralismus verschiedener Konventionen resultiert (Diaz-Bone/Salais 2011: 7ff.). Die Vermittlung von Konventionen findet dabei durch die jeweiligen Akteure statt. Konventionen nehmen zudem Einfluss auf die Ausgestaltung der zentralen Akteure wirtschaftlichen Handelns, den Unternehmen, insbesondere auf deren Organisationsform, Kultur und Managementform (vgl. Diaz-Bone 2012). Des Weiteren können Konventionen als „kollektiv verfügbare normative Handlungsordnungen" (Diaz-Bone 2011: 23) aufgefasst werden.[17]

Als Rechtfertigungs- oder Wertigkeitsordnungen dienen Konventionen zur Abschätzung und Einordnung sozialer Situationen (vgl. Boltanski/Thévenot 2007). Dieses Verständnis ist deckungsgleich mit der Annahme, Konventionen im Sinne von Qualitätskonventionen aufzufassen (vgl. Diaz-Bone 2010b). Konventionen stehen in diesem Sinne „den Akteuren empirisch als Sinnhorizonte und normative Ordnungen zur Verfügung [...], wenn sie ihr Handeln rechtfertigen sollen oder das Handeln anderer als unangemessen kritisieren" (Diaz-Bone 2011: 25). Im Ansatz der Soziologie der Konventionen nutzen Akteure, insbesondere in ungewissen Situationen, Konventionen, um ein stabiles Handlungsumfeld zu schaffen und so ihre jeweiligen Ziele erreichen zu können. In diesem Sinne sind Konventionen „sozio-kulturelle Koordinationslogiken, die Akteuren als situative Ressourcen für die Handlungskoordination zur Verfügung stehen" (Diaz-Bone 2011: 14). Konventionen sind jedoch nicht mit Standards oder Traditionen zu verwechseln (Diaz-Bone 2011: 14).

Storper betont in seinem Ansatz der regionalen Produktionswelten die Bedeutung von Konventionen für wirtschaftliches Handeln (Storper 1997: 15ff.; vgl. weiterführend Storper/Salais 1997). In den angeführten Produktionswelten sind jeweils spezifische Konventionen angelegt, die die Aktivitäten der Pro-

---

[17] Am Beispiel von Marktkonventionen kann gezeigt werden, wie Konventionen zur Beurteilung der Wertigkeit von Marktteilnehmern, Wertigkeit von Objekten, Bewerkstelligung einer richtigen und gelingenden Koordination dienen (vgl. Diaz-Bone 2010b).

duzenten und Konsumenten koordinieren (Storper 1997: 112).[18] Durch diese Sets an Konventionen wird ein weltenspezifischer Handlungsrahmen vorgegeben, der es ermöglicht, Ungewissheit, die bekanntlich jedem wirtschaftlichen Handeln inne wohnt, insbesondere erzeugt durch Innovationen, zu reduzieren bzw. zu umgehen. Diese jeweiligen Handlungsrahmen sind je nach zugrunde liegendem Produkt unterschiedlich ausgestaltet, so dass daraus die beschriebenen regionalen Produktionswelten resultieren.

2.4. Clusteransatz

Der Clusteransatz steht in einer engen Verwandtschaft zu dem bereits besprochenen Ansatz der industriellen Distrikte (vgl. Marshall 1962, 1997). Auch sind Ähnlichkeiten und Überschneidungen zwischen dem Clusterkonzept und dem Ansatz der regionalen Innovationssysteme feststellbar (vgl. Trippl/Tödtling 2008). Sowohl bei dem Clusteransatz als auch bei den sonstigen besprochenen Konzepten stehen soziale und räumliche Dimensionen wirtschaftlicher Zusammenhänge mit im Mittelpunkt des Untersuchungsinteresses. Diese konzeptionelle Nähe kann auch in der Bedeutung eines bestimmten räumlichen und sozialen Zusammenhangs des entsprechenden Raumkonzepts und dem Themenbereich der Innovation festgestellt werden. Hieran zeigt sich, dass der Clusteransatz als eine spezielle Variante des Regionenansatzes aufgefasst werden kann (Cooke 2004a: 6ff.). So nah sich die genannten Ansätze auch stehen, so unterscheiden sie sich jedoch in zentralen Punkten voneinander (Heidenreich 2005: 741ff.). Im Folgenden wird ein basales Clusterkonzept vorgestellt bzw. entwickelt.

---

[18] Auch bei Storper und Salais geht es um eine Erklärung wirtschaftlicher Prozesse (vgl. Storper/Salais 1997). In diesem Erklärungsansatz wird nicht-ökonomischen Kräften wie Institutionen, Kulturen und soziale Praktiken ein hoher Erklärungswert zugesprochen. Ein besonderer Stellenwert in der Erklärung wirtschaftlicher Zusammenhänge kommt jedoch Konventionen zu. Unter Konventionen verstehen die Autoren implizite Handlungs- und Koordinationsregeln, die von Menschen generiert und routinemäßig angeeignet wurden (Storper/Salais 1997: V).

2.4.1 Klassischer Clusteransatz

In der Literatur sind unterschiedliche Definitionsansätze von Wirtschaftsclustern auffindbar (Thomi/Sternberg 2008: 73-77; vgl. weiterführend Stough et al. 2002; Martin/Sunley 2003; Cruz/Teixeira 2010). Auch wird die Thematik des Clusters von verschiedenen wissenschaftlichen Disziplinen sowie von der praktischen Anwenderseite besprochen und bearbeitet. In einer ersten Annäherung ist unter dem Clusteransatz ein wirtschaftswissenschaftliches Theoriekonzept zu verstehen. Der wirtschaftswissenschaftlich konnotierte Clusteransatz geht dabei auf Porter zurück, der das Konzept des Clusters prominent in die wissenschaftliche Forschung und in die politische Diskussion einbringen konnte (vgl. Porter 1998). Porter geht in seinem Ansatz davon aus, dass durch eine bestimmte räumliche Organisationsform, insbesondere in der Form von Wertschöpfungsketten, der wirtschaftliche Erfolg von Unternehmen, und somit auch der Erfolg einer betreffenden Region, gefördert werden könne (Porter 1998: 78; vgl. weiterführend Stough et al. 2002). Darüber hinaus werden Cluster als zentral für die positive wirtschaftliche Leistungsfähigkeit einer Nation bzw. einer Volkswirtschaft erachtet (Porter 1998: 78). Im Folgenden stehen der räumliche Aspekt von Clustern und die damit einhergehenden spezifischen Charakteristika im Vordergrund. Aspekten wie der Innovationshäufigkeit, dem wirtschaftlichen Potential, der Dynamik oder der Etablierung von Clustern wird nicht gesondert nachgegangen (vgl. hierzu Baptista/ Swann 1998; OECD 1991, 2001; Steinle/Schiele 2002; Simmie 2004; Nooteboom/ Woolthuis 2005; Breschi 2008).

Die räumliche Eingrenzung eines Clusters erfolgt zunächst durch die Zuschreibung bzw. Selbstbeschreibung der Clusterakteure. In diesem Sinne vollzieht sich die Definition und Bestimmung eines Clusters oftmals als ein gesteuerter politischer Akt (Kiese 2008: 13; vgl. weiterführend Kiese/Schätzl 2008, Sternberg/ Kiese/Stockinger 2010). Der Gründung eines Clusters liegt dabei ein politisch motivierter Vorgang zu Grunde. Unter Berücksichtigung der politischen Einflussnahme können mit funktionierendem, latentem, potenziellem, politisch motiviertem sowie Wunschdenken-Cluster unterschiedliche Clusterformen unterschieden werden (vgl. Kiese 2008, 2012; vgl. weiterführend Kiese/Schätzl 2008). Die Organisationsform variiert je nach Clustergestaltung. Die am häufigsten aufzufindende Clusterstruktur ist die eines Netzwerkclusters mit vielen Akteuren, die in einem strukturellen Gleichgewicht zueinanderstehen. Dem hingegen zeichnet sich der ebenfalls empirisch häufig aufzufindender Clustertyp des Sternenclusters weniger durch seine Ausgewogenheit als vielmehr durch die Dominanz eines einzelnen Akteurs bzw. einiger wenige Akteure aus (vgl. Kiese/Schätzl 2008).

Fasst man Cluster nicht als ein rein empirisches Phänomen auf, sondern versucht es als theoretisches Konzept zu analysieren, so können Cluster in einer ersten Annäherung als eine räumliche Ballung branchenfokussierter bzw. sektoral spezialisierter Akteure, insbesondere in der Form von Unternehmen, interpretiert werden (Porter 1998: 78; vgl. weiterführend Glassmann/Voelzkow 2006). Konkretisiert kann ein Cluster als eine räumliche Konzentration von sich gegenseitig unterstützenden Unternehmen, die aufgrund von Kooperationen bei infrastrukturellen Leistungen kostensenkende Spezialisierungs- und Wettbewerbsvorteile erzielen, verstanden werden (vgl. Porter 1998, 2002).

Clusters are geographic concentrations of interconnected companies and institutions in a particular field. Clusters encompass an array of linked industries and other entities important to competition. They include, for example, suppliers of specialized inputs such as components, machinery, and services, and providers of specialized infrastructure. (Porter 1998: 78)

In Clustern sind Wertschöpfungsketten in regionalen Einheiten angelegt, in denen eine Konzentration von verbundenen Unternehmen und Organisationen entlang einer bestimmten Wertschöpfungskette oder Branche aufzufinden ist (Porter 1998: 78; vgl. weiterführend Brenner 2004). Des Weiteren sind neben den primären Wirtschaftsakteuren, sprich Unternehmen, weitere wichtige Akteure Bestand eines Clusters, insbesondere politische Akteure oder wissenschaftliche Akteure, u.a. Universitäten (vgl. Feldman 2008; Sternberg 2010). Das Zusammenwirken dieser drei Akteure kann anhand des Triple-Helix-Modells veranschaulicht werden (vgl. Etzkowitz/Leydesdorff 1997). Diesem Modell folgend wirken in wissensbasierten Gesellschaften Universitäten, Industrie und Politik zusammen, um das Wachstum von Volkswirtschaften etc. zu fördern. Die Steuerung des Clusterzusammenhangs findet dabei insbesondere über Institutionen und den von ihnen vorgegebenen Handlungsweisen statt (vgl. North 1990). Die Fokussierung und Konzentration entlang einer bestimmten branchenbezogenen Wertschöpfungskette solle es dabei regionalen Unternehmen ermöglichen, auf internationale und globale Wettbewerbsdynamiken reagieren zu können (vgl. Porter 1998).

Durch die hervorgehobene Betonung der regionalen Dimension wirtschaftlichen Handelns, steht das Clusterkonzept solchen Ansätzen entgegen, die der räumlichen An- und Einbindung wirtschaftlicher Akteure keine zentrale Relevanz einräumen. Insbesondere in Zuge von Globalisierungsprozessen, der Entstehung sogenannter digitaler Welten und weitreichender Wissens- und Austauschnetzwerken, wäre anzunehmen, dass die räumliche Konzentration von Wertschöpfungs- und Produktionsnetzwerken als obsolet anzusehen ist (Porter 1998: 77; vgl. weiterführend Conti 2005; Bathelt/Glückler 2011; Schiele/Ebner 2013). Trotz dieser Internationalisierungs- und Globalisierungstendenzen, wodurch die räumliche Bindung an Bedeutung verlieren sollte, wird im Clusteransatz gerade diese besondere Relevanz der räumlichen Dimension hervorgehoben (Porter/Stern 2001: 29). Vielmehr wird sogar angenommen, dass eine räumliche Fokussierung als förderlich für die Entwicklung von Innovationen anzusehen ist. Zentrale Elemente seien dabei insbesondere regional gebundene Wissensbasen und Lernprozesse (vgl. Florida 1995; OECD 1999, 2001).[19] Somit können Cluster trotz scheinbar allgegenwärtiger räumlicher Entkopplungstendenzen als essentielle wirtschaftliche Einheiten angesehen werden (Porter 1998: 78). Hierbei ist auch das Paradox aufzufinden, dass globale Wettbewerbsvorteile in regionalen oder lokalen Zusammenhängen realisiert werden (Porter/Stern 2001: 29; vgl. weiterführend Ohmae 1995; Storper 1997; Scott, A. 1998, 2001).

Den Clusterakteuren entstehen durch die Partizipation an Clusterstrukturen Vorteile, die ohne die Einbindung in ein entsprechendes Cluster nicht möglich wären. Auf einer übergeordneten Ebene sollen die Akteure von einer gesteigerten Produktivität, von gesteuerten Innovationen und von einer Stimulierung neuer Technologien profitieren (Porter 1998: 78). Für jeden einzelnen Akteur, insbesondere auf Unternehmensseite, bestehen die wesentlichen Vorteile darin, über einen verbesserten Zugang zu Arbeitskräften und Zulieferern zu verfügen. Ebenso soll durch die Einbindung in ein Cluster der Zugang zu spezifischen Informationen und zu branchen- bzw. sektorrelevanten Institutionen sowie öffentlichen Gütern ermöglicht werden (Porter 1998: 79f.; vgl. weiterführend Kiese/Schätzl 2008). In diesem Sinne zeigen sich Überschneidungen zwischen dem Clusteransatz und netzwerkbasierten Ansätzen.[20] Durch den Clusterzusammenhang wird die Kooperation zwischen den unterschiedlichen vor Ort ansässigen Akteuren gefördert (Porter: 1998: 79; vgl. weiterführend Manger 2009). Jedoch finden sich unter den Clusterbeteiligten auch Akteure, die als gegenseitige Konkurrenten auf Wirtschaftsmärkten agieren. Hieran wird die spezifische Problematik ersichtlich, ob und inwieweit Clusterakteure bereit sind mit Konkurrenten innerhalb eines Clusters zu kooperieren. Im Clusterkonzept wird davon ausgegangen, dass das Paradox von Kooperation und Konkurrenz zugunsten der Kooperation gelöst wird. So findet insbesondere eine vertikale Kooperation zwischen Unternehmen entlang einer Wertschöpfungskette statt. Dennoch könnte eine zu starke horizontale Konkurrenz die erfolgreiche Umsetzung eines Clusters gefährden.

---

[19] In einer globalisierten Wissensgesellschaft wird angenommen, dass Wissen leicht zugänglich und ebenso vermittelbar ist. Dieser Umstand kann für standardisierte und kodierte Wissensbestände angenommen werden. Anders verhält es sich mit nicht-kodiertem bzw. nicht-kodierbarem Wissen (vgl. Audretsch/Feldman 1996). Dieses Wissen ist zumeist personenbezogen und räumlich gebunden (vgl. Markusen 1996).

[20] Zwar nehmen netzwerkartige Strukturen in einem Cluster eine wichtige Rolle ein, jedoch sind Cluster nicht mit Netzwerken gleichzusetzen (vgl. Kiese 2012). Ein zentraler Unterschied zwischen Netzwerken und Clustern ist darin begründet, dass sich Netzwerke im Gegensatz zu Clustern nicht an räumlichen Grenzen orientieren.

Im Clusterkonzept sind weitere Vor- sowie Nachteile verkörpert. So können durch die enge Zusammenarbeit im Clusterkontext insbesondere Wissens- und Synergieeffekte für die einzelnen Akteure generiert werden, die in höheren Innovationsgraden ihren Ausdruck finden können. Zugleich liegt in einem Cluster-zusammenhang aber auch die Gefahr einer zu starken technologischen bzw. institutioneller Angleichung oder Überspezialisierung der Akteure verborgen. Ein Zustand, der sowohl in Hinblick auf die Steigerung der Innovationsfähigkeit der Clusterakteure nicht erstrebenswert sein kann sowie sowohl zu einer starken Abhängigkeit der Akteure voneinander bzw. von ihrem Geschäftsmodell führen kann. Auch können mit ursprünglich positiven Clustereffekten, u.a. einem höheren Wirtschaftswachstum, einer höheren Produktivität oder einer gesteigerten Produk-tivität, negative Effekte, u.a. in Form gesteigerter Lohnkosten oder Grundstück-preise, einhergehen, die wiederum in der räumlichen Konzentration begründet sind. Es wird ersichtlich, dass durch eine Clusterstruktur sowohl positive als auch negative Effekte generiert werden können. Ein gelungener Umgang mit diesen einzelnen Effekten ist dabei entscheidend für das Bestehen bzw. die erfolgreiche Wirkweise eines Clusters.

Die Kritik an Porters Clusterkonzept ist zahlreich (vgl. Martin/Sunley 2003; Trippl 2004; Kiese 2008). So wird im porterschen Clusterkonzept aufgrund der Fokussierung auf lineare Wertschöpfungsketten der spezielle soziale und insti-tutionelle Charakter von Innovationssystemen vernachlässigt. Dabei wäre es ins-besondere interessant den Systemcharakter von Clusterstrukturen zu betonen (Kiese 2008: 11). Des Weiteren ist das Fehlen einer allgemein anerkannten und von anderen territorialen Innovationsmodellen abgegrenzten Clustertheorie zu krit-isieren (Kiese 2012: 60). Es zeigt sich zudem, das Porter die Clusterthematik nicht nur prominent in wissenschaftliche, sondern insbesondere auch in politische Dis-kurse einbringen konnte. Hierbei wird ersichtlich, dass das Clusterkonzept oftmals als Steuerungs- und Governance-Modell bzw. als politisches Werkzeug, ins-besondere in Form einer spezifischen Industrie- und Technologiepolitik, genutzt wird (vgl. Stough et al. 2002; Dohse 2007; Ebner 2013; vgl. weiterführend Esser 1989). Dies ist ein wesentlicher Grund, weshalb der Clusterbegriff zunehmend als ein Modebegriff wahrgenommen wird, und dadurch tendenziell an theoretischem Gehalt verloren hat (vgl. Malmberg 2003; Kiese 2012). In diesem Kontext muss die Frage erlaubt sein, ob sich der Clusteransatz zu einem chaotischen Konzept entwickelt hat (Martin/Sunley 2003: 10; vgl. auch Thomi/Sternberg 2008; Wrobel 2009). Aus soziologischer Perspektive sind das Clusterkonzept nach Porter und unmittelbar daran anschließende Konzeptionen ebenfalls als wenig ausgereift zu bezeichnen (Jonas 2005: 275; vgl. weiterführend Hervas-Oliver/Albors-Garrigos 2009).

Der Clusteransatz zeichnet sich neben der Fokussierung auf eine bestimmte Wirtschaftsbranche insbesondere durch die vorgenommene räumliche Fokussierung auf die lokale bzw. regionale Ebene aus. Es wurde argumentiert, dass ein Cluster durch seine Dimensionierung bestimmte Akteure und Eigenschaften, u.a. dort ansässiger Wissensträger und Fachkräfte, an einen bestimmten Standort bindet. Jedoch wurde auch ersichtlich, dass die reine begriffliche Bestimmung eines Clusters, insbesondere als Resultat eines politischen Entscheidungsprozesses, aus soziologischer Sichtweise als nicht befriedigend hinsichtlich eines schlüssigen Erklärungsansatzes der sozialen und institutionellen sowie räumlichen Dimension eines wirtschaftlichen Phänomens angesehen werden kann. Vielmehr müsste gefordert sein, dass ein entsprechendes Clusterkonzept eine Verknüpfung von räumlichen, sozialen und institutionellen Dimensionen leistet. Den angeführten Nachteilen des Clusterkonzepts soll dabei Rechnung getragen werden, indem zunächst auf spezifische soziologische Raumkonzepte eingegangen wird, um daran anschließend ein modifiziertes Clusterkonzept vorzustellen.

2.4.2 Soziologische Raumsansätze

In der bourdieuschen Raumkonzeption wird ein handlungstheoretischer Ansatz vertreten, in dem symbolische als auch wirtschaftliche Praktiken als Strategien in der Konkurrenz um die Position im sozialen Raum betrachtet werden. Menschen schaffen durch ihr Handeln Strukturen bzw. halten sie dadurch aufrecht (vgl. Bourdieu 1987, 1991). Struktur und Handlung verschmelzen dabei im Begriff des sozialen Raums. Grundlegend ist hierbei das Zusammenwirken der drei bourdieuschen Kernkategorien Habitus, Kapital und Feld.[21] Bourdieu nutzt des Weiteren die Terminologie des mehrdimensionalen sozialen Raums als Synonym für den Begriff der sozialen Welt. Die Akteure werden über ihre relative Stellung im Raum definiert (vgl. Bourdieu 1991). Dabei können die Akteure nur diese eine Stellung im Raum einnehmen, und nicht mehrere. Ein Raum kann dabei als ein Kräftefeld beschrieben werden.[22] Als Konstruktionsprinzipien des sozialen Raums

---

[21] Der Habitus ist bei Bourdieu das vermittelnde Bindeglied zwischen Struktur und Praxis (vgl. Bourdieu 1974b). Ein Habitus wird als solcher im Verlauf der sozialen Entwicklung eines Akteurs durch unterschiedliche Formen der Konditionierung bzw. der gesellschaftlichen Prägung erzeugt.

[22] Unter einem Kräftefeld ist „ein Ensemble objektiver Kräfteverhältnisse" (Bourdieu 1991: 10) zu verstehen. In einem Feld bzw. einem Raum ergibt sich die soziale Stellung oder Positionierung eines Akteurs durch seine „Stellung innerhalb der einzelnen Felder, das heißt innerhalb der Verteilungsstruktur der in ihnen wirksamen Machtmittel" (Bourdieu 1991: 10f.).

dienen die unterschiedlichen von Bourdieu in die Diskussion eingebrachten Sorten von Macht und Kapital bzw. deren spezifische Verteilung (vgl. Bourdieu 1997a). Die Akteure positionieren sich somit im sozialen Raum über die Verteilungsstruktur dieser Macht- und Kapitalmittel. Unter den zentralen Machtmitteln versteht Bourdieu „primär ökonomisches Kapital (in seinen diversen Arten), dann kulturelles und soziales Kapital, schließlich noch symbolisches Kapital als wahrgenommene und als legitim anerkannte Form der drei vorgenannten Kapitalien" (Bourdieu 1991: 11).

Aus den Stellungen im sozialen Raum lassen sich unterschiedliche Klassenlagen ableiten. So kann ein Akteur in einem sozialen Raum einer bestimmten sozialen Klasse zugeordnet werden (vgl. Bourdieu 1991, 1993, 1998). Klassen sind in diesem Zusammenhang als „Ensembles von Akteuren mit ähnlichen Stellungen [...] [die] aller Voraussicht nach ähnliche Dispositionen und Interessen aufweisen" (Bourdieu 1991: 12) zu verstehen. Der soziale Raum wird demnach über den jeweiligen Habitus und die Kapitalverteilung der Akteure konstruiert. Seinen Ausdruck findet der soziale Raum dann im tatsächlich angeeigneten physischen Raum. Unter Bezugnahme der raumschaffenden Kriterien und der Kapitalausstattung kommt es zu der Positionierung der Akteure im sozialen Raum. Es wird deutlich, dass es zu Distinktionsprozessen kommt, u.a. in Form von Klassenbildungen, durch die die Akteure räumlich und sozial voneinander unterschieden oder gar getrennt werden. Der soziale Raum besteht „aus einem Ensemble objektiver historischer Relationen zwischen Positionen, die auf bestimmten Formen von Macht (oder Kapital) beruhen" (Bourdieu/Wacquant 1996: 36). Somit ist ein sozialer Raum als ein Raum von Beziehungen zu verstehen. An Bourdieus Raumkonzept kann kritisiert werden, dass mit seiner Raumkonzeption die Wechselwirkungen zwischen Raum und Struktur empirisch nicht überprüft werden können. Auch zeigt sich, dass die strukturierende Wirkung von Räumen keine Berücksichtigung findet (Löw 2001: 179ff.). Jedoch ist das Verständnis des Raums als eine soziale Konstruktionsleistung durch die Akteure als eine essentielle Erweiterung der zuvor besprochenen Wirtschaftsräume zu verstehen. Auf der einen Seite prägen die Akteure in diesem Sinne den sozialen Raum. Auf der anderen Seite werden die Akteure auch von den sozialen Räumen geprägt.

Raum ist bei Löw als „eine relationale (An)Ordnung von Körpern, welche unaufhörlich in Bewegung sind, wodurch sich die (An)Ordnung selbst verändert" (Löw 2001: 131) zu verstehen. Hierdurch nimmt Löw im Begriff des Raums eine Verknüpfung der Ordnungsdimension und der Handlungsdimension vor. Die Entstehung von Räumen ist daher eine Syntheseleistung (Löw 2001: 131). Räume werden dabei als eine relationale Anordnung von Gütern bestimmt. Der „Raum ist eine relationale (An)Ordnung von Lebewesen und sozialen Gütern" (Löw 2001: 141). Erst durch die Verknüpfung sozialer Güter und Menschen entstehen Räume. Sie entstehen in diesem Sinne in einem wechselseitigen Prozess zwischen Handlungen und Strukturen. Dabei vollbringt der Akteur eine Verknüpfungs- leistung, denn Räume entstehen dadurch, *„daß sie aktiv durch Menschen verknüpft werden"* (Löw 2001: 159, Herv. i. O.). Diese Verknüpfung findet weitere Ver- stetigung in „der repetitiven Konstitution von Räumen" (Löw 2001: 161). Zentral für Löws Raumkonzeption sind zwei miteinander verwobene Prozesse der Raumkonstitution, zum einen das sogenannte Spacing und zum anderen die daran anschließende Syntheseleistung. Unter dem Begriff Spacing versteht Löw das „Plazieren [sic!] von sozialen Gütern und Menschen bzw. das Positionieren primär symbolischer Markierungen, um Ensembles von Gütern und Menschen als solche kenntlich zu machen" (Löw 2001: 158). Dabei handelt es sich beim Vorgang des Spacings immer um „ein Positionieren in Relation zu anderen Plazierungen [sic!]" (Löw 2001: 158). Durch den Vorgang der Syntheseleistung wiederum, werden die Wahrnehmungs-, Vorstellungs- oder Erinnerungsprozesse der Güter und Menschen zu Räumen zusammengefasst, d.h. es findet eine Bündelung von Ensembles von Gütern und Menschen zu einem Element statt (Löw 2001: 160). Im alltäglichen Handeln besteht dabei eine Gleichzeitigkeit von Syntheseleistung und Spacing. Zudem ist Handeln hierbei immer als dynamisch und prozesshaft zu verstehen.

2.4.3 Modifizierter Clusteransatz

Im Folgenden wird angenommen, dass eine Interpretation des Clusteransatzes unter Bezugnahme auf den Ansatz von Bourdieu bzw. des relationalen Raum- verständnisses nach Löw geleistet werden kann. So wird durch Bourdieus Ansatz deutlich, dass Räume nicht als neutrale Zonen zu verstehen sind, sondern dass sich in sozialen Räumen auch unterschiedliche Lagen, hierunter sind bei Bourdieu insbesondere Klassenlagen angesprochen, manifestieren. Über die Verteilung von Machtmitteln bzw. von relevanten Kapitalarten nehmen die Akteure bestimmte Positionen in einem Raum ein. Dieser Aspekt kann auf den Clusteransatz übertragen werden. Ein Cluster ist durch diese Interpretationsweise nicht als ein eigenschaftsloses Neben- und Miteinander von entsprechenden Clusterakteuren zu verstehen. Vielmehr wird zum Ausdruck gebracht, dass die Akteure in einem Cluster verschiedene Rollen und Positionen einnehmen. Es kann somit von starken und schwachen bzw. von dominanten und dominierten Akteuren gesprochen werden. Jedoch sollte in einem Clusterzusammenhang nicht von Machtstrukturen gesprochen werden, sondern eher von spezifischen Clusterfeldstrukturen.

Anknüpfend an die von Löw vorgeschlagene Interpretation eines soziologischen Raumbegriffs, können Cluster anhand der Konzepte des Spacings und der Syntheseleistung begrifflich genauer gefasst werden. Ein Wirtschaftscluster ist in diesem Sinne als ein spezifisch relationaler Zusammenhang vielfältiger Akteuren und Institutionen zu verstehen, der in einem bestimmen räumlichen Setting seinen Ausdruck findet (vgl. Löw 2001). Anschließend an die Spacing-Annahme ist ein Cluster als ein sinnhaftes Platzieren von Clusterakteuren und clusterrelevanten Inhalten zu verstehen. Ein Wirtschaftscluster ist somit ein Ensemble wissentlich und gezielt gesetzter Zusammenhänge. Durch den Begriff des Cluster erhält das entsprechende soziale und institutionelle Ensemble seinen symbolischen Ausdruck bzw. seine symbolische Markierung. Diese symbolische Ebene wird wiederum durch die wiederholt erbrachte Syntheseleistung der Clusterakteure durch entsprechende Wahrnehmungsprozesse von Gütern und Menschen zu einem Raum, einem Clusterraum. Ein Cluster ist in diesem Sinn als ein symbolischer Raum zu verstehen, in dem die Ensemblemitglieder in einem bestimmten sozialen und institutionellen Setting agieren bzw. in einem solchen Kontext aufeinander bezogen handeln. Das Handeln ist als sozial begründet sowie auf Wechselseitigkeit beruhend zu verstehen (vgl. Cooke/Huggins 2003: 52).

Es bleibt festzuhalten, dass der Clusteransatz durch die soziologischen Raumansätze nach Bourdieu und Löw zum einen durch die Elemente der Macht- bzw. Kapitalverteilung und zum anderen durch das Element der symbolischen Ausgestaltung eines Raums ergänzt werden konnte. Somit findet in dem nunmehr vorgestellten modifizierten Clusteransatz eine Synthese von räumlicher und sozialer sowie institutioneller Dimension statt. Es wird angenommen, dass ein Feldkonzept dazu genutzt werden kann, den Clusteransatz weitergehend zu begründen und um eine geeignete Handlungstheorie zu ergänzen.

3. Feld und Cluster

Die Feldtheorie ist ein ursprünglich aus den Naturwissenschaften stammendes Konzept zur Erklärung der Teilchenbewegung und der Teilchenwirkung (Klingbeil 2011: 35). Insbesondere in der elektrophysikalischen Theorie werden Felder genutzt, um die Wechselwirkungen zwischen den Feldelementen und der Feldumwelt zu beschreiben. Begriffe wie Feldeffekte und Feldkräfte finden sich in ähnlicher, wenn auch in deutlich abgewandelter Form, in den verschiedenen Ansätzen einer sozialwissenschaftlichen bzw. soziologischen Feldtheorie. Ideengeschichtlich kann an dieser Stelle auf das Verständnis der Soziologie als einer sozialen Physik verwiesen werden (Comte 1973: 146). Zentrale Grundannahmen der physikalischen Feldtheorie sollten später in Überlegungen zu einem sozialwissenschaftlichen Feldansatz übernommen und weiterentwickelt werden (vgl. Martin 2003, 2011; Beckert 2011; Fourcade 2013).

> In einem elektromagnetischen Feld werden beispielsweise alle Teilchen mit bestimmten Eigenschaften vom Magnetismus beeinflusst; die Bewegungen dieser Teilchen beeinflussen im Gegenzug die Struktur des ganzen Felds (und so, zum Beispiel, die Konstellation der Kräfte). (Fourcade 2013: 42)

Es kann nicht von einer einheitlichen sozialwissenschaftlichen Feldtheorie gesprochen werden. Zwar befassen sich unterschiedliche Autoren mit der Ausarbeitung einer Feldtheorie, bislang konnte sich jedoch kein Ansatz als dominant erweisen und etablieren. Auch wenn den einzelnen, noch zu besprechenden, feldtheoretischen Ansätzen zumindest teilweise unterschiedliche theoretische Annahmen zugrunde liegen und sie divergierende Absichten verfolgen, so sind doch gewisse Überscheidungen und Übereinstimmungen in den einzelnen Ansätzen feststellbar und möglichweise auch miteinander vereinbar (Martin 2003: 3). Auf diesen Aspekt wird im Folgenden weiter eingegangen. Als ein erstes elaboriertes sozialwissenschaftliches Feldkonzept, das neben einer theoretischen Herleitung auch

eine empirische Anwendung gefunden hat, ist das Feldkonzept nach Lewin anzuführen (vgl. Lewin 2012). Lewin versucht in seinem auf die Vektor- und
Gestaltpsychologie zurückführendem Feldkonzept insbesondere Gruppen als
soziale Felder zu interpretieren, um dadurch soziales Handeln und Verhalten erklärbar zu machen (Lewin 2012: 71). Die Feldtheorie nach Lewin ist als ein
psychodynamischer Ansatz zu verstehen (vgl. Lewin 2012). Das Verhalten eines
Individuums ist demnach eine Funktion des sogenannten gegenwärtigen Felds, das
sich in ständigem Wandel befindet. Auf dieses Feld wirken unterschiedliche
Kräfte, Lewin spricht hierbei von Vektoren, auf das Individuum ein. Dieses
dynamische Feld wird hierbei nicht nur von der tatsächlichen gegenwärtigen Situation beeinflusst, sondern auch von Hoffnungen und Ängsten, die das Individuum
in Hinblick auf seine Zukunft hat, sowie von Ansichten über seine eigene Ver-
gangenheit. Ein Feld wird dabei nicht allein über physikalische Kräfte definiert,
sondern insbesondere psychologische Kräfteverhältnisse sind in Betracht zu
ziehen. In diesem Sinne handelt sich um eine permanente Konstruktion der Wirklichkeit, in der der Mensch zum Konstrukteur seiner eigenen Wirklichkeit wird.
Lewins Begriffsbildungen orientieren sich merklich an denen der Physik. Hieran
zeigt sich das Anliegen Lewins, physikalische Gesetzmäßigkeiten auf die Sozialwissenschaften zu übertragen. In Teilbereichen der psychologischen Traditionslinie
wird das lewinsche Feldkonzept weiterhin besprochen und auch graduell weiterentwickelt. Zudem erfährt die Feldtheorie nach Lewin in einzelnen soziologischen
Arbeiten Erwähnung. Jedoch werden die lewinschen Ansätze in die Entwicklung
einer, im engeren Sinne, soziologischen Feldtheorie zumeist nicht einbezogen
(Bourdieu/Wacquant 1996: 124-130). Auch ist dem lewinschen Feldkonzept aus
wirtschaftssoziologischer Perspektive keine besondere Bedeutung zuzuschreiben.

Eine erste genuin soziologische Konnotation erfährt der Feldbegriff bei
Simmel (1992: 17f.). Dabei stehen Individuen, ähnlich wie Atome, in einem faktischen Zusammenhang (Wagner 2012: 5f.). Zwischen diesen Individuen bestehen
gewisse Beziehungen und Abhängigkeiten, die von Simmel als Wechselwirkungen
bezeichnet werden (Simmel 1992: 17).[23] Hierbei bedient sich Simmel terminolog-
isch bei den Naturwissenschaften, insbesondere der Physik, indem er von
„Wechselwirkungen zwischen den Atomen der Gesellschaft" (Simmel 1992: 33)
spricht. Wechselwirkungen entstehen bei Simmel aus sozialen Handlungen heraus
bzw. werden durch bestimmte Motive angeregt (Wagner 2012: 31).

Wechselwirkungen entstehen immer aus bestimmten Trieben heraus oder
unbestimmter Zwecken willen. […] Triebe, Zwecke […] bewirken es, daß

---

[23] Als synonymer Begriff für Wechselbeziehungen kann der Begriff der Interaktion genutzt werden (Wagner 2012:
31). Auch kann eine Verbindung zwischen dem Begriff der Wechselbeziehung nach Simmel und dem sozialen
Handeln bei Weber gezogen werden (Wagner 2012: 31).

der Mensch in ein Zusammensein, ein Füreinander-, Miteinander-, Gegeneinander-Handeln, in eine Korrelation der Zustände mit anderen tritt, d.h. Wirkungen auf sie ausübt und Wirkungen von ihnen empfängt. (Simmel 1992: 17f.)

3.1. Besprechung Feldkonzepte

Im Folgenden werden die sozialwissenschaftlichen Feldansätze nach DiMaggio und Powell (*organisationale Felder*), Bourdieu (*ökonomische Felder*), White (*Marktfelder*) sowie Fligstein und McAdam (*strategische Handlungsfelder*) besprochen. Der Anspruch ist, auf Grundlage der vorgestellten Ansätze und Konzepte, einen wirtschaftssoziologischen Feldansatz vorzustellen, der geeignet ist, soziale und wirtschaftliche Fragestellungen, hier in der Gestalt von Wirtschaftsclustern, behandeln zu können. In diesem Sinne wird ein modifiziertes Feldkonzept in die Diskussion eingeführt und vorgestellt.

3.1.1 Organisationale Felder

In der Besprechung ihres Ansatzes der sogenannten organisationalen Felder, verfolgen DiMaggio und Powell einen neo-institutionalistischen Ansatz (vgl. DiMaggio/Powell 1983; vgl. weiterführend DiMaggio 1988, 1991).[24] Dabei gehen sie insbesondere der Fragestellung nach, weshalb zwischen Organisationen eine auffallend hohe strukturelle Ähnlichkeit besteht. In ihrer Besprechung der organisationalen Felder schließen sie an die Vorarbeiten von Meyer und Rowan an und ergänzen bzw. erweitern diese insbesondere dadurch, dass sie das von Meyer und Rowan in die Diskussion eingeführte Konzept der Isomorphie weiterentwickeln

---

[24] Der Ansatz der organisationalen Felder nach DiMaggio und Powell kann als eine Einführung des bourdieuschen Feldkonzepts in die US-amerikanische Organisationssoziologie bzw. als eine generelle Einführung Bourdieus in die US-amerikanische Soziologie interpretiert werden (Mützel 2006: 109). Jedoch ist kritisch anzumerken, dass DiMaggio und Powell in der zentralen Vorstellung ihres Feldkonzepts nicht explizit auf Bourdieu verweisen (vgl. DiMaggio/Powell 1983). Verweise zu Bourdieu, jedoch nicht auf dessen Feldkonzept, lassen sich in früheren Werken auffinden (vgl. DiMaggio 1982).

(vgl. Meyer/Rowan 1977).[25] Des Weiteren präzisieren sie in ihren Ausarbeitungen die Bestimmung der institutionellen Umweltbezüge eines Felds. Ein zentrales Moment der neo-institutionalistischen Literatur ist dabei die Betonung des Kriteriums der gesellschaftlichen Legitimität (DiMaggio/Powell 1983: 150; vgl. weiterführend Meyer/Rowan 1977; Zucker 1977; Scott, R. 2001).[26] Zudem nehmen DiMaggio und Powell diesbezüglich auch Webers Annahmen der Bürokratisierung und Rationalisierung auf (DiMaggio/Powell 1983: 150; vgl. weiterführend Weber 2000).[27]

Bei den von DiMaggio und Powell besprochenen organisationalen Feldern handelt es sich um „jene Organisationen, die gemeinsam einen abgegrenzten Bereich des institutionellen Lebens konstituieren" (DiMaggio/Powell 2000: 149). Ein organisationales Feld stellt dabei ein strukturiertes Umfeld dar, in dem die vorherrschende Unsicherheit, hinsichtlich des Handelns der Akteure, reduziert werden kann. Die Akteure in einem organisationalen Feld sind dabei insbesondere Organisationen, u.a. Unternehmen, aber auch Zulieferfirmen, Konsumenten sowie politische Akteure. Der Organisationsbegriff wird von DiMaggio und Powell somit relativ weitgefasst verstanden. Die einzelnen Akteure in einem organisationalen

---

[25] Unter dem Konzept der Isomorphie sind Prozesse der Homogenisierung zu verstehen. Mit Zwang, Imitation bzw. Mimese und normativem Druck führen DiMaggio und Powell drei Formen der Isomorphie ein. Durch diese Varianten des Isomorphismus kommt es zu Angleichungsprozessen zwischen Organisationen (DiMaggio/Powell 2000: 153ff.; vgl. weiterführend Beckert 2010b). Sich ähnelnde Organisationen befinden sich somit in einem gemeinsamen Sinnsystem (Walgenbach/Meyer 2008: 33). Die Varianten Zwang und normativer Druck wirken in der Regel von außen auf eine Organisation. Die erzwungene Form des Isomorphismus wird u.a. durch staatliche Vorgaben, an die sich eine Organisation zu halten hat bzw. an denen sie sich orientieren muss, erzeugt (DiMaggio/Powell 2000: 153f.). Zwang entsteht bei dieser Form des Isomorphismus infolge eines „formalen wie auch informellen Drucks auf Organisationen, der entweder aus ihrer Abhängigkeit von anderen Organisationen resultiert, oder aus den kulturellen Erwartungshaltungen der Gesellschaft, in der sie arbeiten" (DiMaggio/Powell 2000: 153). Aus dem zwanghaften Isomorphismus resultiert ebenfalls eine Homogenisierung von Organisationen (DiMaggio/Powell 2000: 154). Der normative Isomorphismus äußert sich hingegen insbesondere in Form von Professionalisierungsprozessen (DiMaggio/Powell 2000: 157). So wird ein Orientierungsrahmen bereitgestellt, der eine normative Bindung beansprucht und an dem sich die Akteure orientieren können, ggf. sogar müssen. Im dritten Fall des mimetischen Isomorphismus stellt Ungewissheit die treibende Kraft dar (DiMaggio/Powell 2000: 155). Durch Ungewissheit wird ein Prozess der Nachahmung gefördert, „da Organisationen dazu neigen, sich andere zum Vorbild zu nehmen" (DiMaggio/Powell 2000: 155). So orientieren sich wirtschaftliche Organisationen oftmals an Konkurrenten und versuchen deren Handeln zu imitieren bzw. sich deren Organisationsmodell anzunähern, bspw. über die Adaption neuer Organisationsformen.
[26] Demnach handeln Organisationen nicht nur dem Kriterium wirtschaftlicher Effizienz folgend, sondern sie richten ihre Handlungsweise auch nach der allgemeinen gesellschaftlichen Akzeptanz aus. Nicht immer entsprechen diese proklamierten Handlungsweisen dabei dem tatsächlichen Handeln der Akteure. Das tatsächliche organisationale Handeln kann sich von den eingeforderten Handlungsweisen entkoppeln (vgl. Meyer/Rowan 1977).
[27] Weber unterscheidet drei miteinander zusammenhängende Ursachen der Bürokratisierung. Zum einen spricht Weber vom Wettbewerb zwischen kapitalistischen Unternehmen am Markt, dem Wettbewerb zwischen Staaten, der das Bedürfnis der Herrschenden nach Kontrolle steigere, und schließlich von bürgerlichen Forderungen nach gleichem Schutz vor dem Gesetz (vgl. Weber 2000). DiMaggio und Powell sehen jedoch die Bürokratisierungsprozesse der Unternehmen und des Staats als abgeschlossen an, insbesondere dadurch, dass sich das Modell der Bürokratie als die gängige Organisationsform etabliert hat (vgl. DiMaggio/Powell 1983). Somit sehen sie die Gründe für die Bürokratisierung und Rationalisierung zu einem stahlharten Gehäuse nicht im Wettbewerb oder der Effizienzsteigerung, sondern in der Homogenisierung von Organisationen (DiMaggio/Powell 2000: 147f.).

Feld nehmen sich dabei wechselseitig wahr und stimmen ihre Handlungen entsprechend aufeinander ab. Zudem sind gemeinsame und allgemein anerkannte, d.h. legitime, Regulationsmechanismen identifizierbar (Walgenbach/Meyer 2008: 33). Das Konzept des organisationalen Felds betont zudem die Bedeutung der gleichzeitigen Verbundenheit bzw. der Austauschbeziehungen und der strukturellen Äquivalenz der Akteure. Von der Existenz eines organisationalen Felds kann erst dann gesprochen werden, wenn es institutionell definiert bzw. strukturiert ist. Die Struktur eines organisationalen Felds ist diesbezüglich nicht a priori zu bestimmen, sondern ist auf der Grundlage empirischer Untersuchungen festzustellen (vgl. DiMaggio/Powell 1983).[28]

Nach der Strukturierung bzw. Institutionalisierung zu einem einheitlichen organisationalen Feld, entstehen starke Kräfte, die als isomorphe Prozesse dazu führen, dass sich Organisationen in einem Feld angleichen.[29] Ein organisationales Feld kann nach der abgeschlossenen Strukturierung des Felds weitere Akteure bzw. Organisationen aufnehmen, auch können Organisationen innerhalb eines bestehenden organisationalen Felds ihre Absichten und Ziele ändern, jedoch kommt es zu einer langfristigen Entwicklung, so dass Organisationen durch das sie umgebende Umfeld in ihren Wandelmöglichkeiten eingeschränkt werden. In einem organisationalen Feld bestehen, wie beschrieben, Angleichungsdynamiken, die isomorphen Prozesse, zwischen den einzelnen, in einen definierten Feld, vertretenen Akteure bzw. Organisationen. So können organisationale Felder, insbesondere in frühen Entwicklungsstadien, durchaus noch markante Unterschiede und Abweichungen voneinander aufweisen, jedoch sind nach einer fortgeschrittenen Etablierung eines Felds zunehmende Homogenisierungstendenzen feststellbar (DiMaggio/ Powell 1983: 148). Durch diese Angleichungsprozesse nähern sich Organisationen an und werden sich, insbesondere hinsichtlich ihrer organisationalen Strukturierung, zunehmend ähnlicher. Hochstrukturierte organisationale Felder bilden dabei den Kontext der Homogenisierung in Struktur, Kultur und Output. Organisationen konkurrieren in Feldern zunächst um Kunden und Ressourcen, aber auch um

---

[28] Die Strukturierung eines organisationalen Felds umfasst vier Aspekte. Zunächst ist die Zunahme der Interaktionen zwischen den Organisationen innerhalb eines Felds festzustellen. Daran schließt die Ausbildung scharf definierter interorganisationaler Herrschaftsstrukturen und Koalitionsmuster an. Auch nimmt die Informationsmenge, mit der sich die Organisationen eines Felds auseinandersetzen müssen, deutlich zu. Schließlich entwickelt sich unter den Teilnehmern eines Sets von Organisationen das gegenseitige Bewusstsein, dass sie an einem gemeinsamen Unternehmen bzw. einer gemeinsamen Aktion, d.h. einem organisationalen Feld, beteiligt sind. Die Zugehörigkeit zu einem bestimmten, strukturierten organisationalen Feld ergibt sich dabei zumeist über den Branchenbezug der betreffenden Organisationen (vgl. DiMaggio/Powell 1983).
[29] DiMaggio und Powell unterscheiden dabei zwei zentrale Prädikatoren isomorphen Wandels. Hierunter sind zum einen die organisationsbezogenen Prädikatoren zu verstehen. Bei diesem Fall gilt je größer die Abhängigkeit einer Organisation von einer anderen ist, desto stärker wird sie sich dieser Organisation in Struktur, Klima und Verhalten angleichen. Die zweite Form von Prädikatoren sind die sogenannten feldbezogenen Prädikatoren (vgl. DiMaggio/Powell 1983). Hierbei gilt, je abhängiger ein organisationales Feld von einer einzigen oder mehreren ähnlichen Quellen lebenswichtiger Ressourcen ist, desto ausgeprägter ist der zu beobachtende Angleichungsmechanismus.

politische Macht, wirtschaftliche Wettbewerbsfähigkeit sowie um soziale und institutionelle Legitimität (DiMaggio/Powell 1983: 150).

Es ist festzuhalten, dass das Feldkonzept der organisationalen Felder nach DiMaggio und Powell für eine tiefergehende Besprechung der hier angeführten Fragestellung nicht geeignet ist. So ist u.a. zu kritisieren, dass das Feldkonzept nach DiMaggio und Powell keinen generellen Erklärungswert für eine wirtschaftssoziologische Herangehensweise an wirtschaftliche Phänomene bereitstellt. Insbesondere das vertretene Akteursmodell und die angesprochene Untersuchungsebene sind als zu verkürzend zurückzuweisen. Jedoch sind die Argumente der gesellschaftlichen Legitimität als Grundlage für die Anerkennung eines Feldes bzw. eines Feldakteurs und die Möglichkeit von Angleichungsprozessen zwischen Feldern bzw. Feldakteuren für die weitere Besprechung zu berücksichtigen.

3.1.2 Ökonomische Felder

Das Feldkonzept nach Bourdieu wurde bislang nur unvollständig in die wirtschaftssoziologische Diskussion integriert (Hanappi 2011: 785, 799).[30] Das bourdieusche Feldkonzept weist dabei Anleihen aus der physikalischen Wissenschaft auf, etwa indem das Feld als „ein regelrechtes *Milieu* im Sinne Newtons" (Bourdieu 2001a: 29, Herv. i. O.) interpretiert wird. Bourdieu spricht in seinen Abhandlungen des Weiteren von allgemeinen Gesetzen von Feldern, die, unabhängig vom Feldbezug oder den darin aufzufindenden charakteristischen Merkmalen, für alle Felder als invariante Funktionsgesetze geltend sind (Bourdieu 1993: 107).[31] Das Feldkonzept weist zudem Überschneidungen zu dem bereits besprochenen Begriff des sozialen Raums auf (vgl. Bourdieu 1993, 1997a).[32] Bourdieus Anliegen ist es, „[d]ie soziale

---

[30] Die bourdieusche Feldkonzeption kann als Teilaspekt seiner weitergefassten Theorie der Praxis interpretiert werden (vgl Bongaerts 2008).

[31] Der Begriff des Felds grenzt sich dabei von weiteren soziologischen Grundbegriffen bzw. Einheiten ab. So unterscheidet sich der Feldbegriff nach Bourdieu von dem Systembegriff nach Luhmann u.a. dadurch, dass Bourdieu im Gegensatz zu Luhmann nicht von einer absoluten Autonomie ausgeht, sondern vielmehr, aufgrund von Macht- und Positionskämpfen, von einer relativen Autonomie (vgl. Bourdieu 2002; Luhmann 1987).

[32] In seinem Werk bespricht Bourdieu verschiedenste Typen von Feldern, die er jeweils unterschiedlich konnotiert, u.a. intellektuell, politisch oder literarisch (vgl. Bourdieu 1974a, 2001b, 2011b). An dieser Stelle stehen jedoch die sogenannten ökonomischen Felder im Zentrum des Erkenntnisinteresses (vgl. Bourdieu 2002). Bourdieu unterscheidet in der Besprechung empirischer Feldzusammenhänge zwischen unterschiedlich ausgestalteten Feldern, u.a. dem Feld der Politik, der Kunst oder der Literatur, und den dazugehörigen jeweiligen Feldlogiken (vgl. Bourdieu 2001a, 2001b, 2011b). In den Feldern können sich Homologien aufzeigen. So besteht bspw. eine Homologie

Genese eines Felds zu erfassen und zu begreifen" (Bourdieu 1997b: 73).[33] Hieran schließt zudem das bourdiesche Habituskonzept an. Der Habitus kann im Feldkontext als „Sinn für das Spiel [verstanden werden], der keine eingehenden Überlegungen anstellen muß, um sich in einem Raum verständig zu orientieren und zu verorten" (Bourdieu 1997b: 63). Das Vorhandensein eines entsprechenden Habitus der Akteure ist für das Funktionieren eines Felds zwingend notwendig (vgl. Bourdieu 1993). Die Akteure handeln dabei tendenziell unbewusst, allein durch ihren Habitus beeinflusst. In diesem Aspekt unterscheidet sich Bourdieu in elementarer Weise von netzwerktheoretischen Annahmen, wie sie u.a. von White vertreten werden.

Das Feldkonzept nach Bourdieu ist als ein Zusammenwirken der verschiedenen Feldakteure zu verstehen (Bourdieu/Wacquant 1996: 126; vgl. weiterführend Bourdieu 1993). Dabei betont Bourdieu insbesondere die herausgehobene Bedeutung der Feldakteure für das Feld (Bourdieu 2005: 75). Nach dieser Auffassung entstehen Felder über und durch die Interaktion zwischen den Feldakteuren, die jeweils mit unterschiedlichen Ressourcen ausgestattet sind. In diesem Sinne kann von Kraftfedern oder Machtfeldern gesprochen werden. Kraftfelder bilden „nach Art eines magnetischen Felds ein System von Kraftlinien" (Bourdieu 1974a: 76). Das Machtgefüge ergibt sich dabei aus der Verteilung der verschiedenen Kapitalarten, über die die Feldakteure verfügen bzw. nicht verfügen (vgl. Bourdieu 1997a).[34] Ein Feld konstituiert sich zudem über bestimmte Interessen. Um die Funktionsfähigkeit eines Feldes zu gewährleisten „muß es Interessensobjekte geben und Leute, die zum Mitspielen bereit sind und über den Habitus verfügen, mit dem die Kenntnis und Anerkenntnis der immanenten Gesetze des Spiels, der auf dem Spiel stehenden Interessensobjekte usw. impliziert ist" (Bourdieu 1993: 108; vgl. weiterführend Kieserling 2008).

Ein Feld ist ansatzweise mit einem Spiel vergleichbar. Das Feld ist jedoch im Gegensatz zu einem Spiel „kein Produkt einer bewussten Schöpfung" (Bourdieu/Wacquant 1996: 127), sondern „[d]ie Spieler sind im Spiel befangen, sie spielen, wie brutal auch immer, nur deshalb gegeneinander, weil sie alle den Glauben an das Spiel und den entsprechenden Einsatz, die nicht weiter zu hinterfragende Anerkennung [...], und dieses *heimliche Einverständnis* ist der Ursprung ihrer Konkurrenz und ihrer Konflikte" (Bourdieu/Wacquant 1996: 128,

---

zwischen dem Raum des Produzenten, des Konsumenten und dem der Güter (vgl. Bourdieu 2002; vgl. weiterführend Fourcade 2013). Diese Homologien resultieren wiederum aus dem Habitus.

[33] Die Arbeiten Bourdieus zeichnen sich durch den Versuch aus, die Mikro-Makro-Problematik soziologischer Theoriebildung zu überwinden (Bourdieu 1992: 135). Mit seiner Feldtheorie spricht Bourdieu zudem die Mesoebene sozialen Handelns an (vgl. Sallaz/Zavisca 2007; Boyer 2008).

[34] Macht kann nach Weber verstanden werden als „Chance, innerhalb einer sozialen Beziehung den eigenen Willen auch gegen Widerstreben durchzusetzen, gleichviel worauf diese Chance beruht" (Weber 1980: 28).

Herv. i. O.). Was in einem Kartenspiel die Karten sind, sind in einem Feld die unterschiedlichen Kapitalarten. Dabei kommt es nicht allein auf den Zugang zu den verschiedenen Kapitalsorten an, sondern vielmehr auch auf den Umfang und die Struktur der einzelnen Kapitalarten, insbesondere bezüglich der Aufteilung des ökonomischen, kulturellen und sozialen Kapitals (vgl. Bourdieu 1997a). [35] Die Struktur des Felds resultiert dann aus der ungleichen Verteilung von Kapitalarten. Akteure mit einer ausgeprägten Kapitalausstattung werden zu dominanten Akteuren, da sie aufgrund ihrer Position im Feld kapitalschwächere Akteure dominieren können (Bourdieu 2005: 76).

Die Feldstruktur hat dabei die Tendenz sich selbst zu reproduzieren (vgl. Bourdieu 2005). Aus den Feldstrukturen ergeben sich zudem Unsicherheit reduzierende Elemente, die den Feldakteuren zu einem gewissen Grad berechenbare und voraussagbare Zukunftsperspektiven ermöglichen. Des Weiteren werden neben einer eher statischen Feldstruktur jedoch auch Feldbewegungen realisiert, da das kapitalbasierte Machtfeld zugleich auch ein dynamisches Kampffeld darstellt. Die Ordnungen und Positionen der einzelnen Akteure müssen wiederholt beansprucht und verteidigt werden, da insbesondere durch neue oder erstarkten Akteure die Feldstruktur in Frage gestellt wird und dadurch eine Dynamik entstehen kann, die die ursprüngliche Feldordnung verändern kann (Bourdieu 2005: 80). In Feldbegriffen denken heißt dabei relational denken, d.h. ein Feld ist „als ein Netz oder eine Konfiguration von objektiven Relationen zwischen Positionen zu definieren" (Bourdieu/Wacquant 1996: 127). Diese Positionen werden definiert durch die aktuelle Situation der im Feld befindlichen Akteure oder Institutionen sowie durch die Distribution der verschiedenen Macht- oder Kapitalarten. Der Besitz von Macht bzw. Kapital entscheidet dann über die Position der einzelnen Akteure im Feld. Dabei verfügt jedes Feld über eine eigene, ihm spezifische Logik (vgl. Bourdieu 1993).

Das Feld nach Bourdieu kann zudem als ein spezifischer Wahrnehmungsraum interpretiert werden (vgl. Bourdieu 1987; vgl. weiterführend Diaz-Bone 2012). Für die Feldakteure stellt sich dieser Wahrnehmungsraum als eine „vorreflexive objektive Realität" (Diaz-Bone 2012: 106) dar. Die Positionierungen der Feldakteure im Feld und die kognitiven Schemata sind den Akteuren „nur intuitiv und habitusvermittelt als ‚Sinn' für ihre Position im Feld und die damit verbundenen Möglichkeiten und Chancen zugänglich" (Diaz-Bone 2012: 106; vgl. weiterführend Bourdieu 1987). Die Akteure erlangen über die wiederholte Interaktion in einem Feld bestimmte Fähigkeiten, Dispositionen und Routinen. Den Feldern ist dabei gemein, dass es „eine verborgene und stillschweigende Übereinkunft darüber

---

[35] So hebt Bourdieu die Bedeutung des finanziellen Kapitals als die zentrale Kapitalart in seinen Arbeiten über das ökonomische Feld hervor, da in diesem Fall über das finanzielle Kapital der Zugang zu weiteren Kapitalarten reguliert sein kann (Bourdieu 2005: 75).

gibt, daß der Kampf um die Dinge, die im Feld auf dem Spiel stehen, der Mühe wert ist" (Bourdieu 1998: 142). Dabei unterscheidet sich das ökonomische Feld von anderen Feldern u.a. dadurch, dass im ökonomischen Feld ein Streben nach der Maximierung des individuellen materiellen Profits öffentlich zur Zielvorgabe gemacht wird (Bourdieu 2002: 189f.).[36]

Die jeweilige Feldstruktur wird durch die entsprechenden Feldakteure geschaffen, oder „[k]onkreter gesagt: Die Agenten [...] bestimmen die Struktur des Felds und damit den Stand des Verhältnisses der Kräfte, die auf die [...] Gesamtheit der in der Produktion ähnlicher Güter tätigen Unternehmen einwirken" (Bourdieu 2002: 190f.). Die Feldstruktur wirkt sich entscheidend auf die tatsächliche Ausgestaltung eines Felds aus. So wirken „die Zwänge, die vermittels der Struktur des Felds, wie sie [durch] die ungleiche Verteilung des Kapitals, also der spezifischen Waffen (oder Trümpfe) definiert [ist], kontinuierlich und außerhalb jeder direkten Intervention oder Manipulation auf die Gesamtheit der in dem Feld tätigen Agenten" (Bourdieu 2002: 194). Durch diese Feldwirkungen wird der Möglichkeitsraum bestimmt, in dem die Akteure operieren können. Der Möglichkeitsraum der Akteure ist dabei direkt an die Kapitalausstattung und somit an die Positionierung im Feld gekoppelt. Die dominanten Akteure definieren gewissermaßen die Funktionsregeln und die Grenzen des Felds. Die Stärke eines Akteures ist dabei an seine Kapitalausstattung geknüpft. Die dominanten Akteure geben die Struktur für die dominierten Akteure vor und positionieren diese auf dem Feld, in dem „sie den Raum der möglichen taktischen und strategischen Verschiebungen begrenzen und eingrenzen" (Bourdieu 2002: 194; vgl. weiterführend Boyer 2008). Die Ausstattung mit und die Verfügbarkeit von feldrelevanten Kapitalarten stellen die Trümpfe eines Akteurs dar. Bourdieu unterscheidet bekanntlich zwischen diversen Kapitalarten, so sind für das ökonomische Feld insbesondere das finanzielle, technologische und symbolische Kapital von Bedeutung für die Positionierung der Akteure im Feld.[37] Durch die Struktur der Kapitalverteilung wird die

---

[36] Bourdieu führt jedoch auch an, dass die Logik des Warentauschs nicht überall Anwendung erfährt. So seien beispielsweise die Quoten bei Blutspenden durch freiwillige Spenden höher als im Fall kommerzieller Blutspenden (Bourdieu 2002: 190). Zudem seien „ganzen Provinzen der menschlichen Existenz, namentlich den Bereichen der Familie, der Kunst oder der Literatur, der Wissenschaft und in gewissem Maße auch jenem der Bürokratie, [...] das Streben nach Maximierung der materiellen Profite zumindest noch größtenteils fremd" (Bourdieu 2002: 190). Des Weiteren ist das ökonomische Feld durch diverse Sanktionsmechanismen gekennzeichnet. Auch sind auch im ökonomischen Feld nichtökonomische Faktoren von Bedeutung. So ist anzunehmen, dass wirtschaftliche Austauschbeziehungen nie nur auf ihre rein ökonomische Dimension reduziert werden dürfen. Vielmehr sind weitere Faktoren, wie beispielsweise Vertrauensbeziehungen, von wichtiger Bedeutung für die Ausgestaltung wirtschaftlicher Beziehungen.

[37] Unter finanziellem Kapital versteht Bourdieu den direkten oder indirekten Zugriff auf finanzielle Ressourcen (Bourdieu 2002: 193). Hingegen basiert das technologische Kapital auf dem Bestand an differentiellen wissenschaftlichen oder technischen Ressourcen. Symbolisches Kapital beruht auf der Beherrschung von symbolischen Ressourcen, die auf Bekanntheit und Anerkennung gründen (vgl. Bourdieu 1987, 1998). Neben diesen Kapitalarten können mit juristischem, kulturellem, kommerziellem und organisationalem weitere Kapitalarten angeführt werden.

Feldstruktur mitbestimmt. Dabei wird über die Herrschaft über Kapital eine Macht über das Feld vergeben, und somit potentiell auch über die anderen Akteure in einem Feld (Bourdieu 2002: 193). Durch die Kapitalstruktur wird jedoch nicht allein die Feldposition und die Feldrolle eines Akteurs definiert, sondern auch über das Zugangsrecht zu einem Feld und die Verteilung der dort realisierbaren Chancen entschieden. Die Frage nach den Grenzen des Felds *„wird immer im Feld selber gestellt* und läßt folglich keine Antwort *a priori* zu" (Bourdieu/Wacquant 1996: 130, Herv. i. O.). Allgemein kann gesagt werden, dass für jeden einzelnen Fall untersucht werden muss, „wo die Feldeffekte aufhören" (Bourdieu/Wacquant 1996: 131). Diesem Verständnis zu Folge sind die Grenzen eines Felds nur im Rahmen einer empirischen Untersuchung zu bestimmen.

Aufgrund der entstandenen Regelmäßigkeit in der Feldstruktur eignen sich die Akteure feldspezifische Handlungsweisen und Dispositionen an. Das Feld wird auf diese Art und Weise zu einem Kräftefeld. Ein Feld ist trotz einer bestehenden Kapitalstrukturierung und Feldpositionierung der Akteure durch Dynamiken bestimmt, da sich die Kapitalausstattung und sich somit auch die Feldposition eines Akteurs ändern kann. Insbesondere für das ökonomische Feld kann diese Felddynamik anschaulich dargestellt werden. Bourdieu wählt hierfür die eher martialische Wortform des Kampfes bzw. des Kampffelds. So ist ein Kräftefeld „ein Feld von Kämpfen um seine Erhaltung oder Transformation, ein sozial konstruiertes Aktionsfeld, auf dem Agenten mit unterschiedlicher Ressourcenausstattung aufeinander treffen" (Bourdieu 2002: 201). Die Feldkräfte festigen dabei tendenziell die Positionen der dominanten Akteure (vgl. Bourdieu 2002). Jedoch müssen auch diese Akteure ihre Positionen im Feld ständig gegen die herausfordernden Akteure verteidigen. Zur Verteidigung ihrer Position nutzen die Akteure ihre Kapitalressourcen. So ermöglicht beispielsweise der Einsatz von symbolischem Kapital den dominierenden Akteuren erfolgreiche Einschüchterungsstrategien gegen ihre Konkurrenten anzuwenden. Dominierte Akteure können versuchen ihre Position durch die Anwendung spezifischer Strategien zu verbessern. Ein Angriff auf bestehende Feldstrukturen kann über das Einbringen von technologischen Innovationen und einer damit möglichen Veränderung der relevanten Feldressourcen erfolgen. Feldinterne Konflikte können jedoch auch über Strategien der Spezialisierung und Besetzung von Marktnischen vermieden bzw. umgangen werden. Des Weiteren können die Akteure versuchen, Allianzen zu schließen oder andere Akteure für ihre Zwecke einzusetzen. So sieht Bourdieu die Möglichkeit, dass oftmals der Staat und dessen partielle Deutungshoheit instrumentalisiert werden könnte. Dominierende Unternehmen können ihr vorhandenes soziales Kapital nutzen, um so die Spielregeln nach ihren Wünschen zu gestalten „namentlich über die Regelungsbefugnis und die Eigentumsrechte – und um die Vorteile, die verschiedene staatliche Interventionen wie Vorzugstarife, Genehmigungen, Regelungen [...] usw. verschaffen" (Bourdieu 2002: 207).

Jedoch sind nicht allein die internen Verhältnisse in einem Feld relevant, sondern es können auch feldexterne Faktoren zu einem Wandel der Kräfteverhältnisse in einem Feld beitragen. Als Feld ist dabei nicht nur das jeweilige gegenständliche Feld zu verstehen, sondern die einzelnen Feldakteure können selbst als eigenständige Felder betrachtet werden. Die Akteure sind nicht nur Teil eines Felds, sondern sie sind in ihrem jeweiligen internen Aufbau als eine jeweils eigenständige Feldstruktur zu betrachten. So hängt u.a. die Strategie einer Firma nicht nur von ihrer Position im Feld ab, sondern „auch von der Struktur der für die innere Führung der Firma grundlegenden Machtpositionen" (Bourdieu 2002: 209). Dabei bestimmen das Volumen und die Struktur des Kapitals sowie die Verteilung des Kapitals zwischen den verschiedenen Führungskräften eines Unternehmens das unternehmensinterne Feld. Ein Feld ist in diesem Sinn als „ein autonomer Mikrokosmos innerhalb des sozialen Makrokosmos" (Bourdieu 2001b: 41) zu verstehen.

Nach Bourdieu kann eine paradigmatische Vorgehensweise in der Analyse von Feldern vorgeschlagen werden (vgl. Diaz-Bone 2012). Er vertritt dabei den Ansatz, zunächst eine retrospektive Analyse zu leisten, um eine prospektive Feldanalyse zu ermöglichen (vgl. Bourdieu/Wacquant 1996; vgl. weiterführend Fourcade 2013). Zunächst sind dabei die zentralen Akteure und die relevanten Kapitalarten zu erfassen. Daran schließt eine Korrespondenzanalyse der objektiven Feldstruktur bzw. eine Rekonstruktion des Systems der Feldpositionen nach der vorliegenden Kapitalstruktur an. Dies führt zu einer Analyse der verschiedenen Feldpositionen unter dem Einsatz ethnographischer Verfahren zur Analyse der Felddynamiken (vgl. Wacquant 2004). Ein zentrales, feldtheoretisch analysiertes Fallbeispiel stellt Bourdieus Untersuchung des französischen Eigenheimmarkts dar.[38] Es ist festzuhalten, dass bei der Untersuchung eines Felds drei miteinander zusammenhängende, notwendige Momente zu beachten sind (vgl. Bourdieu/ Wacquant 1996). Zum einen muss die Position des Felds im Verhältnis zum Feld der Macht analysiert werden. Zudem ist die objektive Struktur der Relationen zwischen den Positionen der in diesem Feld miteinander konkurrierenden Akteure oder Institutionen zu ermitteln. Letztendlich ist der Habitus der Akteure zu analysieren (vgl. Bourdieu 1974b). Bourdieu setzt sich mit den Arbeiten von Grano-

---

[38] In „Der Einzige und sein Eigenheim" setzt sich Bourdieu mit zentralen Bestandteilen der ökonomischen Analyse wirtschaftlichen Handelns auseinander (vgl. Bourdieu 2002). Dabei nimmt Bourdieu Angebot, Nachfrage und Markt nicht wie die ökonomische Theorie als etwas Gegebenes an, sondern er versteht diese Begrifflichkeiten als „das Produkt einer sozialen Konstruktion, eine Art historisches Artefakt" (Bourdieu 2002: 187). Der Eigenheimmarkt ist aus dieser Perspektive betrachtet als ein „Produkt einer doppelten sozialen Konstruktion" zu verstehen (Bourdieu 2002: 187). Dabei nimmt der Staat als nachfrage- und angebotskonstruierender Akteur eine zentrale Position ein. Zum einen befördert der Staat durch die Produktion individueller Positionen die Nachfrage, zum anderen wird durch eine staatliche Kreditpolitik ein Angebot künstlich geschaffen (vgl. Bourdieu 2002). Die Entscheidung über den Hauskauf trifft nach Bourdieu zudem nicht ein einzelner Akteur, sondern die Entscheidung wird vielmehr von „einem Kollektiv – Gruppe, Familie oder Unternehmen –, das in der Art eines Felds funktioniert" (Bourdieu 2002: 188) getroffen.

vetter und White kritisch auseinander (vgl. Bourdieu 2002, 2005; Granovetter 1985; White 1981; vgl. weiterführend Mützel 2006). An Granovetter bzw. an dessen Einbettungskonzept stellt Bourdieu die ausschließliche Berücksichtigung persönlicher Beziehungen in Frage (vgl. Bourdieu 2005; vgl. weiterführend Florian 2006). Bourdieu attestiert Granovetter zwar eine Loslösung vom atomistischen Akteur, aber dies lediglich zum Preis „der Hinwendung zu einem Akteur, der in ‚social networks' agiert unter dem Einfluss, den andere Agenten oder soziale Normen auf ihn ausüben" (Bourdieu 2002: 199). Der Strukturzwang des Felds wird somit in Granovetters Theorie ignoriert. An Whites Konzept des Marktes kritisiert Bourdieu die ausbleibende Berücksichtigung des Konsumenten als wichtigen Akteur in wirtschaftlichen Zusammenhängen (vgl. Bourdieu 2005). Bourdieus Feldansatz findet wiederum Anwendung in den späteren Arbeiten (vgl. Fligstein 1996, 2001a; Beckert 2010a; Fligstein/Dauter 2007; Fligstein/McAdam 2011, 2012). Insbesondere Fligstein und McAdam berufen sich explizit auf das bourdieusche Feldkonzept (vgl. Fligstein/McAdam 2012).

In seinem Feldkonzept betont Bourdieu die unterschiedlichen Rollen, Funktionen und auch Machtpositionen, die soziale Akteure in einem Feld einnehmen können. Über die Rückbindung an die theoretischen Konzepte des Habitus sowie insbesondere der unterschiedlichen Kapitalarten, zeigt Bourdieu einen handlungstheoretisch begründeten Ansatz auf, in dem die einzelnen Akteure nicht als atomistisch handelnd angenommen werden. Somit stellt Bourdieus Feldkonzept auch einen Gegenentwurf zu individualistischen Theorien dar. Jedoch besteht ein Kritikpunkt dahingehend, dass Bourdieu kein systematisches Konzept eines kollektiven Handelns in seine Feldtheorie integriert. Auch ist zu hinterfragen, ob seine Feldkonstruktion auf Basis von Machtverhältnissen als ausreichend für die Begründung von Feldstrukturen angesehen werden kann. Schließlich ist auch anzumerken, dass Bourdieu zwar auf den inneren Aufbau eines Felds im Sinne einer Verschachtelung der einzelnen Feldakteure, d.h. einzelne Feldakteure können als eigenständige Felder interpretiert werden, eingeht, jedoch bleibt eine Besprechung der wechselseitigen Einflussnahme voneinander getrennter Felder weitestgehend unberücksichtigt (vgl. Fligstein/McAdam 2012). Es ist festzuhalten, dass sich die Wirtschaftssoziologie auf eine kritisch Art und Weise mit dem bourdieuschen Feldbegriff auseinandersetzen sollte (Maurer 2006: 142; Mützel 2006: 121). Auf die genannten Kritikpunkte wird bei der weiteren Besprechung der unterschiedlichen Feldkonzeptionen sowie insbesondere bei der Begründung eines modifizieren Feldkonzepts eingegangen.

3.1.3 Marktfelder

Märkte stellen einen zentralen Gegenstandsbereich für die wirtschaftssoziologische Forschung dar (vgl. Lie 1997; Beckert/Diaz-Bone/Ganßmann 2007; Fligstein/ Dauter 2007; Nathaus/Gilgen 2011). Anschließend an verschiedene Ansätze innerhalb der wirtschaftssoziologischen Diskussion, können Märkte dabei als Felder interpretiert werden (vgl. White 1981, 2002; Fligstein 1996, 2001a; Diaz-Bone 2007a; White/Godart 2007). Hierbei wird insbesondere die soziale Dimension von Märkten betont. Das Konzept des Felds kann in diesem Kontext als ein Versuch verstanden werden, eine genuin soziologische Perspektive auf die Themenfelder Wirtschaft und Märkte zu entwickeln (Fligstein 2001a: 15f.). Dabei werden die Stellung sozialer Organisationen in Form sozialer Strukturen, sozialer Beziehungen und Institutionen in den Vordergrund gerückt (Ebner 2008b: 287ff.). So basiert das soziologische Verständnis des Marktaustausches, im Gegensatz zu den lange Zeit dominanten Ansätzen der neoklassischen Theorien innerhalb der Wirtschaftswissenschaften, nicht auf einem reinen Preismechanismus, sondern vielmehr auf stabilen sozialen Netzwerken, Organisationen und Regeln (Fligstein 2001a: 7).[39] Märkte werden diesbezüglich als soziale Strukturen interpretiert, die durch komplexe soziale Beziehungen zwischen Unternehmen, Mitarbeitern, Zulieferern, Kunden und politischen Akteuren charakterisiert sind (Fligstein/Dauter 2007: 105). Des Weiteren können Märkte auch als Kulturen verstanden werden, da sie auf soziokulturellen Bedingungen gründen und deshalb eine kulturelle Dimensionierung aufweisen (Geertz 1978: 28-32; vgl. weiterführend Swidler 1986; DiMaggio 1997; Abolafia 1998). Schließlich ist ein Markt als ein Zusammenwirken von sozialen, kulturellen, strukturellen und ökonomischen Faktoren zu verstehen (vgl. Zelizer 1996).

Märkte können als „hochgradig voraussetzungsvolle Arenen sozialen Handelns" (Beckert 2007a: 44) interpretiert werden.[40] Märkte dienen somit nicht

---

[39] In den neoklassisch geprägten Wirtschaftswissenschaften dient der Markt als Mechanismus der Preisfindung und als Koordinationstechnik von Angebot und Nachfrage (vgl. Schumpeter 2009). In diesem Verständnis werden Märkte als gegeben angesehen und nicht weiterführend hinterfragt (Lie 1997: 342). Es wird dabei angenommen, dass die Akteure auf perfekten Märkten agieren und über vollständiges Wissen verfügen. Des Weiteren wird in diesen Ansätzen unterstellt, dass die Akteure nutzenmaximierend handeln und es so zu einer effizienten Verteilung der Güter kommen kann. Der neoklassischen Theorie zufolge sind Marktaktivitäten „durchdrungen vom Prinzip der Kalkulation und Kalkulierbarkeit, da hierdurch eine ökonomische Geordnetheit erzeugt wird, die verglichen und objektiviert werden kann" (Kalthoff 2007: 161). Soziale Bedingungen werden dabei weitestgehend unberücksichtigt gelassen (Lie 1997: 342). Es wird davon ausgegangen, dass Märkte soziale Beziehungen überwinden und überflüssig machen (Zafirovski 2001: 486).

[40] Die Wirtschaftssoziologie benennt als Ausgangspunkt ihres wissenschaftlichen Verständnisses von Märkten das Problem der sozialen Ordnung, indem sie annimmt, dass, die, in wirtschaftswissenschaftlichen Annahmen unterstellten, perfekten Märkte in der sozialen wie ökonomischen Realität nicht aufzufinden sind, da zum einen nicht alle Randbedingungen wirtschaftlichen Handelns bekannt, Informationen unvollständig und ungleich verteilt

nur einem Austauschmechanismus, sondern in ihnen sind komplexe soziale Strukturen angelegt (Zafirovski 2001: 30). Beckert unterstellt, dass Märkte „nur funktionieren [...], wenn es gelingt drei Koordinationsprobleme zu lösen, mit denen Marktakteure unweigerlich konfrontiert sind" (Beckert 2007a: 44f.). Diese drei Koordinationsprobleme, die auf Märkten bzw. während des Markthandelns auftreten oder auftreten können, sind dabei „die zentralen Quellen von Ungewissheit" (Beckert 2007a: 52). Beckert benennt diese Koordinationsprobleme als das Wertproblem, das Problem des Wettbewerbs und das Kooperationsproblem (Beckert 2007a: 44ff.; vgl. weiterführend Beckert 1997: 35-60).[41] Marktakteure sind von Ungewissheit bzw. mit einer Situation doppelter Kontingenz konfrontiert (vgl. Beckert 1996, 2007b). Ungewissheit und doppelte Kontingenz sind kausal miteinander verbunden, denn „Kontingenz aufseiten der Ereignisse generiert Unsicherheit aufseiten der Akteure" (Ganßmann 2007: 69). Die Koordinationsprobleme konfrontieren die Marktakteure mit Ungewissheit hinsichtlich der zu treffenden Entscheidungen und der Interaktion mit anderen Akteuren auf dem Markt (vgl. Knight 1948). Die Akteure sind jedoch an stabilen Erwartungsstrukturen interessiert, um ihr Handeln abzusichern und möglichst sichere Entscheidungen treffen zu können. Diesbezüglich wird angenommen, „dass [sich] stabile Erwartungsstrukturen der Marktakteure durch die strukturelle, institutionelle und kulturelle Einbettung des Markthandelns herausbilden" (Beckert 2007a: 45).

White stellt ein netzwerkbasierendes Marktmodell vor (vgl. White 1981, 2002). Hierbei wird ein Markt weder als eine Abstraktion noch als ein technischer Sachverhalt verstanden, sondern der Markt wird begriffen als „eine soziale Konstruktion, die aus den Interaktionen zwischen Lieferanten, Produzenten und Käufern entsteht" (White/Godard 2007: 197; vgl. weiterführend White 1981). Ein Markt ist demnach als ein sozialer Raum zu verstehen, der aus historisch gewachsenen Beziehungen besteht (White/Godart 2007: 200f.).[42] White bezeichnet solche Märkte als Produktionsmärkte (White 1981: 518). Das Modell der Produktionsmärkte geht nicht von der mechanischen, wie von einer unsichtbaren Hand geleiteten, Angleichung von Angebot und Nachfrage aus, sondern der konstitutive Marktmechanismus erfolgt „anhand von Beobachtungen und Beobachtbarkeiten [...] [sowie dem] Abgleich lokaler Variationen, sodass ein Marktprofil [...]

---

können und zum anderen, dass die Reaktionen anderer Akteure nur in einer unvollkommen Art und Weise eingeschätzt werden können (vgl. Swedberg 2003; 2005b; vgl. weiterführend Knight 1948; Ganßmann 2007).

[41] Das Wertproblem hat seinen Ursprung in der Ungewissheit, die für Marktakteure dahingehend besteht, einem Gut oder einer Leistung den richtigen bzw. angemessenen Wert zuzuordnen. Das Problem des Wettbewerbs wiederum ist „einerseits eine konstitutive Voraussetzung von Märkten, andererseits bedroht Wettbewerb Gewinnerwartungen von Marktanbietern" (Beckert 2007a: 53). Marktakteure haben ein Interesse, stabile Marktstrukturen zu etablieren, um so Ungewissheit zu reduzieren (Beckert 2007a: 53). Das Kooperationsproblem „entsteht aus den sozialen Risiken, die Marktakteure aufgrund ihrer unvollständigen Kenntnis der Handlungsabsichten des Tauschpartners und der Qualität des zu erwerbenden Produkts eingehen" (Beckert 2007a: 56).

[42] An dieser Stelle ist auch auf das sogenannte W(y)-Modell zu verweisen (vgl. White 1981).

58

möglich wird" (White/Godart 2007: 199). Durch diese wechselseitigen Beobachtungsleistungen und Beobachtungsvorgänge werden auf Märkten die Ströme von Produkten und Dienstleistungen koordiniert. In diesem Sinne können Märkte als konkrete Cliquen von Produzenten verstanden werden, die sich gegenseitig beobachten und ihre jeweiligen Handlungen wechselseitig interpretieren, um daraus Handlungsoptionen und Erwartungshaltungen abzuleiten (White 1981: 543). Hierbei handelt es sich um Produzentennetzwerke, die sich auf Basis der genannten Signalsetzungen der Teilnehmer entwickeln bzw. bestehen (vgl. White 1981, 2002).[43] Diese Signalsetzungen dienen der „Beobachtbarkeit von produktionsrelevanten Entscheidungen" (White/Godart 2007: 199). In diesem Sinne sind Märkte soziale und historische Konstruktionen, die sich selbst reproduzieren „als Konstellation von Unternehmen, die ihrerseits an anderen Märkten orientiert sind" (White/Godart 2007: 198). An die Annahmen von White schließen weitere Ansätze, insbesondere nach Fligstein und Beckert, an, die Märkte ebenfalls als sozial konstruiert und in einer feldtheoretisch begründeten Weise betrachten (vgl. Fligstein 1996; Beckert 2010a, 2012).

Fligstein vertritt in seinen, an White anknüpfenden, Argumentationen zu den Architekturen von Märkten einen politisch-kulturellen Ansatz (vgl. Fligstein 1996). Diesem Ansatz zufolge finden marktbezogene soziale Handlungen in sogenannten Arenen statt, die als Felder beschrieben werden können (Fligstein 2001a: 15).[44] Auf diesen Feldern agieren Akteure, die bestrebt sind, ein Dominanzsystem auf Grundlage einer lokalen Kultur und lokaler Netzwerke zu etablieren (vgl. Fligstein 1996, 2001a). Auf Märkten schaffen die relevanten Akteure, hierunter sind zunächst Käufer und Verkäufer zu verstehen, durch wiederholte Interaktionen und durch den ihnen zugesprochenen Status bzw. der ihnen zugeschriebenen Reputation, stabile soziale Strukturen. Die sozialen Strukturen eines Felds sind demzufolge Ergebnisse einer kulturellen Konstruktion (Fligstein 2001a: 68). So sind in diesen lokalen Konstruktionen bzw. Kulturen kognitive Elemente hinterlegt und soziale Netzwerke definiert, die die Akteure dabei unterstützen, ihre Position in einem Feld zu finden, und ihre ausgewählte oder auch die ihnen zugewiesene Rolle bzw. Position einzunehmen und in Bezug auf den Feldkontext zu interpretieren. Die Interaktionen zwischen den Akteuren auf einem Feld können dabei als ein Spiel um einen bestimmten Spieleinsatz mit Gewinnern und Verlierern verstanden werden (Fligstein 2001a: 15). Eine Beschreibung von Märkten als Felder setzt jedoch zunächst eine Spezifizierung dessen voraus, was ein Markt ist und wer die jeweiligen Akteure und was die Handlungsgegenstände auf diesen Märkten sind. Zudem sind die entsprechenden Rollenzuschreibungen von etablierten Markt-

---

[43] Solche Signalsetzungen können beispielsweise durch die Festlegung von Produktionsvolumina, Ausgaben für Forschung und Entwicklung oder durch die Höhe des Werbeetats festgelegt werden.
[44] Fligstein nennt in diesem Zusammenhang jedoch noch weitere Begrifflichkeiten wie Domänen, Sektoren oder organisierte Prozesse (Fligstein 2001a: 15).

teilnehmern und neuen Akteuren zu definieren und zu beschreiben. Auch muss auf die Frage eingegangen werden, wie soziale Netzwerke und kulturelle Arrangements stabile Felder erzeugen, auf denen die Probleme von Wettbewerb und Unsicherheit gelöst werden können. Diesbezüglich unterscheidet Fligstein mit den Phasen der Marktetablierung, Marktstabilisierung und Krise drei Stadien der Feldentwicklung.

In diesem Sinne können Märkte bei Fligstein als selbstreproduzierende Rollenstrukturen verstanden werden (Fligstein 2001a: 12, vgl. weiterführend White 1981). Solche sozialen Rollenstrukturen werden begründet und benötigt, um die Akteure in einem ungewissen Wettbewerbsumfeld und bei der Stabilisierung von Erwartungshaltungen zu unterstützen (Fligstein 2001a: 17). Damit stabile Erwartungshaltungen sowie Interaktionen ermöglicht und weiterhin gefestigt werden können, werden zwischen den Akteuren Signale gesendet, die zur Orientierung, Positionierung und Rollenverteilung im Feld beitragen (vgl. Fligstein 2001a; vgl. weiterführend White 1981; Podolny 2001, 2005). Durch diese Vorgehensweise werden auf Märkten bzw. Feldern auch lokale Kulturen definiert, die anzeigen, welcher Akteur als etabliert und welcher als neuartig anzusehen ist. Über die jeweiligen lokalen Kulturen werden zudem kognitive Erklärungsrahmen bereitgestellt, die die Akteure dabei unterstützen, das Verhalten und die Handlungen anderer Akteure zu deuten und zu verstehen. Märkte bzw. Felder basieren jedoch nicht allein auf sozialen Netzwerken oder lokalen Kulturen, sondern bauen auch in einem besonderen Maße auf die stabilisierenden, teilweise historisch gewachsenen Eigenschaften von Institutionen auf (vgl. Fligstein 2001a). Stabile Annahmevermutungen und Erwartungshaltungen sind dabei von essentieller Bedeutung für die Aufrechterhaltung komplexer Interaktionsstrukturen und -muster. Stabilität wird dabei durch gewachsene Beziehungsmuster zwischen Akteuren bzw. durch eine wiederholt stattgefundene, erfolgreiche Interaktion und durch formale Regeln erzeugt.

Bei einer Veränderung der bestehenden Feldbeziehungen bzw. einer, internen oder externen, Erschütterung der Feldstruktur, sind die Akteure gezwungen, sich den veränderten Bedingungen anzupassen. Auf diese Weise werden neuartige Feldarrangements produziert. Dies setzt voraus, dass die Feldakteure mit den feldspezifischen Regeln und Gegebenheiten vertraut sind und diese anzuwenden wissen. Insbesondere in Transformationsphasen werden die Feldstruktur und die Feldhierarchie brüchig und anfällig für Veränderungen. Ehemals feldfremde oder in der Feldhierarchie niedrigrangige Feldakteure können diese Phasen nutzen, um ihre Feldposition zu verbessern. In Feldern sind insbesondere Statushierarchien hinterlegt, die zur Einteilung der Feldakteure in etabliert und neuartig führen (vgl. Fligstein 1996, 2001a, 2001b). Feldakteure sind dabei mit zwei wesentlichen Aufgaben konfrontiert. Zum einen ist ein Feld mit einem funktionierenden und stabilen

Machtsystem auszuformen, und zum anderen ist es erforderlich, dieses System aufrecht zu erhalten (Fligstein 2001a: 29). Ein Feld wird durch die soziale Organisation, d.h. durch Prinzipien, Routinen und soziale Netzwerke, realisiert. Fligstein vergleicht solche Vorgänge mit sozialen Bewegungen (Fligstein 1996: 656). Neue Feldarrangements orientieren sich dann oftmals an den Regeln und Handlungsweisen, die aus anderen Feldern bzw. von neuen Feldakteuren in das noch rudimentär bestehende, gegenwärtige Feld eingebracht werden (Fligstein 2001a: 27). Zudem ist festzuhalten, dass der Staat in Fligsteins Konzeption eine zentrale Position einnimmt. Dies beruht in der Annahme, dass Akteure aufgrund von Unsicherheit den Staat bei der Suche nach Unterstützung und Hilfeleistungen anrufen. Eine weitere Konkretisierung erfährt das vorläufige Feldkonzept von Fligstein in seinen späteren Arbeiten, insbesondere in der Zusammenarbeit mit McAdam (vgl. Fligstein/McAdam 2011, 2012). Auf die daraus resultierende Konzeption der strategischen Handlungsfelder wird später näher eingegangen. Zunächst wird jedoch der Beitrag Beckerts zu einer Theorie der Marktfelder beleuchtet.

Beckert schließt an die Feldkonzepte nach DiMaggio und Powell, Bourdieu, Fligstein sowie insbesondere White an (Beckert 2010a: 608). Dabei greift er zentrale Aspekte dieser Ansätze auf, kritisiert sie an neuralgischen Punkten und liefert Argumente für einen ambitionierten Feldansatz, der unterschiedliche theoretische Konzepte und Vorarbeiten miteinander kombiniert (vgl. Beckert 2010a, 2012). Der Feldansatz nach Beckert fasst damit unterschiedliche theoretische Ansätze zusammen und versucht sie in einem eigenständigen analytischen Konzept zu vereinen. Einem Feldansatz spricht Beckert dabei generell zu, ein geeigneter theoretischer Ansatz zu sein, der es erlaube, wirtschaftliches Handeln zu verstehen (Beckert 2010a: 619). Hierbei sind die Feldakteure durch soziale Kräfte eingebunden und erhalten über Zuweisungen ihre Positionen in einem sozialen Raum. Diese Positionierungen in einem sozialen Raum bzw. in einem bestimmten Feld determinieren auch die jeweilige Ressourcenausstattung der Akteure, was wiederum deren Möglichkeiten bestimmte Ziele zu erreichen befördert oder limitiert (Beckert 2010a: 619). Zunächst benennt Beckert mit sozialen Netzwerken, Institutionen und kognitiven Rahmen drei Typen sozialer Strukturen, die seiner Ansicht nach relevant für die Erklärbarkeit sozialer Ereignisse sind (vgl. Beckert 2010a; vgl. weiterführend Granovetter 1985; Douglas 1991; Swidler 1986; DiMaggio 1997; Abolafia 1998). Die Beziehungen zwischen diesen Strukturen beschreibt Beckert in Form einer Feldtheorie (Beckert 2010a: 605). Seine leitende Annahme besagt, dass nur über die gleichzeitige Betrachtung dieser drei strukturierenden Kräfte, die Dynamik von Märkten, Beckerts zentralem Untersuchungsgegenstand, erklärbar wird (Beckert 2010a: 606). Eine Möglichkeit, wie diese strukturierenden Kräfte entsprechend berücksichtigt und dargestellt werden können, stellt dabei der Feldansatz dar.

Bezugnehmend auf White und Fligstein versteht Beckert Felder als lokale soziale Ordnungen bzw. Arenen sozialen Handelns, auf denen sich Akteure versammeln und ihre Handlungen wechselseitig beobachten (Beckert 2010a: 606; White 1981; Fligstein 2001a; vgl. weiterführend Beckert/Diaz-Bone/Ganßmann 2007). Ein Feld wird durch die jeweiligen Beziehungen, die zwischen den Feldakteuren bestehen, sowie durch institutionalisierte Regeln und kognitive Rahmungen gebildet. Die Positionierung der Akteure, insbesondere wirtschaftlicher Art, ist ein Resultat von Feldkämpfen, durch die die betreffenden Akteure versuchen ihre Feldposition zu verbessern oder zumindest zu verteidigen (Beckert 2010a: 620). Durch dieses unsichtbare Set an Kräften entwickelt sich eine lokale Ordnung, an der sich die Feldakteure orientieren und ihre Handlungen entsprechend wechselseitig abstimmen können (Beckert 2010a: 609; vgl. weiterführend Fourcade 2007, 2013). Zusammengenommen entwickeln die feldrelevanten sozialen Kräfte ein soziales Gitternetz, in dem die Akteure agieren und, ihrer Ressourcenausstattung entsprechend, eine Position zugewiesen bekommen (Beckert 2010a: 610). Über Netzwerkstrukturen werden den Feldakteuren, worunter sowohl Organisationen als auch Individuen zu verstehen sind, Positionen zugewiesen. Die Akteure werden dabei von institutionellen Regelungen flankiert, die ein bestimmtes Verhalten der Akteure fördern und fordern bzw. ein mögliches Fehlverhalten sanktionieren. Die Gesamtordnung der Feldstruktur wird von einem kognitiven Rahmen gestützt, der die Umfeld- und Feldbedingungen wiederspiegelt.

3.1.4 Strategische Handlungsfelder

Der Ansatz der strategischen Handlungsfelder (*strategic action fields*) nach Fligstein und McAdam ist als eine Weiterentwicklung der frühen Arbeiten Fligsteins zur Feldthematik zu verstehen (vgl. Fligstein 1996, 2001a). Der weiterentwickelte Ansatz nach Fligstein und McAdam löst sich dabei von marktlichen Feldern und spricht allgemein von einer Theorie strategischer Handlungsfelder (vgl. Fligstein/McAdam 2011, 2012). Zentrale Elemente dieses Ansatzes sind die Unterscheidung der Akteure in Etablierte, Herausforderer und sogenannte Governance-Einheiten, die Betonung sozialer Fertigkeiten, die Einbeziehung eines weitergefassten Feldumfelds sowie die Berücksichtigung exogener Schocks bzw. Feldrupturen (vgl. Fligstein/McAdam 2011, 2012). Strategische Handlungsfelder sind dabei zentrale Einheiten eines kollektiven gesellschaftlichen Handelns (Fligstein/McAdam 2011: 3). Fligstein und McAdam verfolgen in ihrem vorgeschlagenen Feldansatz das Ziel, eine integrierte Theorie anzubieten, die erklären können soll, wie Etablierung, Stabilität und Wandel in und von Feldern durch soziale Akteure stattfinden kann (vgl. Fligstein/McAdam 2012). In ihrer Besprechung nehmen die Autoren in Form organisationstheoretischer, neoinstitutionalistischer und wirtschaftssoziologischer Ansätze Bezug auf bereits bestehende Feldansätze bzw. Feldtheorien.[45] Eine intensive, teilweise aber auch kritische, Auseinandersetzung findet insbesondere mit Bourdieus[46] Feldkonzept und dem Ansatz der organisationalen Felder nach DiMaggio und Powell statt.[47]

Strategische Handlungsfelder sind mit Fligstein und McAdam als die fundamentalen Einheiten kollektiven Handelns in der Gesellschaft zu verstehen. Es handelt sich dabei um konstruierte soziale Ordnungen, die auf der Mesoebene, d.h. der organisationalen Dimension, angesiedelt sind. Akteure handeln bzw. interagieren in diesen strategischen Handlungsfeldern auf der Basis von geteilten Annahmen und Absprachen. Hierbei handelt es sich um ein gemeinsames Feldverständnis, insbesondere hinsichtlich der bestehenden Verbindungen zwischen den Feldakteuren und den Regeln, die die legitimen Handlungen im Feld begründen (Fligstein/McAdam 2012: 9). Akteure können dabei sowohl kollektiver als auch individueller Prägung sein. Häufiger sind jedoch kollektive Akteure aufzufinden. Unter kollektiven Akteuren sind in diesem Ansatz u.a. Organisationen, Wertschöpfungsketten, soziale Bewegungen oder Regierungssysteme zu verstehen (vgl. Fligstein/McAdam 2011). Über das Moment der Ordnung unterscheiden sich strategische Handlungsfelder von unorganisierten Räumen. Somit sind strategische Handlungsfelder klar definiert und strukturiert (Fligstein/McAdam 2012: 5). Dies betrifft sowohl die klare Einteilung eines Felds, als auch die Bestimmung der Feld-

---

[45] Ebenfalls bezugnehmend auf die bereits vorgestellten Feldansätze nach Bourdieu sowie nach DiMaggio und Powell, gehen Fligstein und McAdam gesondert auf deren Perspektiven ein. Hierbei heben sie sowohl Vorteile der jeweiligen Ansätze hervor, üben aber auch Kritik an diesen Ansätzen bzw. weisen auf die bestehenden Unklarheiten und ‚blinden Flecken‘ in der Konzeption der Ansätze hin (Fligstein/McAdam 2012: 23ff.).

[46] Fligstein und McAdam sehen große Überschneidungen ihrer Theorie mit dem bourdieuschen Feldansatz, und räumen die Übernahme einiger Ansätze Bourdieus auch unumwunden ein, jedoch kritisieren sie auch einige der bourdieuschen Annahmen (Fligstein/McAdam 2012: 24ff.). Zunächst begrüßen Fligstein und McAdam Bourdieus Ansatz, ein Feldkonzept mit einer Handlungstheorie zu verknüpfen. Zwar erachten Fligstein und McAdam den auf unterschiedlichen Kapitalien und Machtpositionen fußenden Feldansatz Bourdieus als interessant, kritisieren jedoch dessen Betonung eines individuellen Akteurs und die damit verbundene Vernachlässigung kollektiver Akteure. Zudem mangele es der bourdieuschen Konzeption neben einem systematischen Konzept kollektiver Akteure, auch einem entsprechenden Erklärungsansatz bezüglich kollektiver Handlungen. Auch habe Bourdieu über die reine Feststellung, dass über die Verteilung von Kapital und Macht die Feldposition der Akteure begründet wird, keine weitere Architektur der Felder angeboten. Zudem gehe Bourdieu nicht auf die Interaktion und die mögliche Interdependenz verschiedener Felder ein. Des Weiteren trete er keinen Beitrag zur Erklärung von Felddynamiken, d.h. der Entwicklung bzw. dem Wandel von Feldern.

[47] Einen weiteren Bezugspunkt ergibt sich für Fligstein und McAdam aus den organisationalen Feldern nach DiMaggio und Powell indem beide Ansätze die organisationale bzw. institutionelle Dimension des Handelns betonen (vgl. DiMaggio/Powell 1983; Fligstein/McAdam 2012). Auch sehen sie im vorgestellten Ansatz des Isomorphismus einen interessanten Anknüpfungspunkt an die eigene Feldtheorie. Jedoch üben sie eine deutliche Kritik an der ausbleibenden Besprechung bzw. der Nichtbeachtung von Macht, Agentschaften und Konflikten (Fligstein/McAdam 2012: 28f.).

akteure und eine Ausformulierung der im Feld geltenden Annahmen bzw. Grundregeln, die für alle Feldakteure bindend sind. Felder sind als solche in eine Umwelt zahlreicher weiterer Felder integriert. So sind die einzelnen Felder, Schachtelfiguren ähnlich, in unter- und übergeordnete Feldstrukturen bzw. -umwelten eingebunden (Fligstein/McAdam 2012: 9). In diesem Sinn kann sich eine Veränderung in einem Feld auf angegliederte Felder auswirken. Man denke hierbei beispielsweise an Änderungen im politischen Feld, die dann wiederum, u.a. in Form von Gesetzesvorgaben, Auswirkungen auf ökonomische Felder haben können.

Neben der Berücksichtigung einer mikrofundierten Analyse werden von den Autoren auch Implikationen auf der Makroebene angesprochen (Fligstein/McAdam 2012: 57ff.). Dabei ist festzuhalten, dass Felder nicht in einem Vakuum existieren, sondern in Beziehung mit weiteren strategischen Handlungsfeldern stehen (Fligstein/McAdam 2012: 59). Der Zustand eines bestimmten Felds ist nicht allein von internen Begebenheiten abhängig, sondern zudem auch von den Begebenheiten in weiteren strategischen Handlungsfeldern. Die jeweiligen Felder können dabei in keinem, in einem einseitig abhängigen, hierarchischen sowie einem wechselseitig abhängigen, reziproken Beziehungszusammenhang stehen. Die potentiellen Verbindungslinien zwischen unterschiedlichen Feldern können durch eine Abhängigkeit von Ressourcen, wechselseitigen Interaktionen, Macht, Informationsflüsse oder Legitimitätskontexte geprägt sein. Die Einflussnahme durch externe Felder auf ein bestimmtes existierendes strategisches Handlungsfeld ist nicht als willkürlich aufzufassen, sondern findet in der Regel nur dann statt, wenn die betreffenden Felder in einer engen Beziehung zueinander stehen. Das ist insbesondere dann der Fall, wenn zwischen den Feldern Abhängigkeitsbeziehungen vorliegen (Fligstein/McAdam 2012: 57f.). Felder können somit in einem hierarchischen Kontext miteinander verbunden sein, über formale Machtbeziehungen in wechselseitiger Beziehung stehen oder über eine Vielzahl an Querverknüpfungen miteinander interagieren.

Ein zentraler Aspekt von strategischen Handlungsfeldern ist, wie die darin vertretenen sozialen Akteure in der Lage sind eine Feldstruktur aufzubauen und aufrechtzuerhalten. Strategische Handlungsfelder sind ebenfalls als sozial konstruierte Arenen zu verstehen, in denen mit unterschiedlichen Ressourcen ausgestattete Akteure agieren, kooperieren oder auch konkurrieren. Die Ausgestaltung eines Felds und die Zugehörigkeit der Akteure zu einem Feld sind dabei nicht von objektiven Kriterien abhängig, sondern vielmehr von einem subjektiven, allgemeingültigen Verständnis der jeweiligen Feldakteure bzw. des Feldganzen (Fligstein/McAdam 2012: 10). Anschließend an Bourdieu argumentieren die beiden Autoren, dass sich Feldakteure zudem in ihren Handlungen in routinierter Art und Weise aufeinander beziehen. Ein Feld entsteht über die Eigendefinition bzw. Übereinkunft der betreffenden Akteure. Die Abstimmung der Feldakteure vollzieht sich dabei als ein zeitlicher Prozess, währenddessen sich zwischen den Akteuren Sets an gemeinsamen Übereinkünften entwickeln. Dem Ansatz der strategischen Handlungsfelder zu Folge sind insbesondere vier Kategorien für das Funktionieren eines Felds von zentraler Bedeutung. Erstens sollen Feldakteure über ein gemeinsam geteiltes Verständnis verfügen. Zweitens werden über Machtunterschiede Feldpositionen zugewiesen. Auch besteht drittens ein Konsens über die im Feld geltenden Regeln. Die vierte Kategorie behandelt den gemeinsamen, interpretativen Rahmen, der den Feldakteuren zur Erklärung der Handlungen der anderen Feldakteure gereicht.

Kennzeichnend für die Feldtheorie von Fligstein und McAdam ist die Betonung der Dynamik in und von Feldern (vgl. Fligstein/McAdam 2012; vgl. auch Beckert 2010a).[48] Die Autoren unterscheiden dabei mit Feldformation, Feldstabilisierung und Feldkrise drei verschiedene Feldstadien (Fligstein/McAdam 2012: 165ff.). Bei dem ersten Feldstadium handelt es sich um die Feldformation. Hierbei stellen sich insbesondere Fragen nach den Schlüsselakteuren, den zentralen Ressourcenanforderungen, den Aushandlungsprozessen, der Bedeutung externer Akteure oder der Rolle von internen Governance-Einheiten. In Phase zwei stehen die Stabilisierung und die Reproduktion eines Felds im Mittelpunkt. Hierbei soll festgehalten werden, wie die Feldgrenzen konstruiert sind, wer die etablierten und wer die herausfordernden Akteure sind und wie die vorzufindende Machtstruktur die Feldbeziehungen prägt. Schließlich werden in der dritten Feldphase Krisen oder Erschütterungen thematisiert. In dieser Phase interessieren insbesondere die treibenden Kräfte, interner wie externer Natur, die zu einem Wandel von Feldern führen kann.

Das von Fligstein und McAdam vorgestellte Konzept der sozialen Fertigkeiten (*social skills*) begründet die Mikrofundierung ihres Feldansatzes (Fligstein/McAdam 2012: 34ff.; vgl. weiterführend Fligstein 2001b). Durch das Konzept der sozialen Fertigkeiten wird der kognitive, emphatische und kommunikative Aspekt des Ansatzes der strategischen Handlungsfelder betont. Dabei orientiert sich das Handeln nicht an einem bestimmten individuellen Interesse eines einzelnen Akteurs, sondern die Akteure handeln vielmehr im Sinne eines kollektiven und geteilten Feldverständnisses. Der Einzelne tritt mit seinem Interessensanspruch somit hinter den Anspruch des Kollektivs zurück (vgl. Fligstein/McAdam 2012). Ein zentrales Moment innerhalb der strategischen Handlungsfelder ist hierbei der Drang der Akteure, gemeinsam geteilte und im Konsens ermittelte Bedeut-

---

[48] Diesem Umstand ist bei einer empirischen Untersuchung Rechnung zu tragen. Die leitenden Fragestellungen, die dem Forscher von Fligstein und McAdam zur Hand gegeben werden, orientieren sich dabei eng an der vorgeschlagenen Einteilung eines Felds hinsichtlich des Feldstadiums, in dem sich ein Feld befindet (Fligstein/McAdam 2012: 164ff.).

ungsmuster und Identitäten zu entwickeln. Mit dem eingebrachten Konzept der sozialen Fertigkeiten ist zudem die Art und Weise gemeint, wie es individuellen sowie kollektiven Akteuren gelingt, hochentwickelte kognitive Verständnisse über andere Akteure oder ihre Umwelt zu etablieren, Handlungen zu rahmen, ein gemeinsames Feldverständnis sowie ein entsprechendes Selbstverständnis zu entwickeln (Fligstein/McAdam 2012: 17). Auch wird angenommen, dass die Feldakteure über ein generelles gemeinsames Feldverständnis verfügen. Dabei werden die Akteure durch ihre vorhandenen sozialen Fertigkeiten in die Lage versetzt, die Handlungen der anderen Akteure zu interpretieren und ihre eigenen Handlungen darauf abzustimmen. Zusammengenommen ergibt sich aus den sozialen Fertigkeiten die Möglichkeit im Feld von intersubjektiv geprägten Denkmustern und Handlungen zu sprechen, die grundlegend sind für die Ausarbeitung von Meinungen, Interessen und Identitäten (Fligstein/McAdam 2012: 4). Die sozialen Fertigkeiten sind als die individuelle Fähigkeit der Akteure zu verstehen, die als gleichverteilt über die Bevölkerung bzw. die Grundgesamtheit zu erachten ist (Fligstein/McAdam 2012: 17). In aufstrebenden Feldern können insbesondere sozial-kompetente Akteure die Rolle von institutionellen Unternehmern übernehmen (vgl. Fligstein/McAdam 2012).[49]

Ein weiterer zentraler Bestandteil der strategischen Handlungsfelder ist die Annahme, dass im Feld eine Unterscheidung zwischen starken und schwachen Akteuren, sowie die Anerkennung der damit einhergehenden jeweiligen Feldpositionierung vorzufinden ist. Darüber hinaus müssen sich die Feldakteure über ein gemeinsames und allgemein akzeptiertes Regelwerk geeinigt haben, das für alle Feldakteure bindend ist und somit die Feldstruktur prägt. Eine weitere, dem Feld zugrundeliegende, Kategorie ist das Bestehen eines gemeinsamen interpretativen Rahmens, d.h. situative Handlungen und die daran anschließenden Handlungsmuster sind für alle Feldakteure versteh- und nachvollziehbar. Die genannten Kategorien geben dem Feld gewisse Konturen und den Feldakteuren bestimmte Handlungsoptionen vor. Eine tatsächliche Ab- und Eingrenzung des Felds bleibt in der vorliegenden Konzeption jedoch relativ vage. Diese ungenaue Eingrenzung eines Felds spiegelt jedoch auch eine Grundannahme des Ansatzes wieder. Es wird angenommen, dass sich die strategischen Handlungsfelder in einem steten Wandel befinden, da das Feld von internen und externen Kräften beeinflusst werden kann, was wiederum auf die Stabilität des Felds Einfluss hat. Diese Wandelbarkeit des Felds hängt insbesondere auch mit den Akteuren selbst zusammen. Etablierte Feldakteure sind daran interessiert das bestehende Feldgebilde aufrecht zu erhalten, da

---

[49] Diese Akteure sind aufgrund ihrer herausragenden sozialen Fertigkeiten dazu in der Lage, die unterschiedlichen kollektiven Akteure oder Gruppen miteinander zu verbinden. Jedoch kann hierbei die Frage gestellt werden, wie die Akteure mit dem Paradox einer möglicherweise bestehenden Kooperations-Konkurrenz-Situation innerhalb eines Felds umgehen.

sie in diesem Feld eine für sie vorteilhafte Position einnehmen. Jedoch wird diese Positionierung im Feld durch die nichtetablierten Akteure in Frage gestellt. Die Feldstruktur wird jedoch nicht nur von feldinternen Positionierungskämpfen beeinflusst, sondern es wirken sich auch Änderungen bezüglich der Feldlogik oder der Feldregeln auf das jeweilige Feld aus.

Als die zentralen Akteursgruppen in strategischen Handlungsfeldern identifizieren Fligstein und McAdam zum einen bereits etablierte Akteure (*incumbents*) und zum anderen herausfordernde Akteure (*challengers*). Des Weiteren werden sogenannte interne Governance-Einheiten (*internal governance units*) als eine weitere wichtige Akteursgruppe in den strategischen Handlungsfeldern angesehen. Alle, sich in einem Feld befindlichen, Akteure sind daran interessiert, stabile Feldstrukturen zu etablieren und zu reproduzieren, um somit ihre Position im Feld zu verteidigen (Fligstein/McAdam 2012: 9). Die etablierten Akteure sind dabei die zentralen Feldakteure. Sie bestimmen in gegenseitiger Übereinkunft auf eine essentielle Art und Weise die Feldstruktur und die Feldlogik. Ihre Position erreichen die etablierten Feldakteure, man könnte auch von starken oder dominanten Akteuren sprechen, durch eine markante und, für das jeweilige Feld, bedeutsame Ressourcenausstattung. Durch ein geschicktes Einsetzen der feldrelevanten Ressourcen und durch die Nutzung der im Feld geteilten Übereinkünfte, wird es den etablierten Akteuren ermöglicht, das Feld in ihrem Sinne zu gestalten. Hierbei werden sie oftmals auch von den internen Governance-Einheiten unterstützt.[50] Die Position von etablierten Akteuren wird feldintern von den herausfordernden Akteuren in Frage gestellt. Die Herausforderer können oder müssen die in einem Feld bestehende Struktur und Positionierung der einzelnen Akteure zunächst anerkennen. Akzeptieren die Herausforderer ihre eingeschränkte Position im Feld, besetzen sie insbesondere die Nischen, die ihnen von den etablierten Akteuren zugestanden werden. Jedoch können die herausfordernden Akteure auch versuchen, die bestehende Feldstruktur zu ihren Gunsten zu verändern. Hierbei stellen in ökonomischen Feldern wirtschaftliche Innovationen die zentrale Möglichkeit für die Herausforderer dar, ihre Feldpositionierungen positiv zu verändern.[51] Eine Feldstruktur kann aber nicht nur durch die aktive Handlung von Akteuren geändert werden, sondern es kann in einem Feld auch zu einer generellen Neuverteilung der relevanten Ressourcen oder zu einer neuen Interpretation der feldbestimmenden Überein-

---

[50] Die feldinternen Governance-Einheiten sind von externen staatlichen Einheiten zu unterscheiden. Während die erstgenannten tatsächlich nur für ein spezielles Feld von Bedeutung sind, können externe staatliche Einheiten Einflussmöglichkeiten auf mehrere Felder haben. Dies gilt insbesondere für rechtliche Rahmenbedingungen. Tendenziell unterstützen die feldinternen Governance-Einheiten die etablierten Akteure in einem Feld (vgl. Fligstein/McAdam 2012).

[51] Durch eine weitreichende Innovation kann ein Akteur einen Vorsprung vor anderen Akteuren erzielen, die dann zu einer Umverteilung der Feldressourcen, z.B. in Form von Marktanteilen und damit einhergehend finanziellen Einnahmen, führen.

künfte kommen. Solche Änderungen haben jeweils unmittelbaren Einfluss auf das Feld und somit auch auf die Akteure. Dadurch, dass die Herausforderer die Feldstruktur in Frage stellen, kann es zu Krisensituationen in einem Feld kommen.

Wie dargestellt, beabsichtigt der Ansatz von Fligstein und McAdam eine Kombination bereits bestehender Feldansätze zuzüglich eigener Annahmen zu leisten. Dies ist generell ein vielversprechender Ansatz. Auch werden von Fligstein und McAdam zahlreiche interessante Argumente in die Diskussion hinsichtlich einer konsistenten Feldtheorie eingebracht. So sind der Ansatz der Mikrofundierung eines Felds und die Betonung der benötigten sozialen Kompetenz der Akteure eine nützliche Vorgehensweise, feldinterne Prozesse beschreiben zu können. Auch die vorgeschlagenen Einteilungskriterien hinsichtlich der Feldgrenzen und der Feldakteure sind im Vergleich zu den vorangegangenen Feldansätzen eine Weiterentwicklung. Jedoch bleiben Fligstein und McAdam in der konkreten Ausgestaltung ihrer Feldtheorie zu meist vage (vgl. Goldstone/Useem 2012).

Im Unterschied zu den vorangegangenen Feldansätzen stellen Fligstein und McAdam einen Fragenkatalog bereit, mit dessen Hilfe zum einen die vorgestellte Feldtheorie empirisch umsetzbar gemacht werden kann, und zum anderen Felder generell zu hinterfragen sind (Fligstein/McAdam 2012: 164ff.). Dabei können sowohl qualitative als auch quantitative Methoden verfolgt werden und Anwendung finden (Fligstein/McAdam 2012: 198). Dabei eignen sich quantitative Ansätze insbesondere für die Untersuchung einer großen Anzahl von Gruppen über einen längeren zeitlichen Verlauf. Dem hingegen eignen sich qualitative Methoden insbesondere für die Untersuchung bestimmter ausgewählter Felder. Jedoch räumen die Autoren ein, dass sie mit ihrer Feldtheorie erst am Beginn einer systematischen Untersuchung von Feldern mit Hilfe eines soziologischen Instrumentariums stehen (Fligstein/McAdam 2012: 198). Dies zeigt sich insbesondere darin, dass die Autoren zwar den Anspruch erheben, dem Feldforscher mit ihrer Feldtheorie ein passendes Instrument für die Feldanalyse zur Hand zu geben, gleichzeitig bleiben sie aber bei der Besprechung eigens gewählter Feldanalysen der US-amerikanischen Bürgerrechtsbewegung bzw. des US-amerikanischen Hypothekenmarkts, unverständlicherweise unklar bei der Analyse der gewählten Untersuchungsbereiche (Fligstein/McAdam 2012: 114-163). Die Autoren stellen zwar eine Feldtheorie auf, wenden diese aber im strengen Sinne nicht einheitlich an. Hieran zeigt sich, dass durchaus Schwächen in der Feldtheorie nach Fligstein und McAdam bestehen. Diese Schwächen zeigen sich auch bei dem Versuch klare Definitionen hinsichtlich der Feldspezifika, insbesondere der Felddefinition und der Definition der Feldakteure, bereitzustellen. Dies ist insbesondere für die empirische Feldforschung als kritisch anzusehen. Ein schlüssiger Feldansatz sollte jedoch diesen Anforderungen gerecht werden.

3.2.   Synthese Feldkonzepte

Im Folgenden wird von mit dem Konzept ein modifizierter Feldansatz in die Diskussion eingeführt, der insbesondere die Behandlung und Besprechung einer sozialen und institutionellen Koordinierung von Feldprozessen und Felddynamiken ermöglichen soll (Ebner 2009: 132). Das modifizierte Feldkonzept nutzt dabei einen Kunstgriff, um zentrale Elemente der bereits besprochenen Felddefinitionen miteinander zu verbinden und gleichzeitig um eine eigene Interpretation erweitern zu können. Das modifizierte Feldkonzept orientiert sich inhaltlich an den Feldkonzeptionen von Bourdieu sowie insbesondere von Fligstein und McAdam. Ein Feld zeichnet sich im hier vorliegenden Sinn durch ein Zusammenspiel von Institutionen, Netzwerken und kognitiven Rahmungen im Sinne eines institutionellen Korsetts aus (vgl. Beckert 2010a). Durch die gleichzeitige Betrachtung sozialer Netzwerke, Institutionen und kognitiver Rahmungen, wird es ermöglicht, die Mechanismen zu verstehen, die der Generierung bzw. Etablierung sowie dem Funktionieren sozialer Feldstrukturen zugrunde liegen (Beckert 2010a: 620). Auch wird daraus ersichtlich, wie Feldakteure diese Mechanismen in Kombination mit ihrer jeweiligen Ressourcenausstattung nutzen können, um ihre eigenen Ziele zu erreichen (Beckert 2010a: 620). Das Feld an sich ist dementsprechend als dynamisch angelegt zu verstehen, d.h. es kann zu Änderungs- und Anpassungsprozessen kommen, die die Feldstruktur beeinflussen und wandeln. Institutionen, soziale Netzwerke und kognitive Rahmungen beeinflussen sich dabei gegenseitig und in einer reziproker Weise (vgl. Beckert 2010a). Durch die wechselseitige Beziehungsstruktur der sozialen Kräfte, kann sich die Feldstruktur je nach Einflussquelle verschieben, verändern oder sogar zusammenbrechen. Zudem legitimieren sich die drei genannten sozialen Kräfte gegen- und wechselseitig, sie dienen der Bestätigung des Felds und geben den Feldakteuren einen entsprechenden Handlungsrahmen bzw. Handlungsmuster vor.

Diese drei Elemente bilden eine Art institutionelles Korsett, durch das die Felder ihre Gestalt erhalten (vgl. Becker 2010a). Beckert nutzt ursprünglich den Begriff des sozialen Gitters (*social grid*) (Beckert 2010a: 610). An dieser Stelle wird jedoch die Bezeichnung institutionelles Korsett genutzt, um die gestaltgebende Funktion von Institutionen, Netzwerken und kognitiven Rahmungen für Felder zu betonen. Dabei werden Institutionen in einer ersten Annäherung als „in der alltäglichen Lebenspraxis verfestigende Deutungs- und Handlungsmuster ‚interpretiert'" (Maurer 2008: 77). In diesem Sinne sind Institutionen als Muster menschlicher Handlungen und Beziehungen zu verstehen, die im zeitlichen Verlauf überdauern und sich reproduzieren (Crouch 2005a: 17).[52] Unter Netzwerken werden bestimmte relationale Struktur- und Beziehungsmuster zwischen Akteuren bzw. Akteursgruppen verstanden. Als kognitive Rahmungen werden allgemein-gültige und geteilte Wahrnehmungsbestände und Wissensbestände, u.a. Diskurse, Konventionen oder routinemäßige Skripte, interpretiert (vgl. Storper/Salais 1997; vgl. weiterführend Berger/Luckmann 2001; Diaz-Bone 2011). Die genannten Elemente beeinflussen sich wechselseitig. Aufbauend auf den besprochenen Feld-konzepten wird im Folgenden eine Erweiterung eines Feldkonzepts konstruiert. Das genutzte Feldkonzept kann aufgrund der darin stattfindenden Betonung des Aspekts des Interesses, insbesondere hinsichtlich der Definition der Feldakteure und der Feldgrenzen, auch als Ansatz der Interessenfelder bezeichnet werden. Dieses Feldkonzept findet dann in der Besprechung des empirischen Kapitels seine Anwendung. In der bisherigen Besprechung zeigte sich, dass die Feldansätze nach Bourdieu sowie nach Fligstein und McAdam als vielversprechend für die weitere Vorgehensweise zu verstehen sind. Insbesondere der Ansatz der strategischen Handlungsfelder nach Fligstein und McAdam stellt den Ausgangspunkt für die weitere Ausarbeitung des modifizierten Feldansatzes dar. Auch die Berück-sichtigung von sozialen Strukturen wird in die weitere Argumentation einbezogen. Es wird insbesondere versucht, die genannten Unstimmigkeiten und Nachteile des Feldansatzes nach Fligstein und McAdam zu thematisieren und auszugleichen. Im Folgenden werden dementsprechend die bestimmenden Feldspezifika vorgestellt. Als grundlegendes Element des Feldansatzes wird das Konzept des Feldinteresses herangezogen. Zudem werden die zentralen Elemente der Felddefinition, Feld-grenzen, Feldakteure, Felddiskurse sowie Feldressourcen vorgestellt.

3.2.1 Feldinteresse

Soziologische Interessensansätze sind u.a. bei Simmel, Weber und Bourdieu aufzu-finden (vgl. Swedberg 2005a; vgl. weiterführend Simmel 1911, 1992; Weber 1980; Bourdieu 1998; Coleman 1986). Bei Simmel sind Interessen eine Kraft, die zur Formation sozialer Strukturen führt (vgl. Simmel 1992). Als solches dienen Interessen als Triebkräfte des menschlichen Verhaltens. Solche Interessen können „ökonomische und ideale Interessen, kriegerische und erotische, religiöse und

---

[52] In diesem Sinne unterscheidet sich der hier genutzte Institutionenbegriff von denjenigen Ansätzen, die Institutionen als formale Regeln oder standardisierte Praktiken verstehen (Hall 1986: 19).

70

karitative" (Simmel 1911: 1) sein. Aus diesen verschiedenen Interessenslagen „erwachsen die unübersehbar mannigfaltigen Formen des sozialen Lebens, all das Miteinander, Füreinander, Ineinander, Gegeneinander, Durcheinander" (Simmel 1911: 1). Bei Weber ist das Interesse von Einzelnen oder Gruppen ein zentrales Moment für das jeweilige Verhalten. So ist wirtschaftliches Handeln wesentlich durch Interessen geprägt. Hierbei wird wirtschaftliches Handeln aufgrund „eigener, ideeller oder materieller, Interessen unternommen und durchgeführt" (Weber 1980: 119). Es können unterschiedliche Interessenslagen aufeinander treffen, woraus sich Interessenskonflikte und letztlich auch Machtkämpfe entwickeln können (Weber 1980: 119).

Auch Bourdieu geht davon aus, dass soziale Akteure nicht beliebig, sondern begründet handeln (Bourdieu 1998: 139). Interesse zu haben bzw. zu zeigen, „heißt ,dabeisein', teilnehmen, also annehmen, daß das Spiel das Spielen lohnt und daß die Einsätze, die aus dem Mitspielen und durch das Mitspielen entstehen, erstrebenswert sind; es heißt, das Spiel anzuerkennen und die Einsätze anzuerkennen" (Bourdieu 1998: 141). Die entsprechenden Akteure wetteifern dabei um spezifische Interessensobjekte (Bourdieu 1993: 108). Als Gegenpart zum Interessensbegriff führt Bourdieu den Begriff der Interessensfreiheit ein. Ein gänzlich interessefreies Handeln ist jedoch nicht möglich, da man „das Feld als einen Ort zu denken [hat], den man nicht produziert hat und in den man hineingeboren wird" (Bourdieu 1998: 152), und es sich somit um kein willkürliches Spiel handelt. Unabhängig von einem konkreten Interessenskonzept ist anzunehmen, dass Interessen das Handeln und insbesondere bereits die Handlungsabsicht von Akteuren mitbestimmen, so dass die handelnden Akteure aufgrund spezifischer, sowohl kongruenter als auch divergierender, Interessenslagen handeln, sich deshalb in einem bestimmten Umfeld engagieren und mit Akteuren interagieren, die aufgrund ähnlicher Interessenslagen handeln. Wie ein Interessenskonzept in einen feldtheoretischen Zusammenhang integriert werden kann, wird im Folgenden dargestellt. Es ist anzunehmen, dass Feldhandeln jedweder Art von Interessen geprägt ist. In diesem Sinn sind auch die Handlungen der Akteure von Interessen bestimmt (vgl. Goldstone/Useem 2012). Bezogen auf die vorgestellten Feldzusammenhänge, wird angenommen, dass sich ein Feld aufgrund einer gleichgelagerten Interessenslage der relevanten Feldakteure bildet bzw. gebildet hat. Das Feldinteresse ist somit das Movens der Feldbildung. Ein Feld bildet sich in diesem Sinne nicht grundlos oder zufällig, sondern gezielt und von Interessen geleitet. Mit der Betonung der Interessenslagen der potentiellen Feldakteure, wird ein neuartiges Element in die Besprechung der Feldtheorien eingeführt. Ein Feld ist somit als ein interessensgeleiteter Zusammenhang und Zusammenschluss zu verstehen.

Wie die Energiewirkungen, die die Stoffteilchen auf einander ausüben, die Materie in die Formen bringen, [...] so bewirken die Impulse und

Interessen, die der Mensch in sich vorfindet, und die ihn über sich hinaus zum anderen drängen, all die Vereinigungsformen, durch die aus einer bloßen Anzahl neben einander bestehender Wesen jedesmal eine ‚Gesellschaft‘ wird. (Simmel 1911: 1)

Ein übergeordnetes Feldinteresse ist für alle feldrelevanten Akteure anzunehmen. Das spezifische Feldinteresse der einzelnen Feldakteure kann sich jedoch unterschiedlich ausgestalten. Es ist möglich, dass die Feldakteure ein übergeordnetes, gleichgelagertes Feldinteresse verfolgen, dass sie aber gleichzeitig über unterschiedliche individuelle Interessen verfügen und diesbezüglich eigene Strategien nutzen können. Diesbezüglich kann es zwischen den Feldteilnehmern zu kongruenten, aber auch zu divergierenden Handlungsweisen kommen. Divergierende Handlungsweisen können zu Konfliktsituationen zwischen Feldakteuren führen. Daraus können sich wiederum weiterführende Konflikte entwickeln, die für das Gesamtfeld virulent werden könnten. Im Sinne des gesamten Feldzusammenhangs ist ein stabiler Feldzustand erstrebenswert. Jedoch widerspricht ein rein statisches und konfliktfreies Feld der Annahme der Dynamik von und in Feldern.

Die zuvor besprochenen Feldansätze bleiben weitestgehend vage hinsichtlich der Aufstellung und Festlegung objektiver Feldkriterien. Die Festlegung eines Felds wird dabei oftmals als eine empirische Fragestellung angesehen, die von dem jeweiligen Forscher zu beantworten ist. Dieser Vorgehensweise kann auch bis zu einem gewissen Grad zugestimmt werden. Nichtsdestotrotz ist für eine eigenständige Feldanalyse eine grundlegende Felddefinition notwendig. Eine solche Definition sollte nicht zu enggefasst oder statisch angelegt sein, da dies die Vorteile eines dynamischen Feldkonzepts ad absurdum führen würde. Wird ein Feld als ein Zusammenschluss verschiedener Akteure verstanden, die sich wechselseitig als dem Feld zugehörig anerkennen, stellt sich die Frage, wodurch diese Feldzugehörigkeit geleitet bzw. bestimmt wird. Es wird davon ausgegangen, dass ein klares Handlungsmotiv vorausgesetzt wird, das in allen potentiellen Akteuren eines Felds internalisiert vorhanden ist. Dieses internalisierte Handlungsmotiv wurde bereits als das Feldinteresse definiert. Dieses Interesse ist jedoch nicht in dem Sinne zu verstehen, dass darunter lediglich einseitige Interessen, u.a. wirtschaftlicher Art, zu verstehen sind. Vielmehr wird ein weitergefasster Interessensbegriff vorausgesetzt, der verschiedenartig ausgestaltet sein kann. Zentral ist jedoch, dass ein spezifisches Akteursinteresse mit den Interessen anderer Akteure tendenziell korreliert, so dass sich dadurch ein gemeinsamer Interessenshorizont ergibt. Ein Feld zeichnet sich somit durch ein spezifisches grundlegendes Interesse seitens der potentiellen Akteure aus. Durch ihr Auftreten bzw. ihr Handeln signalisieren die Akteure ihr spezifisches Interesse. Auf diese Interessenssignale werden weitere Akteure aufmerksam. Es entsteht ein wechselseitig konstruierter Wahrnehmungsraum, der sich durch die gegenseitige Beobachtung und durch gezielte Handlungen der Akteure zu einem Feld manifestiert.

Trotz der Annahme eines allgemeinen Feldinteresses, das für die Feldakteure und für die Feldkonstitution essentiell ist, wird angenommen, dass die Feldakteure zudem über akteursspezifische Einzelinteressen verfügen können. Hieran schließt sich die Frage an, ob aus den allgemeinen und individuellen Interessenslagen Kategorisierungen unterschiedlicher Feldtypen abgeleitet werden können. Als Interessenslagen bzw. Feldinteressen können u.a. wirtschaftliche Ziele, der Zugang zu finanziellen Ressourcen oder die Verfolgung bestimmter strategischer Ziele verstanden werden. Bislang wurde die Felddefinition ausgehend von den Interessenslagen der Feldakteure besprochen. Es stellt sich jedoch die Frage, ob ein Feld nicht auch a priori Interessen vorgeben und somit die Feldgrenzen quasi selbst definieren kann. Zwar kann angenommen werden, dass in Form eines Felds bestimmte Interessen artikuliert bzw. thematisiert werden, jedoch setzt dies wiederum reflexive Akteure voraus, die sozusagen ein Interesse an einem Feldinteresse bzw. dem entsprechenden Feldzusammenhang zeigen. Deshalb wird angenommen, dass es die Feldakteure, insbesondere über ihre jeweiligen Interessen, sind, die das Feld prägen und dadurch auch die Feldgrenzen, die spezifischen Feldressourcen und somit das Feld an sich definieren.

3.2.2 Felddefinition

Das Feldinteresse ist als eine allgemeingültige und geteilte Konvention, auf die sich alle Feldakteure berufen können und der sie zu folgen haben, zu verstehen. Zudem ist anzunehmen, dass Felder sich hinsichtlich der vorhanden sozialen Strukturen unterscheiden (vgl. Beckert 2010a). So werden soziale Netzwerke, Institutionen und kognitive Rahmungen als wesentliche Bestandteile eines Feldzusammenhangs angesehen. Diese Bestandteile funktionieren im Sinne des angesprochenen institutionellen Korsetts, da sie die feldspezifischen Eigenheiten verkörpern und somit das Handeln der Feldakteure beeinflussen oder sogar steuern können. Dieses institutionelle Korsett prägt das Feld bzw. die Feldgrenzen. Die institutionellen Strukturen sind dabei jedoch nicht in der Art und Weise zu verstehen, dass sie dem Feld übergestülpt werden, sondern sie sind zentrale Bestandteile in einem Feld und entstehen in der Interaktion und Kommunikation der Feldakteure. In diesem Sinne sind sie sowohl feldgeschaffen als auch feldbegrenzend. Letztgenannter Aspekt vermittelt den Ausschluss- und Sanktionscharakter dieser sozialen Strukturen bzw. des institutionellen Korsetts. Anlehnend an das Konzept der strategischen Handlungsfelder sind zunächst, auf Basis des vorgestellten Interessensansatzes, die Grenzen eines Felds zu definieren. Hierfür ist die Unterscheidung der möglichen Feldstadien, d.h. aufkommendes Feld, stabiles Feld und Krisenfeld, von Bedeutung. Für die Identifizierung eines aufkommenden Felds sind insbesondere vier wesentliche Elemente von zentraler Bedeutung. Um von einem neuen, aufkommenden Feld sprechen zu können, muss in einem ersten Punkt bekannt sein, dass es eine allgemeine Übereinkunft gibt, über das, was der Handlungsgegenstand in einem Feld ist. In diesem Zusammenhang müssen insbesondere die feldrelevanten Ressourcen definiert sein. In einem zweiten Punkt ist zu klären, wer die Feldakteure sind. Die Feldakteure wissen dabei über ihre eigene Positionierung und über die Positionierung der anderen Feldakteure Bescheid. Drittens besteht ein allgemeines Verständnis der Akteure darüber, welche Regeln in einem Feld gelten. Diese Regeln sind allen Feldakteuren bekannt und werden auch als solche von allen Akteuren anerkannt. In einem vierten Punkt muss es den Feldakteuren möglich sein, ihre Handlungen wechselseitig zu interpretieren und ihre eigenen Handlungen im Sinne der Feldlogik zu reflektieren. Weiterführend zeichnen sich stabile Feldstrukturen insbesondere dadurch aus, dass die Feldakteure ein gemeinsames Verständnis darüber entwickelt haben, was der jeweilige Gegenstandsbereich in ihrem Feld ist. Zudem ist eine klare Aufteilung in etablierte und herausfordernde Akteure möglich. Ein instabiles Feld, d.h. ein Feld in der Krise, kennzeichnet sich insbesondere dadurch, dass die vorgestellten Kriterien nicht angewendet bzw. nicht nachgewiesen werden können. Die Festlegung der Feldgrenzen als solche erfolgt letztendlich in der empirischen Annäherung an ein Feld.

3.2.3 Feldgrenzen

Die Feldgrenzen hängen mit der generellen Übereinstimmung mit dem Feldinteresse zusammen. Je geringer das Feldinteresse eines spezifischen Akteurs ist, desto unbedeutender wird er für das Feld. Mit der abnehmenden Überschneidung von Feldinteresse und spezifischem Akteursinteresse, ist auch die Zugehörigkeit eines Akteurs zu einem bestimmten Feld in Frage zu stellen. Hierbei greift der Aspekt der wechselseitigen Wahrnehmung der Feldakteure. Entfernt sich ein Akteur von den Feldinteressen, so müsste er tendenziell auch von den anderen Feldakteuren als nicht-feldzugehörig wahrgenommen bzw. im Feldkontext nicht

als Feldakteur akzeptiert werden. Es ist an dieser Stelle nochmals darauf hinzuweisen, dass die spezifischen Feldinteressen sich durchaus überscheiden oder im
Widerspruch zueinander stehen können. Es zeigen sich Interessenskonflikte. Diese
Konflikte werden in Form von Diskursen zwischen den Feldakteuren ausgetragen.
Zentral ist dabei, dass im Feld ein allgemeingültiges, von allen Feldakteuren
geteiltes Feldinteresse besteht. Des Weiteren ist zu beachten, dass ein Feld in
weitergefasste, unter- und übergeordnete Feldstrukturen eingegliedert ist. So steht
ein Feld zumeist nicht nur für sich allein, sondern es bestehen Beziehungen zu oder
Überschneidungen mit anderen Feldern. So können einzelne Felder in einen
größeren, übergeordneten Feldzusammenhang integriert oder selbst aus mehreren
untergeordneten Subfeldern konstruiert sein. Neben den genannten Aspekten ist
weiterhin zu klären, welche Feldebene angesprochen wird. Zunächst können mit
Mikro-, Meso- und Makroebene drei Handlungsebenen unterschieden werden. Für
die Feldkonzeption sind insbesondere die Mikro- und Makroebene von Bedeutung,
da zu erwarten ist, dass auf diesen Ebenen die wesentlichen Feldhandlungen
stattfinden.

Es wurde bereits argumentiert, dass es sich bei einem Feldansatz um ein
dynamisches Konstrukt handelt. Nicht nur können sich die internen Strukturen
eines Felds ändern, u.a. in Form von veränderten Akteurspositionen aufgrund einer
Neuverteilung von feldrelevanten Ressourcen, sondern auch die äußere Struktur,
d.h. die Feldgrenzen können sich verschieben bzw. die grundsätzliche Feldstruktur
kann neu ausgerichtet werden, insbesondere durch endogene und exogene Schocks.
Die potentiellen Veränderungen der Feldstruktur sind insbesondere hinsichtlich der
zeitlichen Dimension zu beachten. Dabei kann ein Feld im zeitlichen Verlauf zum
einen verschiedene Feldstadien durchlaufen. Zum anderen ist auch die Frage zu
stellen, ob ein Feld ab dem Zeitpunkt der Generierung stets existent bleibt, oder ob
sich eine Feldstruktur auch auflösen kann. So ist anzunehmen, dass sich ein Feld
aufgrund geänderter Interessenslagen auflösen, oder sich im Sinne einer Meta-
morphose in ein anderes Feld mit neugeordneten Interessenslagen umwandeln bzw.
von den entsprechenden Akteuren umgewandelt werden kann.

3.2.4 Feldakteure

In den besprochenen Feldansätzen bleiben die Definition und die Bestimmung der
Feldakteure weitestgehend unbestimmt und unklar. So beziehen sich DiMaggio
und Powell auf einen weitgefassten Begriff der Feldakteure (vgl. DiMaggio/Powell

1983). Sie beziehen alle potentiellen Teilnehmer und weitere möglichen Feldteilnehmer in ihren Ansatz mit ein. Eine eigentliche Festlegung, wodurch Feldteilnehmer von Nicht-Feldteilnehmern unterschieden werden können, bleibt jedoch aus. Dies ruft neben einer begrifflichen Unschärfe, insbesondere Konflikte bei der empirischen Felduntersuchung auf, da klare Kriterien zur Bestimmung der Feldakteure fehlen. Ein enger gefasstes Verständnis von Feldakteuren ist in den Ansätzen von Bourdieu sowie von Fligstein und McAdam aufzufinden (vgl. Bourdieu 2001b, 2002; Fligstein/McAdam 2012). In diesen Ansätzen hängt die Zugehörigkeit zu einem Feld und somit die Zuschreibung eines Akteurs als tatsächlicher Feldakteur jeweils von der wechselseitigen Anerkennung der Akteure ab. Der Anspruch der Wechselseitigkeit unterstützt das Argument der Verbundenheit in Feldkontexten, das Erkennen einer gegenseitigen Relevanz der Feldakteure und eine Zuschreibung von Legitimation als Feldakteur. Jedoch kommt es hierbei zu einem nicht von der Hand zuweisenden Zirkelschluss. Nur wer von den anderen Feldakteuren als passender Akteur wahrgenommen wird, wird Teil des Felds. Hier stellt sich die Frage, wie die bereits im Feld positionierten Akteure bestimmt wurden. Insbesondere bei der Generierung eines Felds besteht eine Unklarheit darüber wie sich dieses Feld ausgestaltet, wer die teilnehmenden Feldakteure sind und wie die Feldregeln ausgestaltet sind. Aus diesen Gründen, ist eine Bestimmung der Feldakteure unabhängig von der Anerkennung anderer Feldakteure notwendig. Das Argument der wechselseitigen Anerkennung der Feldakteure soll jedoch nicht fallengelassen, sondern ergänzt werden. Parallel zur vorgestellten Felddefinition zeichnet sich das Handeln der Feldakteure dadurch aus, dass sie ein bestimmtes Interesse verfolgen. Dieses, zunächst spezifisch gelagerte, Feldinteresse findet Resonanz, da es weitere Akteure gibt, die ein ähnlich gelagertes Interesse verfolgen. Findet sich eine kritische Anzahl an Akteuren mit einem ähnlich gelagerten Interesse, wobei hierfür keine genaue Anzahl vorgebbar ist, so kann davon gesprochen und ausgegangen werden, dass sich ein Feld in der Entwicklung befindet oder sich bereits ansatzweise entwickelt hat.

Unter Feldinteressen sind ähnliche Motivationslagen, Handlungsorientierungen oder Absichten zu verstehen. Solche Interessen können gleichgerichtet sein, wie im Fall eines Marktfelds in dem Akteure, beispielsweise Produzenten eines bestimmten Konsumgutes, das Ziel verfolgen, dieses Gut zu veräußern um dadurch wirtschaftlichen Profit zu erzielen. Die individuellen Interessen der Akteure müssen nicht immer gleichgerichtet sein, sondern können sich auch widersprechen. Hieraus können jedoch Konflikte entstehen. In diesem, sich herauskristallisierenden, Feldzusammenhang findet sich der Aspekt der wechselseitigen Wahrnehmung und Beobachtung der Akteure wieder. Ein vollständig integrierter Feldakteur muss ein feldspezifisches Interesse verfolgen, er muss von den anderen Feldteilnehmern anerkannt sein und er hat sich an die im Feld ausgehandelten und geltenden Feldregeln halten. Neben der Bestimmung von potentiellen Feldakteuren ist es von weiterer Bedeutung, wie diese Akteure, nachdem sie einem Feld zugeordnet werden konnten, sich in diesem Feld wiederfinden bzw. wie sie in diesem Feld positioniert sind. Akteure können aufgrund ihrer Feldposition in verschiedene Ordnungsstufen bzw. Feldgraden eingeteilt werden. Die Feldakteure können dabei, anschließend an die Unterscheidung der Feldakteure nach Fligstein und McAdam, zunächst in etablierte und herausfordernde Akteure, hinsichtlich ihrer Positionierung bzw. ihrer Feldwirkung, unterschieden werden. Diese Einteilung ist als eine erste Einordnung des Feldkontexts geeignet, nicht jedoch für eine tiefergehende Feldanalyse. Hierfür sind insbesondere die Feldpartizipation eines Akteurs und der jeweilige Feldeinfluss als relevant für die Positionierung der Akteure anzusehen. Eine Differenzierung der einzelnen Feldakteure sollte somit diesen Aspekten gerecht werden. Diesbezüglich werden für den Ansatz der Clusterfelder vier unterschiedliche Typen an Feldakteuren vorgestellt, die sich hinsichtlich ihrer Feldpartizipation, aktiver und passiver Art, ihres Feldeinflusses, direkt oder indirekt bzw. gering bis hoch, und ihrer Teilhabe an relevanten Feldressourcen unterscheiden.

Die Feldakteure unterscheiden sich zunächst nach ihrer Feldpartizipation in aktive und passive Akteure. Bei aktiven Feldakteuren findet der Feldeinfluss in direkter, bei passiven Feldakteuren in indirekter Weise statt. Der Feldeinfluss kann des Weiteren nach der Intensität in die Abstufungen gering-mittel bzw. mittel-hoch unterteilt werden. Zudem verfügen bzw. nicht-verfügen die Feldakteure über die spezifischen feldrelevanten Ressourcen. Diese Feldressourcen werden im jeweiligen Feld definiert und finden indirekt ihren Ausdruck im daraus resultierenden Feldeinfluss. Durch die hier gewählte Einteilung der Akteure wird eine Voreinteilung der Akteure in etabliert und herausfordernd aufgehoben. Damit wird der dynamische Charakter des gewählten Feldansatzes unterstrichen. Die Einteilung der Feldakteure wird somit nicht zu Beginn der Felduntersuchung festgelegt, sondern ergibt sich in der Analyse der einzelnen Feldakteure hinsichtlich ihres Einstufungsgrades und der weiteren zeitlichen Entwicklung eines Felds. Auch wird die kritisch zu betrachtende Kategorisierung staatlicher bzw. quasi-staatlicher Akteure in eine eigenständige Akteursgruppe aufgehoben, indem auch diese Akteure in das vorgestellte Differenzierungsschemata eingefügt werden können. Zudem ist die Eigen- und Fremdwahrnehmung der Feldakteure von wesentlicher Bedeutung für die Stellung eines Akteurs in einem bestimmten Feld. Mit diesem Kriterium wird der von Fligstein und McAdam eingebrachte Aspekt der wechselseitigen Wahrnehmung der Feldakteure zugestimmt (vgl. Fligstein/McAdam 2012; vgl. weiterführend White 1981). Ein Akteur wird erst dann zu einem Feldakteur, wenn er von den anderen Feldakteuren als ein solcher wahrgenommen und auch akzeptiert wird. Legitimität ist somit ein wesentlicher Bestimmungspunkt für die Anerkennung als Feldakteur und der Zuschreibung der Feldzugehörigkeit.

3.2.5 Feldressourcen und Felddiskurse

Im Sinne Bourdieus ist die Festlegung der feldspezifischen Ressourcen ein Ergebnis vergangener Auseinandersetzungen (vgl. Bourdieu 1982). Die jeweiligen Ressourcen eines Felds sind dabei zumeist empirisch zu erkennen und zu identifizieren. Fligstein und McAdam argumentieren wiederum, dass die relevanten Feldressourcen und feldbestimmenden Regeln in Übereinkunft der Feldakteure bestimmt werden (vgl. Fligstein/McAdam 2012). Grundsätzlich kann diesen Argumenten zugestimmt werden, jedoch nicht ohne gleichzeitig auf weiterführende Ergänzungen hinzuweisen. Die prägenden Feldressourcen und Feldregeln werden bzw. wurden von den Feldakteuren ausgehandelt und in ihr jeweiliges Handlungs- und Verhaltensmuster übernommen. Dabei wird unterstellt, dass das bestimmende Moment nicht allein in der Übereinkunft der Feldakteure liegt, sondern bereits in dem vorgelagerten Feldinteresse gründet. Das zentrale Augenmerk liegt hierbei auf der wechselseitigen Anerkennung der Feldakteure und der daraus resultierenden Institutionalisierung bzw. Legitimierung der Feldressourcen bzw. der Feldregeln. Die gültigen Feldregeln sind in diesem Zusammenhang als Konventionen zu verstehen. Als solche werden sie von den Feldakteuren als gegeben akzeptiert und reproduziert. In Krisenfällen kann es jedoch zu einer Revision der bislang geltenden Feldressourcen und Feldregeln kommen.

Unter Bezugnahme auf die Diskursethik kann argumentiert werden, dass „‚Diskurse' [...] Fortsetzungen des normalen kommunikativen Handelns mit anderen Mitteln, nämlich organisierte (Diskussions-)Prozesse argumentativer Auseinandersetzungen" (Keller 2011: 18) sind. Als solches sind es Diskurse, die „durch explizite Regeln und Gestaltungsmaßnahmen eine möglichst weitgehende Einhaltung der erwähnten Geltungsansprüche gewährleisten; dies gilt auch für die Möglichkeit zur Teilnahme/Äußerung für alle, die von dem jeweiligen Thema ‚betroffen' sind" (Keller 2011: 18).[53] Weiterführend kann nach Foucault ein Diskurs definiert werden „als ein System von Aussagen, deren Hervorbringung durch ein Set von diskursiven Regeln geprägt wird" (Diaz-Bone/Krell 2009: 19).[54]

---

[53] Im durkheimschen Sinne können Diskurse als soziale Tatbestände angesehen werden (Diaz-Bone 2005: 181). Der Diskursbegriff ist dabei in der Soziologie bzw. ihr nahestehenden Wissenschaftsdisziplinen vielfältig besprochen und ausformuliert worden (vgl. Keller 2011). Hierbei kommt es zu unterschiedlichen Annahmen, Konzepten und Anwendungsweisen des Diskursbegriffs. Das Spektrum reicht dabei von soziologischen, historischen, philosophischen bis zu linguistischen Diskursbegriffen (vgl. Keller 2013; Viehöver/Keller/Schneider 2013). Diskursordnungen entsprechen als Strukturen nicht linguistischen oder psychischen Strukturen. Dabei sind Diskurse als „mehr oder weniger erfolgreiche Versuche [zu] verstehen, Bedeutungszuschreibungen und Sinn-Ordnungen zumindest auf Zeit zu stabilisieren und dadurch eine kollektiv verbindliche Wissensordnung in einem sozialen Ensemble zu institutionalisieren (Keller 2011: 8).

[54] Als ein zentraler Vertreter der Diskursforschung verbindet Foucault Wissen- und Machtpraktiken (vgl. Foucault 2005, 2008, 2012. Insbesondere sind es die Fragen nach Machtaspekten und -verhältnissen, die Foucault interes-

Diskurse stellen in diesem Verständnis eine eigene Realität dar (vgl. Diaz-Bone/Krell 2009). Somit können „Diskurse als Praxisformen, die in einem Wissensbereich oder einem sozialen Feld die Sprechpraxis reglementieren" (Diaz-Bone/Krell 2009: 19) verstanden werden. Dabei sind Regeln „die Arten und Weisen, wie Diskurselemente untereinander in Beziehung gesetzt werden" (Diaz-Bone/Krell 2009: 19). Diese Regeln sind wiederum keine „ahistorischen, grammatikalischen oder logischen Regeln, sondern jeweils historisch spezifische und sozialhistorische" (Diaz-Bone/Krell 2009: 20). Der Diskurs „ist nicht einfach das, was das Begehren offenbart (oder verbirgt): er ist auch Gegenstand des Begehrens" (Foucault 2012: 11).

Bourdieu betont, dass es „keine Wissenschaft vom Diskurs an und für sich" (Bourdieu 1990: 115) gebe. Bei Bourdieu ist der Sprachgebrauch als ein symbolischer Kampf zu interpretieren. Hierbei ist im Sinne einer Theorie des Sprechens zu argumentieren, dass „das Sprechen nicht als isoliertes Untersuchungsprojekt betrachtet [...], sondern es hinsichtlich der sozialen Bedingungen seiner Herstellung und den sozialen Bedingungen seiner Rezeption und Wirkung (Akzeptabilität) untersucht" (Diaz-Bone 2010a: 58) werden muss. Ein Sprechen wird durch den sprachlichen Habitus als dem generierenden Prinzip ermöglicht. Der sprachliche Habitus ist „das Produkt der sozialen Verhältnisse [...] und keine einfache Diskursproduktion, sondern eine der ‚Situation' oder vielmehr einem Markt oder einem Feld angepaßte Diskursproduktion" (Bourdieu 1993: 115). Er setzt sich dabei aus den Erfahrungen des jeweiligen Sprechers, seiner Sprachsozialisation und dem verfügbaren sprachlichen Kapital zusammen.[55] Bourdieus „besonderes Interesse gilt in diesem Zusammenhang der Analyse der Bedeutung von Sprache und Wissen in der Auseinandersetzung über die Legitimität symbolischer Ordnungen" (Keller 2011: 35f.). Die Produktion von gültigem und anerkanntem Wissen ist dabei abhängig von vorgelagerten Machtpositionen und Legitima-

---

sieren (vgl. Foucault 2003). Dabei setzt er für seinen Diskursbegriff voraus, „daß in jeder Gesellschaft die Produktion des Diskurses zugleich kontrolliert, selektiert, organisiert und kanalisiert wird – und zwar durch gewisse Prozeduren, deren Aufgabe es ist, die Kräfte und die Gefahren des Diskurses zu bändigen, sein unberechenbar Ereignishaftes zu bannen, seine schwere und bedrohliche Materialität zu umgehen" (Foucault 2012: 10f.). Der Diskursbegriff von Foucault ist dabei als ein Bereich des Nicht-Gedachten (‚zone du non-pensé') zu verstehen.

[55] In diesem Zusammenhang kann angenommen werden, dass durch den Habitus auch die Sprache des Sprechers geprägt wird (vgl. Bourdieu 2002). Der sprachliche Habitus findet dabei seinen Ausdruck in einem sogenannten sprachlichen Markt (Bourdieu 1993: 115ff.). Der sprachliche Markt ist eine soziale Situation von Gesprächspartnern. Sprechakte erfahren dabei ihre Prägung durch das sprachliche Kapital der jeweiligen Sprechenden (Bourdieu 1993: 118). Der Begriff des sprachlichen Kapitals ersetzt jenen der Kompetenz, und repräsentiert als solches „die Macht über die Mechanismen der Preisbildung für sprachliche Produkte" (Bourdieu 1993: 118) auf dem sprachlichen Markt. Zusammengenommen ergeben sich aus dem sprachlichen Habitus und dem sprachlichen Markt der sprachliche Ausdruck bzw. der Diskurs.

tionsansprüchen (vgl. Bourdieu 1993; vgl. weiterführend Berger/Luckmann 2001). Es handelt sich also um soziale Kämpfe und symbolische Herrschaftsverhältnisse.[56]

Durch die wechselseitige Beobachtung der Feldakteure findet die Positionierung der Akteure in den Feldern statt (vgl. White 1981). Daran anknüpfend, kann der Diskurs nicht nur als ein begleitendes Element in einem Feld aufgefasst, sondern vielmehr als ein grundlegender Bestandteil der Feldreproduktion wahrgenommen werden (vgl. Bourdieu 2001a; vgl. weiterführend Mützel 2007, 2009; Schenk/Rössel 2012). So können die Feldkonstitution und die Identitätsbildung der Feldakteure in Form einer Narration, die in Form von sogenannten Geschichten ausgetragen wird, stattfinden (vgl. White 1992; vgl. weiterführend Mützel 2007, 2009). Unter Diskurs ist somit der Austausch dieser Geschichten zu verstehen. Durch den Austausch von Geschichten etablieren die Feldakteure über Interaktionsprozesse spezifische Verbindungen. Dabei ist Wissen von grundlegender Bedeutung für die Bewertung auf Märkten bzw. Feldern (vgl. Aspers 2007). Der Diskurs ist in diesem Sinne ein inhaltliches Moment der Interaktion der Feldakteure, wird aber aufgrund seiner elementaren und begründenden Funktion zu einem konstitutiven Merkmal eines Felds. Es ist festzuhalten, dass Diskurse dabei eine Raumeigenschaft über ihre Wissensordnung erhalten (Diaz-Bone 2005: 182). Ein Feld wird zu einem kollektiven Wissensraum, und somit auch zu einem Diskursraum bzw. Diskursfeld. Diskurse lassen sich in diesem Sinne zunächst in „sozialen Feldern verorten, gleichzeitig sind sie die Praxisform, die solchen Feldern […] ihre Existenz als kollektive Wissensbestände erst eröffnen" (Diaz-Bone 2005: 182). Das Gesamtfeld und die Feldakteure überwachen die Einhaltung der Feldregeln und die Steuerung der Felddiskurse. Sollte ein Feldakteur gegen Feld- oder Diskursregeln verstoßen, so kann es zu einer negativen Sanktionierung des betreffenden Akteurs kommen. Diese Sanktionierungen können den Handlungsrahmen eines Akteurs begrenzen. Die radikalste Form der Sanktionierung wäre der Feldausschluss. Es kann jedoch auch zu positiven Sanktionierungen im Feld kommen. Hierbei können Feldakteure beispielsweise eine Aufwertung der Feldwahrnehmung und somit ihrer Feldpositionierung erfahren.

---

[56] Bourdieu leistet eine Analyse von dominanten und dominierten Ansichten und Meinungen in sozialen Feldern (vgl. Bourdieu 2002). Das Feld ist als Diskursraum zu verstehen, in dem Sprecherpositionen bereitgestellt werden, die durch das Feld, aufgrund der Ausstattung mit symbolischem Kapital, autorisiert sind (vgl. Bourdieu 1990, 1991, 1993). Je nach Kapitalausstattung und der damit einhergehenden Positionierung im Feld, kann ein Akteur oder eine Gruppe von Akteuren die Diskurse in einem Feld kontrollieren. Eine legitime Sprechsituation resultiert in diesem Zusammenhang aus der Autorisierung des Sprechers durch das Feld, sprich über die Zuschreibung symbolischen Kapitals, und der Nutzung situationsentsprechender sprachlicher Mittel (vgl. Bourdieu 1990). Ein Feld ist in diesem Sinn als Wahrnehmungsraum zu verstehen (vgl. Diaz-Bone 2012).

3.3. Cluster als regionale Felder

Mit Rückbezug auf die Besprechung der Raumansätze, kann nunmehr die Verbindung zu den dort aufgestellten Annahmen bezüglich der Entwicklung eines modifizierten Clusteransatzes gezogen werden. Es wurde argumentiert, dass die soziologischen Raumkonzepte nach Bourdieu und nach Löw als geeignet erachtet werden, den porterschen Clusteransatz zu vertiefen. Gleichzeitig wurde jedoch auch das Fehlen eines geeigneten theoretischen Unterbaus, der das tatsächliche Handeln in Clusterstrukturen behandelt, kritisiert. Bourdieus Ansatz des sozialen Raums bietet verschiedene Anknüpfungspunkte mit einer Feldkonzeption, was sich bereits in der Besprechung des bourdieuschen Feldbegriffs abgezeichnet hat. Auch im sozialen Raum bzw. dem ökonomischen Feld ergeben sich die Positionierungen der Akteure über deren soziale Stellung. Dabei hängt die Positionierung sowohl in einem Raum als auch in einem Feld von der Verteilungsstruktur der wirksamen Machtmittel bzw. Feldressourcen ab (vgl. Bourdieu 2011a). Insbesondere über das Vorhandensein und die Verfügung über die verschiedenen Kapitalsorten bzw. über Macht, konstruiert sich der soziale Raum. Lassen sich aus der Stellung im sozialen Raum Klassen ableiten, so kann, basierend auf der Feldpositionierung, über das Feldkonzept eine Einteilung von dominanten und dominierten Akteuren getroffen werden. Ein weiteres übereinstimmendes Merkmal von sozialem Raum und Feld sind zudem die Bedeutung der vorhandenen Beziehungen zwischen den jeweiligen Akteuren.

Als ein weiteres soziologisches Raumkonzept, das für die Besprechung eines Felds genutzt werden kann, ist der Raumansatz nach Löw zu verstehen. Der relationale Raumbegriff nach Löw, mit den Konzepten Spacing und Syntheseleistung, spricht, bezogen auf die Feldthematik, die enge Verwobenheit der entsprechenden Feldakteure und somit die Konstruktion eines bestimmten Felds an. Der Raum ist bei Löw ist eine relationale Anordnung von Körpern. Diese Körper sind in steter Bewegung, wodurch ein dynamisches Umfeld entsteht. Dieser Ansatz steht grundsätzlich in Einklang mit einem dynamisch gedachten Feldbegriff. Mit den Ansätzen des Spacings bzw. der Syntheseleistung können die Positionen in Feldern und deren Bedeutungen im Feldzusammenhang begrifflich gefasst werden. Die Feldakteure konstruieren in diesem Sinne einen gemeinsamen Feldraum und füllen diesen über gemeinsam hergestellte und allgemein anerkannte Wahrnehmungsweisen und Vorstellungsbezüge. Das Feld wird so zu einem Ensemble sozialer Akteure, die ein gemeinsames räumliches Umfeld bilden. Dieses räumliche Umfeld ist jedoch nicht allein geographisch zu verstehen, sondern insbesondere auch in kognitiver Hinsicht, da sich dort gemeinsam geteilte Konventionen, Institutionen oder Netzwerke abbilden lassen. Hieran zeigen sich bereits Überschneidungspunkte mit der eingebrachten Annahme, dass soziale Netzwerke, Institutionen und kognitive Rahmenbedingungen im Sinne eines institutionellen Korsetts ein Feld prägen (vgl. Beckert 2010a).

In der Besprechung der Feldansätze konnten die Ansätze von Bourdieu sowie von Fligstein und McAdam als geeignet für den besprochenen Gesamtzusammenhang dieser Arbeit identifiziert werden. Das Feld nach Bourdieu ist als ein Kampffeld zu verstehen. Hierbei ist die wechselseitige Bezugnahme der einzelnen Feldakteure, insbesondere hinsichtlich ihrer jeweiligen Feldpositionierung begründet durch die Ausstattung mit feldrelevanten Ressourcen, hervorzuheben. Es handelt sich bei Bourdieus Feldkonzept somit ebenfalls um einen relationalen Ansatz zur Erklärung von Feldhandlungen. Die begrifflichen und inhaltlichen Überschneidungen des bourdieuschen Feldbegriffs und des sozialen Raums sind ersichtlich. So ist der Begriff des Kräftefelds als ein Synonym für den Begriff des sozialen Raums aufzufassen (Bourdieu 1991: 9-14). Es ist jedoch festzuhalten, dass im Unterschied zum bourdieuschen Raumbegriff, der Feldbegriff stärker das relationale Gefüge zwischen den Feldakteuren ausdrückt. In diesen Zusammenhängen, sowohl im sozialen Raum als auch im Feld, verfügen die Akteure über unterschiedliche Verfügungsmöglichkeiten über ökonomisches, soziales und kulturelles Kapital bzw. über weitere Kapitalsorten (vgl. Bourdieu 1997a, 2002). Jedes Feld verfügt dabei über seine eigene Feldlogik (vgl. Bourdieu 1991). Für die weitere Besprechung ist festzuhalten, dass die Momente des wechselseitigen Erkennens der Feldakteure, die allgemeingültige Festlegung von Feldregeln und von feldrelevanten Ressourcen sowie die daraus resultierende Zuweisung bzw. Annahme einer spezifischen Feldposition, für die Besprechung von Clustern als Felder weiterhin herangezogen werden können.

Auch das Feldkonzept nach Fligstein und McAdam hebt das Moment der wechselseitigen Bezugnahme der Akteure hervor. In einem Feld besteht in diesem Sinne ein allgemeingültiger Konsens darüber, welche Akteure als Feldakteure anerkannt bzw. nicht anerkannt werden (vgl. Fligstein/McAdam 2012). Zudem betonen Fligstein und McAdam, dass Felder als dynamische Einheiten zu verstehen sind. Bezogen auf die Clusterthematik wird daher deutlich, dass es sich bei einem geeigneten Clusterkonzept nicht um ein statisches Modell handeln kann. Auch wird das strategische Moment im Feldzusammenhang betont. Die Feldakteure sind dazu in der Regel nicht in einem neutralen Umfeld angesiedelt, sondern sie befinden sich in einem durchaus als kompetitiv zu bezeichnenden Prozess bzw. Umfeld. Hierbei zeigen sich Übereinstimmungen zu Bourdieus Ansatz des Kampffelds. Jedoch wurde bereits auch auf die Schwächen des Feldansatzes nach Fligstein und McAdam hingewiesen. Als zentrale Schwächen des Ansatzes wurden definitorische Unschärfen hinsichtlich der genauen Zuschreibung der Feldspezifika, der Identifizierung der Feldakteure und die eigentliche Felddefinition angeführt.

Die Vorzüge und Nachteile der besprochenen Ansätze abwägend, wurde der Ansatz der Clusterfelder in die Diskussion eingeführt, mit dessen Hilfe die genannten Unschärfen der vorangegangenen Feldansätze aufgenommen und ergänzt werden sollen. Hierbei wird die Rolle institutioneller Rahmenbedingungen hervorgehoben. Zudem wurde die Bedeutung interessebasierten Handelns betont. Durch das allgemeine sowie akteursspezifische Feldinteresse, wird die Zuschreibung der Felddefinition, der Feldakteure, der Feldpositionen und der Feldgrenzen ermöglicht. Hierbei werden ausgewählte deutsche Wirtschaftscluster unter Bezugnahme der erörterten raumsoziologischen und feldtheoretischen Ansätze untersucht.

Die vorgestellten Ansätze und Konzeptionen thematisieren Raum bzw. wirtschaftliches Handeln jeweils auf ihre eigene spezifische Art und Weise. Sie können einzeln, aber auch als ein multi-räumliches, innovatives Rahmenwerk verstanden werden. Ein solches Rahmenwerk zeichnet sich durch einen zugeschriebenen lokalen bzw. regionalen Raumbezug aus. Cluster, als eben jener räumliche Zusammenhang verstanden, repräsentieren eine spezifische regionale Form der Wirtschaftsorganisation (vgl. Floysand/Jacobsen 2002; Huchler/Geiger 2009). Jedoch sind Cluster nicht nur an einen lokalen Raum gebunden, sondern können zudem in einen regionalen, nationalen oder auch globalen Kontext integriert sein. Ergänzt um die besprochenen feldtheoretischen Ansätze, insbesondere in Form des Konzepts der Clusterfelder, basierend auf institutionellen Rahmenbedingungen, und individuellen sowie kollektiven Interessen der Akteure, wird ein umfassender Forschungsansatz bereitgestellt. In diesem Sinne sind Clusterfelder „als Prozess der wechselseitigen Überlagerung und Durchdringung unterschiedlicher Handlungsstrukturen der relevanten Akteure [zu] konzeptualisieren, in denen die soziale Konstruktion der Handlungsbezüge zwischen den Akteuren zwar durch räumlich-geografische Nähe erleichtert und gefördert werden kann, aber nicht muss" (Jonas 2005: 284). Ein Cluster ist in diesem Sinne als ein spezifisches Feld zu verstehen, das als soziohistorisch gewachsenes, dynamisches System gegliedert ist. Clusterfelder sind demzufolge soziale und institutionelle Zusammenhänge.

4. Clusterfelder für Erneuerbare Energien

In einem Wirtschaftscluster lassen sich spezifische Settings, es kann auch von einem institutionellen Korsett gesprochen werden, u.a. in der Form von formalen und informellen Institutionen, sozialen Netzwerke sowie kognitiven Rahmenbedingungen, auffinden. Zudem lassen sich die Interessenlagen, sowohl akteursspezifische als auch allgemein gültige, aus dem Clusterkontext erschließen. Ein Wirtschaftscluster, verstanden als konkrete Abbildung einer Wirtschaftsbranche mit seiner expliziten räumlichen Fokussierung, kann in diesem Sinne als ein Feld angesehen werden, welches sich mit einem spezifischen, themen- bzw. wirtschaftsbezogenen Gegenstandsbereich beschäftigt. Ein Wirtschaftscluster ist darüberhinaus als ein Teilfeld zu verstehen, das in weitergefasste Feldzusammenhänge, u.a. einer nationalen Wirtschaftsbranche bzw. einem nationalen Wirtschaftsfeld, eingebunden ist. Dieses nationale Feld kann wiederum in internationale und globale Felder integriert sein.

4.1. Forschungsdesign

Wirtschaftscluster können zunächst anhand zweier zentraler Merkmale identifiziert werden. Zum einen handelt es sich bei einem Wirtschaftsclustern um einen spezifischen wirtschaftlichen Zusammenhang. Dabei wird auf eine bestimmte Wirtschaftsbranche, man könnte auch von Industrie, Wirtschaftszweig oder Marktsegment sprechen, fokussiert. In dieser Branche bzw. in einem branchenbezogenen Wirtschaftscluster versammeln sich die relevanten Akteure einer Branche, die in diesem Zusammenhang vor Ort, also in den räumlichen Sphären des jeweiligen Wirtschaftsclusters, vertreten sind. Es wird dabei angenommen, dass alle Akteursgruppen, die für eine bestimmte Branche von Bedeutung sind, sich auch in den jeweiligen Wirtschaftsclustern wiederfinden lassen.[57] Hiermit ist auch bereits der zweite zentrale Aspekt von Wirtschaftsclustern angesprochen. Es handelt sich bei Wirtschaftsclustern nicht nur um die abstrakte Abbildung einer spezifischen Wirtschaftsbranche, sondern vielmehr wird darüber hinaus auch ein konkreter räumlicher Kontext thematisiert und vergegenständlicht. Wie in der Besprechung zu den Wirtschaftsräumen argumentiert, handelt es sich bei Wirtschaftsclustern um konkrete räumliche Ballungen, d.h. Clusterungen, einer bestimmten Wirtschaftsbranche. Somit kann in der Verbindung des räumlichen Zusammenhangs und hinsichtlich der institutionellen Rahmenbedingungen sowie der Interessensfokussierung ein Feldzusammenhang hergestellt werden. Ein Wirtschaftscluster wird in diesem Sinne als ein Kristallisationspunkt verstanden, an dem sowohl ein konkreter Raumzusammenhang, als auch ein Feldzusammenhang ersichtlich wird. Aus diesen Gründen werden Wirtschaftscluster als konkrete und plastische Beispiele angesehen, anhand deren die, in dieser Arbeit vorgestellten Konzepte bzw. Ansätze darstellbar und miteinander zu verknüpfen sind.

Im Folgenden werden zunächst allgemeine und übergreifende Erkenntnisse der empirischen Untersuchung dargestellt. Hierbei stehen insbesondere diejenigen Aspekte im Vordergrund, die für alle untersuchten Wirtschaftscluster gleichermaßen Geltung besitzen. Es ist darauf hinzuweisen, dass in den folgenden Fallstudien nicht die wirtschaftliche oder technische Analyse der Erneuerbaren Energien im Mittelpunkt des Interesses stehen wird. Vielmehr liegt das zentrale Interessensmoment auf der Besprechung von Wirtschaftsclustern als soziale, institutionelle sowie räumliche Ensembles. Eine gesteuerte und von spezifischen politischen Einheiten beförderte Clusterpolitik ist in Deutschland als Form einer bestimmten Industrie- und Technologiepolitik sehr populär (vgl. Sternberg/Kiese/ Stockinger 2010; vgl. weiterführend Ebner 2013). So kann es nicht überraschen, in Deutschland eine Vielzahl an unterschiedlichen Clustern aufzufinden.[58] Bei diesen Clustern handelt es sich um unterschiedlichste Varianten hinsichtlich der Clusterdefinition, der Clustergröße, der Clusterakteure und des Clusterbezugs. Um einen möglichst einheitlichen und vergleichbaren Untersuchungszusammenhang herzustellen, wurden verschiedene Auswahlkriterien im Vorfeld der Untersuchung fest-

---

[57] In der Literatur ist hierfür der Begriff der ‚kritischen Masse' aufzufinden. Es wird angenommen, dass Wirtschaftscluster nur dann funktionsfähig sind, wenn es gelingt, eine bestimmte Anzahl an relevanten Akteuren im Cluster darzustellen. In der weiteren Besprechung der einzelnen Clusterfelder wird gezeigt werden, dass nicht immer von einer Vollständigkeit der feldrelevanten Clusterakteure ausgegangen werden kann. Vielmehr ist das Schließen von strategischen Lücken von zentraler Bedeutung für die erfolgreiche Umsetzung eines Clusters.

[58] Eine genaue Bezifferung der in Deutschland aufzufindenden Clusterstrukturen ist dabei nicht möglich. So werden für das Jahr 2013 auf der Clusterplattform Deutschland 500 Cluster bzw. clusterähnliche Strukturen für das gesamte Bundesgebiet erwähnt und aufgeführt (vgl. Clusterplattform Deutschland 2014). Das Clusterportal Baden-Württemberg weist für denselben Zeitraum allein für das Bundesland Baden-Württemberg ca. 80 Cluster auf (vgl. Clusterportal Baden-Württemberg 2014).

gelegt und in der Auswahl der Cluster angewandt (Wirtschaftscluster; Branchen-fokussierung; Aktive und professionalisierte Clusterstruktur; Relevanz; Zugang).

Ein erstes Kriterium ist, dass es sich um tatsächliche Wirtschaftscluster handelt. Sonstige Clusterzusammenhänge, beispielsweise universitäre Exzellenzcluster, wurden im vorliegenden Gesamtkontext nicht beachtet. Mit dem erstgenannten Kriterium geht das zweite zentrale Kriterium einher, dem des klaren Branchen-bezugs eines Wirtschaftsclusters. So ist gefordert, dass sich ein Wirtschaftscluster mit einer spezifischen Branchenthematik befasst. Hiermit geht insbesondere einher, dass eine kritische Masse an relevanten Clusterakteuren in einer entsprechenden Verteilung vertreten ist. Als ein weiteres Kriterium ist gefordert, dass es sich um einen tatsächlichen Clusterzusammenhang handelt. Hierunter ist zu verstehen, dass es sich um ein aktives Cluster handelt, d.h. dass die betreffenden Akteure in konkreten und wechselseitigen Beziehungen zueinander stehen. Dieser Zusammen-hang ist ein kritisches Moment für die Clusterfeld-Thematik. Ebenso kritisch ist es, dieses Kriterium am empirischen Untersuchungsgegenstand zu überprüfen. Es wird argumentiert, dass aktive und professionalisierte Clusterstrukturen als ein zentrales Indiz dafür angesehen werden können, dass es sich um aktive Cluster handelt. Mit professionalisierten Strukturen sind in diesem Kontext insbesondere sogenannte Clustermanagement-Einheiten angesprochen.[59] Es wird gefordert, dass eine be-stimmte Clusterorganisation und eine entsprechende Clusterstruktur aufzufinden sind. Als weitere Indizien einer professionalisierten Clusterstruktur können die Ausstattung mit finanziellen Mitteln oder die Förderung durch bestimmte Bund-oder Länderprogramme, beispielweise des Spitzencluster-Wettbewerbs der Bund-esregierung, angesehen werden. Weitere Kriterien bezüglich der Clusterauswahl sind des Weiteren die Relevanz eines Clusters hinsichtlich der verfolgten Frage-stellung sowie der generelle Feldzugang. Die beiden letztgenannten Aspekte sind einer forschungspragmatischen Art und Weise des Feldzugangs geschuldet. Über die geführten Interviews konnte ein entsprechender Einblick in die Organisation, Struktur und Funktionsweise der jeweiligen Wirtschaftscluster gewonnen werden. Für eine tiefergehende Untersuchung wurde eine Fokussierung auf zwei ausge-suchte Wirtschaftsbranchen vorgenommen. So wurden die Branchen der Erneuer-baren Energien als Fallstudien ausgewählt, die interessierenden Forschungsfragen zu thematisieren.

Die Untersuchung von Wirtschaftsclustern kann auf unterschiedliche Art und Weise empirisch angegangen und besprochen werden. Nach Abwägung verschied-ener Rahmenbedingungen, u.a. Feldzugang, Datenquellen und Berücksichtigung

---

[59] Bei einer Clustermanagement-Einheit handelt es sich um einen zunächst eigenständigen Akteur, der Clus-terstrukturen und Clustermitglieder aktiviert und die Zusammenarbeit in einem Cluster fördert und fordert. Profes-sionalisiert werden diese Einheiten deshalb genannt, da ein Clustermanagement im vorliegenden Sinne hauptamt-lich geführt wird.

des Zeitfaktors und der Umsetzbarkeit der empirischen Untersuchung, hat sich die Herangehensweise an den Untersuchungsgegenstand in Form von Fallstudien als geeignet und umsetzbar erwiesen (vgl. Gillham 2000; George/Bennett 2005; Gerring 2007). Somit findet die Besprechung der zu untersuchenden Wirtschaftscluster in Form von Einzelfallstudien statt. Hierzu werden im Folgenden die allgemeinen Vorüberlegungen und die methodische Herangehensweise vorgestellt und besprochen. Die Fallstudien werden auf der Basis von Experteninterviews und zusätzlichen Datenquellen konzipiert (Bogner/Menz 2009a, 2009b). Über die Befragung von Clustermanagern als Experten konnte ein tiefgehendes Wissen über das jeweilige von ihnen geleitete Cluster gewonnen werden. Das Expertenwissen ist jedoch nicht als ein rein objektives Wissen zu verstehen, sondern ist im Wesentlichen durch ihre Rolle als Clustermanager geprägt. Aus diesem Grund werden die Fallstudien über weitere Datenquellen angereichert, u.a. über die Auswertung von Branchen-, Unternehmens- und Presseberichte. Über diese Herangehensweise werden die diskursiven An- und Absichten sowie interessengeleiteten Strategien der einzelnen Cluster- bzw. Feldakteure aus externen Beschreibungen bzw. den jeweiligen Selbstbeschreibungen ersichtlich. Eine solche methodische Herangehensweise ist in weiteren thematisch ähnlichen Studien aufzufinden (vgl. Bourdieu 2002; vgl. weiterführend Crouch/Schröder/Voelzkow 2009a).

Die geführten Interviews wurden als leitfadengestützte Experteninterviews konzipiert. Für die vorliegende Fragestellung, der Untersuchung von Wirtschaftsclustern, wurde ein Leitfaden entworfen, der zentrale Aspekte der Funktionsweisen von Clustern thematisiert (Organisation; Generierung; Raum; Akteure; Interaktion; Finanzierung; Wandel). Über den Leifaden werden die interessierenden Fragestellungen angesprochen. Die geführten Experteninterviews wurden nach der Methode der qualitativen Inhaltsanalyse ausgewertet. Als Grundskizze wird hierfür zunächst die qualitative Inhaltsanalyse nach Mayring herangezogen (vgl. Mayring 2002, 2010). Die qualitative Inhaltsanalyse nach Mayring folgt einer Methodik systematischer Interpretation (vgl. Mayring 2008, 2010). Der Ansatz der qualitativen Inhaltsanalyse nach Mayring wird an dieser Stelle um Anmerkungen von Gläser und Laudel ergänzt (vgl. Mayring 2002, 2010; Gläser/Laudel 2010). Insbesondere dem Baustein Extraktion kommt dabei eine besondere Bedeutung zu, da hierbei entschieden wird, welche im Text „enthaltenen Informationen für die Untersuchung relevant sind" (Gläser/Laudel 2010: 200). Zudem wird die Interpretation der vorliegenden Daten über ein individuelles Verstehen hervorgehoben (Gläser/ Laudel 2010: 202). Das Kategoriensystem ist dabei offen angelegt. Für die Auswertung des Interviewmaterials wurde die Software MAXQDA genutzt (vgl. weiterführend Kuckartz 2012).

4.2. Nationales Feldprofil

Unter der Terminologie der Erneuerbaren Energien werden im Folgenden die-jenigen Branchen verstanden, die sich mit dem Gegenstandsbereich der Erneuerbaren Energien beschäftigen. Dem Bereich der Erneuerbaren Energien können neben verschiedenen Formen der Solarenergie und Windenergie des Weiteren noch die Formen Wasserkraft, Geothermie und nachwachsender Rohstoffe zugerechnet werden. Erneuerbare Energien werden dabei sowohl in der Strom- als auch in der Wärmeerzeugung eingesetzt. Insbesondere die Segmente der Solar- und Wind-energie sind an dieser Stelle von Interesse, da hierbei die Punkte Innovation und Finanzierung, wie zu zeigen sein wird, exemplarisch abgebildet werden können.

Bei den Erneuerbaren Energien handelt es nicht um eine hochtechnologische Branche, sondern um eine Branche, die tendenziell im mittleren wissensintensiven und technologischen Bereich anzusiedeln ist. Dies zeigt sich u.a. daran, dass die Technologieentwicklung und die Herstellung zentraler Komponenten der Erneuerbaren Energien, insbesondere Solarmodule und Windturbinen, mittlerweile an verschiedensten Wirtschaftsstandorten weltweit hergestellt werden können. Die deutsche Branche für Erneuerbare Energien kann bzw. konnte in ihrer Entwicklung auf die Wissensbasen und Erfahrungen verschiedener, bereits seit Längerem etablierter, Branchen, insbesondere der chemischen Industrie und der Luft- und Raumfahrttechnologie, zurückgreifen. Die Branche der deutschen Erneuerbaren Energien ist dabei in ein nationales Geflecht institutioneller Rahmenbedingungen integriert, das die Ausgestaltung des Felds der Erneuerbaren Energien beeinflusst. Die Thematik der Erneuerbaren Energien ist dabei eng mit den Begriffen Klima-schutz oder Nachhaltigkeit verknüpft. So sind die aktuellen Strömungen innerhalb der Umweltbewegung und damit einhergehende politische Bestrebungen als elementar für den Bereich der Erneuerbaren Energien anzusehen. Zudem hat das Reaktorunglück in Fukushima (Japan) in 2011 zu einem Umdenken auch in der deutschen Technologie- und Umweltpolitik beigetragen. Im deutschen System der Energiebereitstellung wird über verschiedene fossile Energieträger, insbesondere Kohle und Gas, sowie durch die Kernenergie ein Großteil des Energieverbrauchs (87,5 Prozent) in Deutschland gedeckt (vgl. BMU 2013a, 2013b). Für das Jahr 2012 wurden über die Solar-, Wind- und Wasserenergie sowie die Energie-gewinnung über Biomasse und Solarthermie etwa 13 Prozent des gesamten Endenergieverbrauchs in Deutschland, sowohl für die Strom- als auch für die Wärmegewinnung, bedient. Der Anteil der Erneuerbaren Energien an der Deckung des gesamten Endenergieverbrauchs wächst jedoch, insbesondere da politisch gefördert und gefordert, zunehmend.

Der Anteil der Erneuerbaren Energien an der Energiebereitstellung in Deutschland hat insbesondere seit Förderung der Erneuerbaren Energien durch den deutschen Staat in den 1990er Jahren stetig zugenommen (vgl. BMU 2013a, 2013b). Nach einer zunächst zurückhaltenden bzw. langsamen Entwicklung des Anteils der Erneuerbaren Energien am Gesamtanteil des Energieverbrauchs in Deutschland, ist seit den 2000er Jahren eine steigende Bedeutung der Erneuerbaren Energien festzustellen. Die Entwicklung, den Anteil Erneuerbarer Energien an der Gesamtenergiebereitstellung zu erhöhen bzw. zu steigern, ist neben der technologischen Weiterentwicklung der betreffenden Anlagen für Solar- oder Windenergie und einem gestiegenen Umweltbewusstsein der Stromverbraucher, insbesondere auf politische Bestrebungen und Bemühungen zurückzuführen (vgl. Dagger 2009; Bardt/Niehues/Techert 2012). Hierbei ist aus politischer Perspektive insbesondere auf das Gesetz für den Vorrang der Erneuerbaren Energien (EEG) zu verweisen, auf welches im weiteren Verlauf gesondert eingegangen wird (vgl. BMJ 2008). Die gestiegene Bedeutung der Erneuerbaren Energien für die Energiegewinnung in Deutschland kann auch an der Entwicklung der jeweils installierten Leistung von Windenergie- und Photovoltaikanlagen abgelesen werden (vgl. BMU 2013a, 2013b). Auch hier sind die Leistungssprünge hinsichtlich der installierten Kapazitäten seit den frühen 2000er Jahren deutlich nachvollziehbar. Insbesondere der Bereich der Solarenergie, hier angegeben anhand der installierten Kapazitäten von Photovoltaikanlagen, hat sich dabei seit Mitte der 2000er Jahre sprunghaft entwickelt. Momentan ist jedoch eine Überkapazität, insbesondere für den Bereich der Stromenergie, festzuhalten.

Die Besprechung der Erneuerbaren Energien in Deutschland wird sich auf Fallstudien zu den Segmenten Solarenergie und Windenergie konzentrieren. Das Segment der Solarenergie in Deutschland nimmt dabei seinen Anfang in den 1970er Jahren (vgl. Bruns et al. 2009: 25). Der tatsächliche Durchbruch der Solarenergie in Deutschland, technologischer wie wirtschaftlicher Art, kann seit den früheren 2000er Jahren festgestellt werden. Die Förderung und der Ausbau der Solarenergie in Deutschland gehen mit zwei zentralen gesetzlichen Regelungen, dem Stromeinspeisegesetz (StromEG) aus dem Jahr 1991 und dem Gesetz für den Vorrang Erneuerbarer Energien (EEG) aus dem Jahr 2000, einher (vgl. BMJ 2008). Seit 2004 befindet sich das Segment der Solarenergie in einer starken Entwicklungsphase. Der gegenwärtige Entwicklungsstand des Segments der Solarenergie in Deutschland ist jedoch von Überkapazitäten gekennzeichnet. Durch ausländische Konkurrenz, insbesondere durch chinesische Wettbewerber, sind deutsche Unternehmen dabei einem starken wirtschaftlichen Druck ausgesetzt. Das Segment der Windenergie nimmt in Deutschland ebenfalls seinen Anfang in den 1970er Jahren (vgl. Bruns et al. 2009: 33). Ein flächendeckender Erfolg der Windenergie ist seit Anfang der 1990er Jahren feststellbar. Auf einen kurzfristigen Entwicklungsknick Mitte der 1990er Jahre folgte eine sehr erfolgreiche wirt-

90

schaftliche Phase. Seit 2002 befindet sich das Segment der Windenergie in einer Konsolidierungsphase. Ähnlich dem Segment der Solarenergie sind auch für die Windenergie das StromEG und das EEG von zentraler Bedeutung für die Entwicklung dieses Segments der Erneuerbaren Energien (vgl. Kammer 2011). Bei Betrachtung der Förderkennzahlen der Erneuerbaren Energien zeigt sich die Bedeutung der staatlichen Förderung in der Entwicklung und Etablierung der Erneuerbaren Energien bzw. der Segmente für Solar- und Windenergie. So wurden seitens des Bundes bzw. der entsprechenden Bundesministerien verschiedene Förderprogramme entwickelt und aufgelegt, die Erneuerbaren Energien zu fördern (vgl. Suck 2008: 175). Insgesamt hat der Bund die einzelnen Bereiche der Erneuerbaren Energien in den Jahren 1991 bis 1996, d.h. den Jahren der Entwicklung bzw. Etablierung der Erneuerbaren Energien, mit über €1 Mrd. gefördert. Über die Ebene der Finanzierung zeigt sich auch die Einflussnahme der politischen Akteure auf den Bereich der Erneuerbaren Energien. Dies ist insbesondere hinsichtlich der Gründungs- und Anschubfinanzierung der Erneuerbaren Energien in Deutschland von Relevanz.

Die einzelnen Bundesländer beteiligen sich mit unterschiedlicher Intensität in der Förderung der Erneuerbaren Energien (vgl. Suck 2008: 178f.). So sind in der Entwicklungsphase der Erneuerbaren Energien für den Zeitraum von 1991 bis 1998 insbesondere die finanziellen Unterstützungsleistungen Bayerns und Nordrhein-Westfalens hervorzuheben. Auch in der gegenwärtigen Phase der Erneuerbaren Energien kommt der Unterstützung durch Bundes- und Ländermittel eine besondere Bedeutung zu. Neben der Förderung durch Bundes- und Ländermittel, können die Aktivitäten und die Projekte in den Erneuerbaren Energien über verschiedenartige Finanzierungsweisen realisiert werden. Neben der Finanzierung durch Eigenkapital sind insbesondere die Finanzierung über Bankkredite von zentraler Bedeutung. Börsengänge sind im Sinne der Unternehmens- und Projektfinanzierung nur für eine geringe Anzahl von Akteuren im Bereich der Erneuerbaren Energien geeignet (vgl. Gerhard/Rüschen/Sandhövel 2011; Thumfart 2011). In der Analyse der einzelnen Clusterfelder für Erneuerbare Energien wird erneut auf die Bedeutung unterschiedlicher Finanzierungsquellen eingegangen.

Die Erneuerbaren Energien werden, neben der Wärmeerzeugung, insbesondere für die Stromgewinnung eingesetzt. Deshalb sind Entwicklungen und Ereignisse im Bereich der Elektrizitätswirtschaft von essentieller Bedeutung für das Umfeld der Erneuerbaren Energien. Von zentraler Bedeutung für den Strommarkt in Deutschland sind in diesem Zusammenhang verschiedene Bestrebungen der Liberalisierung des Strommarkts und somit der Förderung des Wettbewerbs in diesem Marktsegment (vgl. Suck 2008). Für den deutschen Fall ist zudem die Transformation der ostdeutschen Stromwirtschaft nach der deutschen Wiedervereinigung von Bedeutung. Des Weiteren kommt der Europäischen Union mittlerweile eine zunehmend wichtige Rolle in der Regulierung der europäischen Energiemärkte zu (vgl. Suck 2008). Eine der zentralen Rahmenbedingungen für das Umfeld der Erneuerbaren Energien in Deutschland stellt das EEG dar. Das EEG stellt eine Weiterentwicklung des StromEG dar. Zentrale Inhalte des EEGs sind die Regelungen des Anschlusses von Anlagen zur Erzeugung von Strom aus Erneuerbaren Energien, der Einspeisevorrang von Strom aus Erneuerbaren Energien sowie die Regelung der Einspeisevergütung. Insbesondere die beiden letztgenannten Inhalte bieten eine Planungssicherheit für Investoren und eine Reduzierung der wirtschaftlichen Ungewissheit im Bereich der Erneuerbaren Energien. Das EEG kann somit als politische Regulierung interpretiert werden, die Erneuerbaren Energien zu fördern und eine Marktbildung zu unterstützen (vgl. Goeke 2011).

Die Erneuerbaren Energien in Deutschland sind als ein eigenständiges nationales Feld bzw. als eigenständige Clusterfelder zu verstehen, da sich jeweils spezifische Interessenslagen zeigen, die als hinreichend für eine Feldbegründung anzusehen sind. Zunächst kann festgehalten werden, dass ein allgemeines Feldinteresse besteht. Dieses Feldinteresse liegt in dem Umstand begründet, dass die potentiellen Feldakteure über jeweilige individuelle Interessen verfügen, die zu einem übergeordneten Feldinteresse zusammengefasst werden können. So besteht das Interesse der potentiellen Feldakteure darin, im Bereich der Erneuerbaren Energien tätig zu sein bzw. zu handeln. Dieses Handeln ist zu meist ökonomisch, technologisch sowie politisch begründet (vgl. Lesage/deGraaf/Westphal 2010; Beck/Loon 2011; Brown/Sovacool 2011; Held/Hervey/Theros 2011). Des Weiteren kann auch ein soziales Interesse das Handeln im Feld der Erneuerbaren Energien begründen, u.a. im Sinne des Umweltschutzes. All diese Interessen können dann in einem, von den individuellen Akteuren losgelösten, aber von allen Akteuren geteilten, übergeordneten Feldinteresse gebündelt werden. Das Feld der Erneuerbaren Energien entsteht somit aus dem Interesse, ein Feld für Erneuerbare Energien zu realisieren. Hiermit ist auch bereits die Felddefinition angesprochen. Zu einem Feld für Erneuerbare Energien sind Feldakteure zu zählen, die mindestens eines der genannten Interessen verfolgen. Die Akteure sind sich dabei darüber bewusst, dass sie mit weiteren Akteuren in diesem spezifischen Feld agieren. Die Feldinklusion der Akteure kann hinsichtlich der Feldwirkung eines Akteurs begründet werden. So ist anzunehmen, dass es sowohl aktive als auch passive Feldakteure mit jeweils unterschiedlichen Einflussmöglichkeiten im Feld gibt. Nicht zu einem Feld der Erneuerbaren Energien gehören selbstredend Akteure, die nicht im Sinne des Feldinteresses ausgerichtet sind oder keine Interessen bezüglich der Erneuerbaren Energien, sowohl in direkter als auch indirekter Art und Weise, aufweisen. Zu einem engeren Kern des nationalen Felds bzw. der Clusterfelder für Erneuerbare Energien sind diejenigen Akteure zu zählen, die sich mit Erneuerbaren Energien beschäftigen.

Von einem übergeordneten, nationalen Feld der Erneuerbaren Energien in Deutschland kann in diesem Zusammenhang gesprochen werden, da durch die nationalen Rahmenbedingungen bestimmte Feldbedingungen vorgegeben und geprägt werden. So zeigt sich ein bestimmter institutioneller Rahmen für die Erneuerbaren Energien als kennzeichnend, der als solcher für alle Akteure, die an diesem Feld ihr Interesse bekunden, verbindlich ist. An den Grenzen des Nationalstaats bzw. der damit einhergehenden Rahmenbedingungen kann somit eine nationale Feldebene identifiziert werden. Es wurde jedoch bereits argumentiert, dass diese nationalen Felder in weitere Felder integriert sein können bzw. aus weiteren Subfeldern bestehen können. So kann das nationale Feld der Erneuerbaren Energien in Deutschland in weitere Subfelder untergliedert werden. Demnach können die einzelnen Cluster für Erneuerbare Energien als eigenständige Clusterfelder verstanden werden. Die letztendliche Zuschreibung des Feldstatus und die Einteilung der Feldgrenzen erfolgt am jeweiligen empirischen Fall, d.h. am entsprechenden Untersuchungsgegenstand.

Die Bestimmung der Feldressourcen findet durch die beteiligten Feldakteure statt. Für das Feld der Erneuerbaren Energien können als zentrale Feldressourcen wissenschaftliches bzw. technologisches Wissen, die Verfügbarkeit über finanzielle Ressourcen sowie regulative Einflussmöglichkeiten festgestellt werden. Die Wirkungen regulativer Einflussmöglichkeiten zeigen sich insbesondere über die Setzung gesetzlicher Rahmenbedingungen durch den Staat bzw. durch die Einflussnahme übergeordneter Einheiten, u.a. der Europäischen Union. Die entsprechenden Akteure in den Feldern der Erneuerbaren Energien handeln nach spezifischen, durch das Feld vorgegebene und darin begründete Feldlogiken. Aus der Perspektive des Varieties of Capitalism-Ansatzes kann argumentiert werden, dass das nationale Feld bzw. die Clusterfelder für Erneuerbare Energien in den Kontext einer koordinierten Marktwirtschaft integriert sind. Als solches sind das nationale Feld sowie die einzelnen Clusterfelder von bestimmten institutionellen Bedingungen geprägt, die sich insbesondere in dem jeweiligen Finanz- und Innovationssystem zeigen. Die Felder für die Erneuerbaren Energien scheinen nach dem Modell der koordinierten Marktwirtschaft zu funktionieren, da in diesem Wirtschaftsmodell inkrementelle Innovationen zur technologischen Weiterentwicklung und eine kreditbasierte Finanzierung durch Banken aufzufinden sind. Wie diese Wirkmechanismen ihren spezifischen Ausdruck finden, wird in der Besprechung der einzelnen Clusterfelder dargestellt. Der Bereich der Erneuerbaren Energien ist ein vergleichsweise junges Feld. Die Gründungsphase des deutschen Felds der Erneuerbaren Energien fällt in die Jahre zwischen 1985 und 1995. Bis Mitte der 2000er Jahre befand sich das Feld der Erneuerbaren Energien in einem etablierten Feldstadium. Seit etwa 2008 ist jedoch ein Wandel hin zu einem Krisenfeld, insbesondere im Teilbereich der Solarenergie, feststellbar. Die Krisenhaftigkeit des Felds ist insbesondere anhand regulativer, politischer Eingriffe und am Ausscheiden zentraler Feldakteure zu erkennen und nachzuvollziehen, bspw. Insolvenz des Unternehmens Conergy (2013) oder den Aushandlungsprozessen zwischen der deutschen und der chinesischen Solarbranche (2012-2013).

Des Weiteren können die einzelnen Feldphasen unter Bezugnahme auf die wirtschaftliche Entwicklung der einzelnen Akteure abgebildet werden. So zeigt sich stellvertretend am Aktienkurs des einstigen deutschen Branchenführers im Bereich der Solarenergie, der SolarWorld AG, sowohl die wirtschaftlichen Höhen als auch die Tiefen innerhalb der Branche der Erneuerbaren Energien in Deutschland. Nach der Feldgründungsphase und der Etablierung des Felds für Erneuerbare Energien in den frühen 2000er Jahren, kam eine gewisse wirtschaftliche Hochphase der Erneuerbaren Energien. Am Beispiel der SolarWorld AG kann dies am steigenden Aktienkurs festgemacht werden. Der Aktienkurs der SolarWorld AG stieg bis 2008 auf einen Wert von über €45 pro Aktie. Ähnlich erging es anderen Unternehmen in der Branche. Nach 2008 ist jedoch ein extremer Abfall des Aktienkurses bis unter den Wert von 5 Euro je Aktie im Jahr 2013 ersichtlich. Der Teilbereich der Solarenergie ist zu diesem Zeitpunkt, zumindest aus wirtschaftlicher bzw. unternehmerischer Perspektive betrachtet, geradezu eingebrochen. Dies hängt zum einen mit einer Überkapazität der produzierten Einheiten, zum anderen aber auch mit einer zunehmenden Konkurrenz aus dem Ausland, insbesondere seitens asiatischer Wettbewerber, zusammen. Während die SolarWorld AG bis heute existiert, jedoch mit mehreren kritischen Momenten in der Unternehmensentwicklung, mussten sich viele weitere Akteure aus dem Feld zurückziehe. Momentan befindet sich das nationale Feld der Erneuerbaren Energien in Deutschland zwar immer noch in einer kritischen sowie in der Konsolidierung befindlichen Feldphase.

Es zeigt sich, dass feldinterne Prozesse und Entwicklungen von zentraler Bedeutung für die Feldausgestaltung und die Feldentwicklung sind. So kann das EEG als umfassende Maßnahme verstanden werden, die sowohl feldprägend, als auch feldzerstörend interpretiert werden kann. Durch die Einführung des EEGs werden die Erneuerbaren Energien in einem enormen Umfang politisch gefördert. Zeitgleich werden durch dieses Gesetz aber auch bereits etablierte Strukturen zerstört. Im Umfeld der Energiewirtschaft sind davon u.a. traditionell etablierte, wirtschaftliche Akteure, insbesondere Stromkonzerne, betroffen. Diese werden durch das EEG mit veränderten Rahmenbedingungen konfrontiert, und sind deshalb in ihrer Feldpositionierung gefährdet. Hiermit ist auch eine spezifische Felddynamik angesprochen. Auch wird hierbei der gesellschaftliche Druck erkennbar, der auf ein Feld bzw. in einem Feld wirken kann. So ist es aus gesellschaftlicher und daran anschließend auch aus politischer Perspektive nicht erwünscht, weiterhin auf Atom- und Kohlekraft zur Wärme- und Stromerzeugung zu setzen. Diesem Druck sind die angesprochenen konventionell ausgerichteten Stromkonzerne ausgesetzt. Sie können sich diesem gesellschaftlichen Druck und den veränderten Bedingungen verschließen oder sich an diese anpassen. Diese Anpassungsleistungen haben wiederum eine Veränderung der Feldstruktur zur Folge. Die Stromkonzerne, verstanden als individuelle Feldakteure, sind in diesem Sinne von einem elementaren Wandel betroffen. Dementsprechend müssen sich diese Akteure den geänderten Feldbedingungen anpassen oder sonstige Konsequenzen, wie ein Austritt aus dem Feld, in Erwägung ziehen. Letztgenannter Aspekt scheint jedoch als mögliche Alternative nicht in Frage zu kommen, da die Akteure keine Interesse daran haben sollten, das Feld als wirtschaftlichen Markt zu verlieren. Des Weiteren kann es zu einer Überlappung verschiedener, insbesondere auch internationaler, Felder für Erneuerbare Energien kommen. Es zeigt sich wiederholt, dass ein Feld an sich ein relativ geschlossener Bereich ist, dass dieser Bereich jedoch nicht von externen Entwicklungen oder exogenen Schocks unabhängig ist. So können die Feldstruktur und die Feldakteure von weiteren Feldern für Erneuerbare Energien beeinflusst werden. Es zeigt sich, dass die Grenzen zwischen den einzelnen Feldern als relativ flexibel aufzufassen sind.

Die Erneuerbaren Energien wurden im Verlauf einer fortschreitenden Feldetablierung vermehrt zu einem Investitionsobjekt für Akteure aus angrenzenden Feldern. Wie bereits beschrieben, werden bestimmten Akteursgruppen durch das EEG gewisse wirtschaftliche Vorteile zugestanden. Diese Signale wurden auch über die eigentlichen Feldgrenzen hinaus von Akteuren wahrgenommen, die nun wiederum bestrebt sind in das nationale Feld bzw. die Clusterfelder der Erneuerbaren Energien einzudringen. Neue Akteure können dabei über verschiedene Zugänge in das Feld für Erneuerbare Energien gelangen. Dies ist beispielsweise über Unternehmensneugründungen oder Unternehmensbeteiligungen möglich. Des Weiteren ist ein Eindringen in eine bestehende Feldstruktur über den Ankauf von Aktien möglich. Durch das Aufkommen bzw. Eindringen neuer Akteure werden jedoch die bestehenden Feldstrukturen und der Feldzusammenhalt in Frage gestellt. Jedoch ist nicht nur das punktuelle Eindringen neuer Akteure von kritischer Bedeutung für die bestehende Feldstruktur, sondern auch Veränderungen von genuinen feldinternen Akteuren, eine geänderte Felddynamik oder externe Makrostrukturen können dazu beitragen, dass sich eine Feldstruktur verändert. Zudem können sich feldexterne Ereignisse oder Begebenheiten auf die Felder auswirken. So können externe Feldzusammenhänge, u.a. in Gestalt des chinesischen Felds für Erneuerbare Energien, insbesondere im Bereich der Photovoltaik bzw. Solarenergie, Einfluss auf das nationale Feld der Erneuerbaren Energien, auf die einzelnen Clusterfelder sowie auf die gesamte Branche der Erneuerbaren Energien in Deutschland haben. Diese Problematik ist auch in der gegenwärtigen Diskussion auf der politischen Ebene zwischen der Europäischen Union und der Volksrepublik China nachvollziehbar.

In der wirtschaftlichen Auseinandersetzung mit dem chinesischen Feld für Erneuerbare Energien wird auch deutlich, wie die unterschiedlichen Feldlogiken ausgestaltet sein können. Die Feldlogik im chinesischen Feld für Erneuerbare Energien wird in erster Linie durch den dominanten politischen Akteur in Form der chinesischen Industrie- und Technologiepolitik deutlich. Auch hier setzt der politische Akteur bestimmte Rahmenbedingungen für das Feld, jedoch greift der chinesische Staat, als der zentrale politische Akteur, über direkte und gezielte Subventionen als aktiver Akteur in die Finanzierung der chinesischen Wirtschaftsakteure in das dortige nationale Feld für Erneuerbare Energien ein. Dem hingegen beteiligt sich der politische Akteur, d.h. der Staat, im Feld der Erneuerbaren Energien in Deutschland durch seine Industrie- und Technologiepolitik nicht aktiv an der Feldgestaltung. Dieser politische Akteur wirkt vielmehr als allgemeiner Rahmensetzer in Form gesetzlicher Grundlagen, u.a. über das EEG. Diese Vorgaben sind jedoch nicht nur für die Feldakteure des deutschen Felds für Erneuerbaren Energien gültig, sondern für alle potentiellen Teilnehmer, insbesondere alle potentiellen Marktteilnehmer. Somit basiert die Feldlogik des Felds für Erneuerbare Energien in Deutschland auf einem grundsätzlich anderen Verständnis als die Feldlogik des entsprechenden chinesischen Felds. Von zentraler Bedeutung ist hierbei die Rolle, die der politische Akteur einnimmt.

4.3.   Regionale Clusterfelder

Ein zentrales Erkenntnisinteresse besteht im Folgenden darin, zu erkennen und zu erklären, wie wirtschaftliche Phänomene, hier an Wirtschaftsclustern dargestellt, als Felder interpretiert und analysiert werden können. Ein zentraler Aspekt, in diesem konkreten Clusterzusammenhang von einem Feld zu sprechen, liegt darin begründet, dass Cluster nicht nur als wirtschaftliche, sondern vielmehr als genuin soziale, institutionelle und räumliche Zusammenhänge zu betrachten sind. Dabei zeichnen sich Cluster bzw. die Clusterakteure durch ihre spezifischen Interessenslagen aus. An diesen Interessenslagen orientieren sich die potentiellen Cluster- bzw. Feldakteure. In diesem Sinne ist ein Cluster als ein spezifisches Feld, geprägt durch spezifische Interessen, zu interpretieren. Das Feldkonzept zeichnet sich dabei durch verschiedene Spezifika, insbesondere institutionelle Eigen- und Besonderheiten hinsichtlich der Feldakteure, -interessen, -ressourcen oder -regeln aus.

4.3.1 Feldmerkmale

Cluster zeichnen sich durch spezifische und kollektive Interessen bzw. Interessenslagen aus, d.h. die beteiligten Akteure verfolgen in ihrem Handeln jeweils spezifische Ziele, die jedoch einer gemeinsamen, kollektiven Zielstellung entsprechen. Diese Interessenlagen sind charakteristisch für die potentiellen und tatsächlich am Cluster partizipierenden Feldakteure. Zudem stellt die Anerkennung der Feldinteressen die Legitimationsgrundlage für die Teilhabe an einem Feld dar. Auf diese Art und Weise werden in einen Clusterzusammenhang nur diejenigen Akteure einbezogen, die diesen cluster- bzw. feldspezifischen Interessenslagen entsprechen. Auf der einen Seite können diese spezifischen und allgemeinen Interessen ein Feld begründen und definieren. Auf der anderen Seite findet über diese Interessensvorgaben gleichzeitig auch eine Begrenzung des Felds statt. Die Feldgrenzen eines Cluster ergeben sich aus der inhaltlichen Ausrichtung des Clusters. Zudem zeigen sich die Feldgrenzen bei einem Cluster nicht nur in inhaltlicher Form, sondern sie drücken sich zudem in einer tatsächlichen räumlichen Ausprägung aus. Bei einem Cluster, resultierend aus der engen Kopplung zwischen einem bestimmten Interessensgegenstand und einem dazugehörigen Raum, werden die Feldgrenzen in ihrer geographischen Form sichtbar. Dadurch, dass ein Cluster als ein räumliches Konzept zu verstehen ist, wird das jeweilige clusterspezifische Feld in der Realität quasi plastisch modelliert. Somit bestehen diese clusterspezifischen Felder nicht nur als rein theoretische Konzepte, sondern finden vielmehr auch in physischer Art und Weise ihren Ausdruck. Eine genauere Erläuterung dieser Argumentation findet in den einzelnen Besprechungen der Fallstudien zu den Wirtschaftsclustern statt.

Durch die Interessenslagen und die Raumzugehörigkeit findet eine Vorauswahl der potentiellen Feldakteure statt. Ein Cluster als Feld zu verstehen, erweitert dabei den Gegenstandsbereich eines Clusters. Bespricht das Clusterkonzept nur die tatsächlich aktiven Clusterakteure, so umfasst ein Feld sowohl alle tatsächlichen als auch die potentiellen Feldakteure. So werden nicht nur diejenigen Akteure betrachtet, die sich einer professionalisierten Clusterstruktur anschließen, sondern insbesondere auch diejenigen, die dies nicht tun. In einem solchen Feld ergeben sich die spezifischen Feldressourcen und Feldregeln aus dem Zusammenwirken der Feldakteure. Die Feststellung der jeweiligen Feldressourcen und Feldregeln findet dabei am empirischen Untersuchungsgegenstand statt. Im Folgenden werden vier deutsche Wirtschaftscluster für Erneuerbare Energien als Felder analysiert und interpretiert. Diesbezüglich werden zunächst die Kriterien der Clusterauswahl dargestellt. Daran schließt eine Vorstellung allgemeiner Erkenntnisse an, bevor die einzelnen Fallstudien zu den Clusterfeldern besprochen werden. In der Analyse der

Fallstudien wird zunächst das allgemeine Branchenprofil skizziert. Daran anknüpfend findet die Besprechung des nationalen Felds sowie der einzelnen Clusterfelder statt. Die Vorstellung der empirischen Untersuchung mündet in einer Zusammenfassung der gewonnenen Erkenntnisse.

Auf Basis des vorliegenden Interview- und Datenmaterials wird ersichtlich, dass Clustereinheiten zu meist über eine, von allen Clusterakteuren geteilte, gemeinsame Identität verfügen. In diesem Sinne können Cluster als Clusterfelder flankiert von sozialen Beziehungsmustern und einem geteilten, übergeordneten Interesse, d.h. Feldinteresse, verstanden werden. Des Weiteren sind verschiedene Entwicklungsstufen der Clustereinheiten zu unterscheiden (vgl. Cooke/Huggins 2003). So ist es von essentieller Bedeutung, dass entsprechende Vorläuferstrukturen eines Clusters bereits in einer Region bzw. in einem spezifischen Raum vorhanden sind, auf die eine organisierte und professionalisierte Clustermanagement-Einheit aufbauen kann. Ein wichtiges Element ist hierbei, dass eine kritische Masse an potentiellen Akteuren bereits vor Clustergründung vorhanden ist. Unter kritischer Masse ist dabei eine gewisse Anzahl an clusterrelevanten Akteuren zu verstehen, die für die Etablierung und das Funktionieren eines Clusters notwendig sind. Des Weiteren wird ersichtlich, dass ein individuell motiviertes, insbesondere politisches, Bestreben ein Cluster zu begründen als nicht ausreichend angesehen werden kann, ein Cluster erfolgreich und langfristig zu etablieren. Dementsprechend kritisch zeigen sich die Clusterakteure gegenüber einer quasi-aufgezwungenen Clusterstruktur. Eine solche Vorgehensweise ist als wenig erfolgsversprechend zu betrachten. Auch im Sinne des Feldansatzes ist ein einseitiges, partielles Interesse seitens eines motivierten Akteurs als nicht ausreichend anzusehen, ein Feld zu begründen. Vielmehr wird angenommen, dass ein allgemeines Interesse, sowohl auf der jeweiligen individuellen Ebene der einzelnen Feldakteure als auch auf der kollektiven Ebene des Gesamtfeldzusammenhangs, vorliegen muss, damit Cluster- bzw. Feldstrukturen aufgebaut und entwickelt werden können.

Bezugnehmend auf den besprochenen Varieties of Capitalism-Ansatz, lassen sich auch in Bezug auf die Clusterpolitiken, Unterschiede und Abweichungen zwischen den beiden marktwirtschaftlichen Idealtypen, jeweils bezogen auf die Länderbeispiele Deutschland und die USA, feststellen (vgl. Ebner 2013).[60] So zeichnet sich die Clusterpolitik im deutschen koordinierten System insbesondere in Hinblick auf die jeweils wirkende Ebene aus. Clusterpolitiken werden sowohl auf Bundesebene, aber auch auf Bundesländerebene bzw. auf regionaler Ebene umgesetzt. Die nationale Clusterförderung versucht insbesondere über Anreizsysteme, u.a. in Form des. Spitzencluster-Wettbewerbs, und spezifische Programme der

---

[60] Der Varieties of Capitalism-Ansatz wird an dieser Stelle als Bezugsrahmen gewählt, da an ihm auf eine anschauliche Art und Weise, potentielle Unterschiede hinsichtlich der systemischen Voraussetzungen von Clusterstrukturen aufgezeigt werden können.

Wirtschaftsförderung, u.a. die Technologieförderung durch finanzielle Intermediäre wie der Kreditanstalt für Wiederaufbau (KfW) oder des Hightech-Gründerfonds, regionale Clusterbestrebungen zu fördern.[61]

Auf die jeweiligen relevanten Programme und Wettbewerbe wird bei der Besprechung der einzelnen Cluster eingegangen. Dem hingegen obliegt die Clusterpolitik in den USA in erster Linie den einzelnen Staaten. Es findet keine organisierte oder koordinierte Steuerung im Sinne einer nationalen Clusterpolitik statt. Auch wird in den USA ein Modell einer wettbewerbsorientierten Gesamtsituation gefördert, während in den deutschen Clusterpolitiken eine Tradition regionaler Politiken, wie beschrieben auf Ebene der Bundesländer aber insbesondere auch auf Ebene regionaler Zusammenschlüsse, u.a. im Rahmen angrenzender oder sich überlappender Wirtschaftsräume, feststellbar ist. Im Weiteren werden zentrale Kategorien der Erneuerbaren Energien besprochen. Diese Kategoriensysteme bilden die Ebene der nationalen Felder ab. Als Erweiterung der jeweiligen nationalen Felder findet eine Analyse der einzelnen Clusterfelder statt. Hierbei werden insbesondere die Abweichungen der einzelnen Clusterfelder vom allgemeinen nationalen Feld betont.

4.3.2 Feldkategorien

Aus dem vorliegenden Interviewmaterial konnte ein Kategoriensystem nach der qualitativen Inhaltsanalyse abgeleitet werden (vgl. Mayring 2002, 2010; Gläser/ Laudel 2010). Die vorgestellten Kategorien waren über alle geführten Interviews mit den Vertretern der vier untersuchten Wirtschaftscluster für Erneuerbare Energien in Deutschland auffindbar. Im Folgenden werden die Ergebnisse, d.h. die Kategorien, die für das Gesamtfeld sowie für die einzelnen Clusterfelder der Erneuerbaren Energien gelten, dargestellt. So konnten mit den strukturellen Bedingungen, den zentralen Akteursgruppen, dem Strukturwandel, der Bedeutung staatlicher Förderung, den Eigenarten der Finanzierung und der räumlichen Konzentration sechs Kategorien bzw. deren jeweiligen Ausprägungen ausfindig ge-

---

[61] Der Hightech-Gründerfonds investiert Venture Capital in junge Technologie-Unternehmen. Als Investoren des Hightech-Gründerfonds treten u.a. das Bundesministerium für Bildung und Forschung (BMBF), die KfW Bankengruppe, Stiftungen und Unternehmen bzw. Großkonzerne auf. So werden über den Hightech-Gründerfonds im ersten Quartal 2014 58 Unternehmen gefördert, darunter 16 Unternehmen aus dem sogenannten Bereich ‚Cleantech Energie' (vgl. Hightech-Gründerfonds 2014).

macht werden: Strukturelle Bedingungen; Zentrale Akteursgruppen; Räumliche Konzentration; Bedeutung staatlicher Förderprogramme; Eigenarten der Finanzierung; Strukturwandel. Im Sinne der Strukturähnlichkeit bzw. von Angleichungsprozessen wird angenommen, dass die vier besprochenen Cluster für Erneuerbare Energien stellvertretend für das gesamte deutsche Feld bzw. die einzelnen Teilfelder für Erneuerbare Energien gelten können.

Als eine erste Kategorie können die zentralen strukturellen Bedingungen für das nationale Feld bzw. die einzelnen Clusterfelder für Erneuerbare Energien in Deutschland benannt werden (Kategorie 1). Ein nationales Feld für Erneuerbare Energien hat sich Mitte der 1990er Jahren in Deutschland entwickelt (Kategorie 1.1). Zwar ist anzunehmen, dass es bereits vor diesem Zeitpunkt Akteure gab, die im Umfeld für Erneuerbare Energien tätig waren, jedoch kann von einem nationalen Feld für Erneuerbare Energien erst gesprochen werden, nachdem ein übergeordnetes Feldinteresse erkennbar wurde. Somit sind das nationale Feld für Erneuerbare Energien und damit auch die einzelnen Clusterfelder als relativ jung einzustufen. Dementsprechend kann davon ausgegangen werden, dass sich die Felder nicht mehr in der Entstehungsphase, sondern vielmehr in einem etablierten Stadium befinden. Die Felder für Erneuerbare Energien in Deutschland zeichnen sich dabei durch eine hohe Einflussnahme durch staatliche bzw. politische Akteure aus. Hierbei ist insbesondere das EEG prägend und kennzeichnend (Kategorie 1.2). So können die Erneuerbaren Energien durch diese gesetzliche Förderung seit Anfang der 2000er Jahren einen stetigen Anstieg, insbesondere hinsichtlich der installierten Kapazitäten, verzeichnen. Zudem wurde durch das politische Engagement, die Bereitschaft von potentiellen Akteuren am Feld der Erneuerbaren Energien teilzunehmen, gefördert. Das nationale Feld für Erneuerbare Energien orientiert sich dabei an nationalstaatlichen Grenzen. Jedoch besteht eine internationale Konkurrenz hinsichtlich der Herstellung bestimmter Komponenten bzw. Teilbereiche innerhalb der Branche für Erneuerbare Energien (Kategorie 1.3). So sind beispielsweise die deutschen Akteure im Segment der Solarenergie insbesondere in einer starken Konkurrenzsituation mit chinesischen Wettbewerbern. Eine weitere zentrale Bedingung für das nationale Feld der Erneuerbaren Energien in Deutschland ist gegenwärtig das Bestehen von produktionsseitigen Überkapazitäten, speziell im Bereich von Solar- und Photovoltaikanlagen (Kategorie 1.4). Abschließend ist festzuhalten, dass es sich bei dem Gegenstandsbereich der Erneuerbaren Energien um eine Branche mit einem eher mittleren Technologiegrad handelt (Kategorie 1.5). In diesem Sinne entspricht der Bereich der Erneuerbaren Energien eher einer Branche, die dem koordinierten Typ einer Marktwirtschaft, insbesondere in der Verfolgung inkrementeller Innovationen, entspricht.

Das nationale Feld sowie die Clusterfelder der Erneuerbaren Energien werden in elementarer Art und Weise von den im Feld befindlichen Akteuren geprägt

(Kategorie 2). Die herausgehobene Bedeutung politischer Akteure wurde bereits angesprochen (Kategorie 2.1). Dabei prägen insbesondere die entsprechenden politischen Akteure auf Bundesebene über regulative Vorgaben das Feld der Erneuerbaren Energien. Von elementarer Bedeutung ist dabei das EEG. Diese politischen Vorgaben beeinflussen wiederum das Handeln der weiteren Feldakteure. Als eine weitere Akteursgruppe, die von zentraler Bedeutung für das nationale Feld bzw. für die Clusterfelder der Erneuerbaren Energien sind, können die verschiedenen wirtschaftlichen Akteure angeführt werden. Hierbei können unter wirtschaftlichen Akteuren mit den klein- und mittelständischen Unternehmen, Großunternehmen und Energieversorger drei zentrale Akteursgruppen voneinander unterschieden werden (Kategorie 2.2). Die klein- und mittelständischen Unternehmen sind zumeist vollintegrierte Feldakteure, d.h. sie sind im Feld der Erneuerbaren Energien tätig. Bei der Akteursgruppe der Großunternehmen ist oftmals ein diversifiziertes Geschäftsmodell aufzufinden, d.h. sie können sowohl im Feld der Erneuerbaren Energien als auch in anderen Feldern, insbesondere ähnlichen Marktfeldern, tätig sein. Eine weitere wirtschaftliche Akteursgruppe stellen die größtenteils konventionell ausgerichteten Energieversorger dar. Diese Akteure können, in einer ersten Annäherung, dem Feld der Erneuerbaren Energien als ablehnend gegenüberstehend angesehen werden, da die konventionellen Energieversorger zumeist den Weg der fossilen oder atomaren Energiegewinnung verfolgen. In diesem Sinne sind die konventionellen Energieversorger relativ neue Akteure im Feld der Erneuerbaren Energien. Seitens der finanziellen Akteure sind Banken die zentralen Akteure im Feld (Kategorie 2.3). Sonstige Finanzakteure können zwar im Feld vertreten sein, sie sind jedoch von einer eher untergeordneten Bedeutung sowohl für das nationale Feld als auch für die einzelnen Clusterfelder für Erneuerbare Energien. Auch sind wissenschaftliche und technologische Akteure von spezifischer Relevanz im Feld der Erneuerbaren Energien (Kategorie 2.4). Insbesondere sogenannte Zertifizierer, darunter sind Einheiten wie der Technische Überwachungsverein (TÜV) zu zählen, sind prägende Feldakteure. Diese Akteure sind dabei für die Überwachung sicherheitsrelevanter Standards sowie für die Setzung technischer Normen verantwortlich. Auch ist festzuhalten, dass es sich bei den jeweiligen Feldern der Erneuerbaren Energien um gesamtgesellschaftlich relevante Felder handelt. Soziale Akteure und gesellschaftliche Bestrebungen, u.a. in Form sozialer und umweltorientierter Bewegungen, sind insbesondere auf der Ebene des nationalen Felds der Erneuerbaren Energien tätig, um bestimmte Ideale und Interessen hinsichtlich einer umweltbewussten Energiegewinnung und Energienutzung zu vertreten (Kategorie 2.5). Auf die jeweiligen Feldakteure wird in der Besprechung der einzelnen Clusterfelder eingegangen.

Für die Branche der Erneuerbaren Energien in Deutschland ist die räumliche Konzentration der Akteure in einem bestimmten geographischen Umfeld von einer zentralen Bedeutung (Kategorie 3). Diese räumliche Konzentration kann wiederum an Clusterstrukturen festgemacht und dargestellt werden. Cluster können in diesem Sinne als Mikroeinheiten bzw. Clusterfelder, des nationalen Felds für Erneuerbare Energien in Deutschland interpretiert werden (Kategorie 3.1). Die Clusterstrukturen und -grenzen orientieren sich dabei zumeist an politisch definierten Vorgaben (Kategorie 3.2). Auch werden durch die räumliche Konzentration des Felds die internen Kooperationsbestrebungen der jeweiligen Akteure sowie die Entwicklung der Branche für Erneuerbare Energien gefördert (Kategorie 3.3). Hierbei überwiegt im Clusterzusammenschluss der Kooperationsgedanke bei den Akteuren. Zwar bestehen weiterhin potentielle Konkurrenzsituationen zwischen den beteiligten Akteuren im Clusterzusammenschluss, jedoch steht im Cluster die gemeinsame Branchenentwicklung und nicht die marktliche Konkurrenzsituation im Vordergrund. In diesem Sinne zeichnet sich die Interaktion in den Clusterstrukturen durch eine enge Zusammenarbeit der beteiligten Akteure aus.

Auch für das Feld der Erneuerbaren Energien zeigt sich die zentrale Bedeutung von Förderprogrammen auf nationalstaatlicher Ebene und Bundesländerebene (Kategorie 4). So werden diese Förderprogramme insbesondere für die Unterstützung von Clusterinfrastrukturen genutzt (Kategorie 4.1). Jedoch nehmen sich diese staatlichen Fördermaßnahmen als eher gering aus. Dennoch waren diese staatlichen Förderungen insbesondere in der Etablierung der Branche bzw. des Felds in den frühen 1990er Jahren von essentieller Bedeutung für den Bereich der Erneuerbaren Energien in Deutschland. Somit kann der politische Akteur, in diesem Fall insbesondere der deutsche Staat, als ein marktlicher Akteur interpretiert werden, der über Anreizstrukturen zu einer Bildung eines Markts für Erneuerbare Energien in einem frühen Feldstadium beigetragen hat. Für das etablierte Feld der Erneuerbaren Energien ist das zentrale Förderinstrument bzw. die nachhaltigste Fördermaßnahme das EEG (Kategorie 4.2). Das EEG ist einem immanenten Sinne feldprägend und feldstrukturierend. Insbesondere wurde dieses Gesetz ein politischer Anreiz zur Förderung der Erneuerbaren Energien in Deutschland gesetzt. Durch die Setzung einer Anreizstruktur konnten darüber hinaus neuartige Feldakteure mobilisiert werden. Das EEG befördert dabei unterschiedliche Interessenslagen. Es unterstützt ein politisches Interesse sowohl hinsichtlich einer Neuorientierung in der Energie- und Umweltpolitik als auch, hinsichtlich des wirtschaftlichen Potentials der Erneuerbaren Energien, einer Arbeitsmarkt- und Technologiepolitik. Zudem stimmt dieses wirtschaftliche Potential mit den wirtschaftlichen Interessen der wirtschaftlichen Akteure überein. Des Weiteren wird im EEG das Ideal eines umweltbewussten, sozialen Handelns abgebildet.

Des Weiteren zeigt sich ein spezifisches Bild der Finanzierung der Akteure und sonstiger feldinterner Bestrebungen (Kategorie 5). Bei der Unternehmens- und Projektfinanzierung ist die Kreditfinanzierung über Banken von einer zentralen Bedeutung (Kategorie 5.1). Zudem sind einige Akteure in der Lage, sich Zugang zu den Finanzmärkten zu verschaffen und diese zur Finanzierung ihrer Aktivitäten zu nutzen (Kategorie 5.2). Der Zugang zu den Finanzmärkten ist dabei von den bereits angesprochenen generellen Rahmenbedingungen des deutschen Finanz- und Innovationssystems geprägt. Auch hat der Niedergang des Neuen Markts im Jahr 2001 gewisse negative Auswirkungen für die Akteure in den Erneuerbaren Energien mit sich geführt, jedoch waren diese Auswirkungen eher weniger feldrelevant bzw. feldirritierend. In den Feldern für Erneuerbare Energien in Deutschland kommen Risikokapitalgebern und Venture Capital-Investoren keine bedeutenden Rollen hinsichtlich der Finanzierung zu (Kategorie 5.3). Hiermit ist jedoch kein struktureller Nachteil für die Feldakteure in den Erneuerbaren Energien verbunden. Dieser Umstand ist insbesondere darauf zurückzuführen, dass es sich bei den Erneuerbaren Energien nicht um eine hochtechnologische, sondern vielmehr um eine Branche im mittleren Technologiesegment handelt. In diesem Sinne ist die Branche der Erneuerbaren Energien von inkrementellen Innovationen geprägt. Deshalb ist anzunehmen, dass das Vorhandensein von Risikokapital von geringerer Bedeutung für das Funktionieren der Branche ist. Die Finanzierungsweisen im nationalen Feld bzw. den jeweiligen Clusterfelder können sich jedoch unterscheiden. Hierauf wird gesondert in der jeweiligen Besprechung der einzelnen Clusterfelder eingegangen.

Das Feld der Erneuerbaren Energien ist, wie bereits beschrieben, als ein relativ junges Feld einzustufen. Kennzeichnend für das Feld der Erneuerbaren Energien ist dabei ein umfassender technologischer, wirtschaftlicher sowie gesellschaftlicher Wandel seiner Vorläuferstrukturen, d.h. insbesondere hinsichtlich der Nutzung fossiler und atomarer Brennstoffe zur Wärme- und Energiegewinnung (Kategorie 6). Die im Feld der Erneuerbaren Energien kumulierten Interessen der beteiligten Akteure werden im Zuge der Feldentwicklung um die Phänomene des Klimawandelns und der Energiewende erweitert. Dabei sind insbesondere die zukünftigen wirtschaftlichen Entwicklungen und gesellschaftlichen Erwartungen zentrale Momente der Begründung des Felds für Erneuerbare Energien in Deutschland. Der Feldgründung der Erneuerbaren Energien gingen insbesondere soziale Bewegungen, u.a. verbunden mit der Forderung nach einem geänderten Paradigma der Energiebereitstellung und -nutzung, voraus (Kategorie 6.1). Dieses umwelt- und energiepolitische Umdenken hing wiederum zusammen mit verbesserten technologischen Möglichkeiten der Energiegewinnung und der Energienutzung. Darüber hinaus kann festgehalten werden, dass die Generierung und Etablierung des Felds für Erneuerbare Energien in Deutschland eng mit der politischen Förderung eines umfassenden Strukturwandels einherging (Kategorie 6.2). Hierbei sind die bereits angeführten Interessen der einzelnen Akteursgruppen hervorzuheben. Die politische Forderung und Förderung eines Strukturwandels geht dabei, wie bereits mehrfach betont, mit der Einführung und Umsetzung des EEGs einher. Eine besondere Reaktion auf den Strukturwandel zeigt sich seitens der politischen Akteure zudem durch eine bestimmte Industrie- und Technologiepolitik, insbesondere in der allgemeinen Förderung von Clusterstrukturen und Clusterzusammenhängen im Bereich der Erneuerbaren Energien (Kategorie 6.3). Mit diesem sozial und politisch beförderten Strukturwandel geht unmittelbar auch ein Wandel der Strukturen der betroffenen Akteure, v.a. der wirtschaftlichen Akteure, einher (Kategorie 6.4). Die wirtschaftlichen Akteure, hierunter insbesondere die konventionellen Energieversorger, mussten und müssen sich mit den veränderten Rahmenbedingungen und gesellschaftlich geforderten Erwartungen des Felds auseinandersetzen und sich ihnen anpassen. Eine Anpassung an die Thematik der Erneuerbaren Energien ist für die betroffenen wirtschaftlichen Akteure auch deshalb von zentraler Bedeutung, da sich zunehmend neue Akteure im Feld der Erneuerbaren Energien einfinden, u.a. sogenannte grüne Energieversorger, die stark auf die Einbindung der Erneuerbaren Energien zur Energiegewinnung setzen (Kategorie 6.5).

Für jedes untersuchte Wirtschaftscluster wird im Folgenden, unter Berücksichtigung der Anonymisierung vertraulicher Daten, ein spezifisches Feldprofil erstellt. Hierbei handelt es sich um eine Bestandsaufnahme und Darstellung der individuellen Feldstruktur, der Feldakteure und der zeitlichen Entwicklung des jeweiligen Clusterfelds. Hierbei werden insbesondere die spezifischen Eigenheiten der jeweiligen Felder angesprochen und hervorgehoben. Aufgrund der zugesicherten Anonymisierung personenbezogener und vertraulicher Daten, werden die einzelnen Cluster nicht mit ihrem Klarnamen, sondern als die Clusterfelder *Wind*, *Solar*, *Wald* und *Wasser* bezeichnet.

4.3.3 Clusterfeld Wind

Der Schwerpunkt des Clusters *Wind* liegt im wirtschaftlichen und technologischen Segment der Windenergie. Es sind jedoch auch einige Akteure aus dem Bereich der Solaranergie im Cluster *Wind* vertreten. Das Cluster für Erneuerbare Energien *Wind* besteht im Sinne eines professionellen Clustermanagements seit 2010. Zentrale Akteure und Strukturen können jedoch bereits zuvor festgestellt werden. Hieran ist zum wiederholten Male zu erkennen, dass die Nutzung des Clusterbegriffs als Indikator für vorhandene Clusterstrukturen gewertet werden kann, jedoch wird ersichtlich, dass clusterähnliche Strukturen unabhängig vom Clusterkonzept existieren können. Die Gründung des Clusters *Wind* ist insbesondere auf das Bestreben politischer und wirtschaftlicher Akteure zurückzuführen. Der Großteil der Clusterakteure ist dabei im Umfeld einer großen Metropolregion angesiedelt. Der Clusterradius beträgt ca. 50 km. Die zentrale Phase der Unternehmensneugründungen im Bereich der Erneuerbaren Energien fand in Cluster *Wind* im Zeitraum von 1995 bis 2005 statt. Das Cluster Wind umfasst mittlerweile etwa 400 potentielle Unternehmen im Handlungsfeld der Erneuerbaren Energien. Davon sind ca. 140 Unternehmen als aktive Clusterteilnehmer anzusehen. Die zentralen Akteure des Clusters *Wind* sind zehn Windkraftunternehmen, zahlreiche klein- und mittelständische Unternehmen, diverse große Dienstleistungsunternehmen, Ingenieur- und Zertifizierungsdienstleister, drei große konventionelle sowie mehrere ökologisch produzierende, sogenannte grüne Energieversorger. Des Weiteren sind die politischen Einheiten einer Großstadt und der sie umgebenden Metropolregion wichtige Akteure im Cluster *Wind*. Die Clusterakteure und die dahinterstehenden Unternehmungen werden insbesondere durch Eigenkapitalinvestitionen, zudem auch über Fremdkapital in Form von Bankenfinanzierung und Investitionen institutioneller Anleger finanziert.

Das Feldinteresse in Feld *Wind* gründet in der Verfolgung spezifischer Interessen hinsichtlich des Gegenstandsbereichs der Erneuerbaren Energien. Hierunter sind zunächst insbesondere wirtschaftliche und technologische Interessen zu verstehen. Darüber hinaus werden auch politische und gesellschaftliche Interessen in diesem Kontext angesprochen. Die Akteure im Feld *Wind* verfolgen, zumindest partiell, eben diese Feldinteressen. Wie bereits besprochen, handelte es sich bei dem nationalen Feld für Erneuerbare Energien um ein verhältnismäßig junges Feld. Dies trifft demzufolge auch auf die einzelnen Clusterfelder des nationalen Felds, und somit auch das Feld *Wind*, zu. Die Entwicklung des Felds *Wind* setzt dabei Mitte der 1990er Jahre ein. Es ist darauf hinzuweisen, dass es bereits vor diesem Zeitpunkt entsprechende Akteure im Bereich der Erneuerbaren Energien innerhalb des späteren Clusters gegeben hat. Jedoch konnte zu diesem Zeitpunkt aufgrund des nicht vorhandenen allgemeinen und übergeordneten Feldinteresses nicht von einem genuinen und aktiven Feld für Erneuerbare Energien gesprochen werden.

Wenn man diesen Bodensatz, die kritische Masse, nicht schon zum Start hat, den kann man auch nicht irgendwo herzaubern. Man kann da nicht auf einen Knopf drücken und plötzlich entwickeln sich alle Firmen oder es kommen neue hinzu. Das ist letzten Endes ein Umfeld, das schon da ist und das man fördert, indem man bestimmte Angebote schafft. (Interviewpartner Wind)

Die zentralen Akteure in der Phase der Feldentstehung waren im Clusterfeld *Wind* wirtschaftliche Akteure, dabei insbesondere Unternehmen aus dem Teilbereich der Windkraft, und die, für das Feld *Wind* essentiellen, politischen Akteure auf Ebene des Bundeslandes, der Metropolregion sowie der kommunalen Ebene. Aus dem Bereich der Wirtschaft sind es insbesondere zehn Unternehmen aus dem Bereich der Windkraft, die als zentrale und starke Feldakteure im Feld *Wind* anzusehen sind. Durch das überlagernde Interesse dieser Akteursgruppen konnte sich das Feld *Wind* entwickeln und in einem Wirtschaftscluster für Erneuerbare Energien seinen Ausdruck finden. Hierbei ist festzuhalten, dass der zentrale Erststimuli für die Feldgründung nicht von den politischen Akteuren ausgegangen ist, sondern, dass die besagten wirtschaftlichen Akteure motiviert und interessiert daran waren, ein Cluster zu begründen und in diesem Zusammenhang, in einer nicht-intendierten Weise, ein Feld zu generieren. Im Zuge der Feldgenerierung bzw. der Feld-etablierung konnten weitere Akteure, insbesondere finanzieller, technologischer sowie sozialer Prägung, im Feld *Wind* aktiviert werden.

Der Übergang von der Phase der Feldgenerierung hin zu einer etablierten Feldstruktur fand Mitte der 2000er Jahre statt. In seiner derzeitigen stabilen Feldphase sind die Feldpositionen in Feld *Wind* weitestgehend vergeben. Als zentrale Akteure zeigen sich insbesondere die vertretenen zehn Windkraftunter-nehmen, aber auch die technologischen, sozialen sowie politischen Akteure. Das Hinzukommen neuer Akteure ist aufgrund der etablierten und gefestigten Feldsituation nur bedingt möglich. Feldveränderungen werden tendenziell aufgrund feldinterner Prozesse, denn aufgrund feldexterner Einflüsse ausgelöst. Wie bereits beschrieben, befindet sich das nationale Feld der Erneuerbaren Energien seit geraumer Zeit in einer kritischen Feldphase. Dies trifft auch auf das Feld *Wind* zu. Jedoch nicht in einem gleichen Maße, wie es auf das nationale Feld oder auf die noch zu besprechenden Clusterfelder für Erneuerbare Energien zutrifft. Dadurch, dass das Feld *Wind* seinen Schwerpunkt auf den Bereich der Windenergie setzt, ist es weniger von den Turbulenzen betroffen, die derzeit für das Segment der Solar-energie wahrzunehmen sind.

Mit wirtschaftlichen und politischen Akteuren sind die zentralen Feldakteure im Clusterfeld *Wind* benannt. Die wirtschaftlichen Akteure sind dabei als die zentralen ausführenden Akteure im Feld *Wind* zu verstehen. Sie sind diejenigen, die den Bereich der Erneuerbaren Energien als ihr Geschäftsfeld ausgesucht haben. Als solche tragen sie zur Entwicklung der Branche und somit auch des Felds für Erneuerbare Energien bei. Zudem sind sie die zentralen Akteure bezüglich der Umsetzung von Innovationen im Feld. Die politischen Akteure stellen hierzu ergänzend strukturelle und institutionelle Rahmenbedingungen, u.a. in Form des EEGs, bereit. In diesem Sinne prägen die politischen Akteure auf kommunaler und föderaler Ebene sowie auf Bundesebene als Rahmensetzer das Feld *Wind*. Zu diesen Akteursgruppen kommen zudem noch finanzielle, wissenschaftliche, tech-nologische sowie soziale Akteure hinzu. Die wissenschaftlichen Akteure erfüllen in Feld *Wind* die Aufgabe der Aus- und Weiterbildung und, gemeinsam mit den wirtschaftlichen und technologischen Akteuren, der Erforschung und Weiterent-wicklung der Wissensbasen in Feld *Wind*. Die sozialen Akteure bringen sich in

Feld *Wind* insbesondere in der Form von Umweltbewegungen oder im Sinne der Artikulation gesellschaftlicher Leitbilder des Umweltschutzes und der Nachhaltigkeit in das Feld *Wind* ein. Auf die finanziellen Akteure wird in einem gesonderten Unterpunkt eingegangen werden. Das Cluster *Wind* umfasst etwa 140 organisierte Akteure. Das gesamte Clusterfeld für Erneuerbare Energien umfasst jedoch geschätzte 400 potentielle Akteure. Hieran ist gut zu erkennen, dass die Clustervorgaben nicht notwendigerweise mit den Feldgegebenheiten übereinstimmen. So werden durch das Clusterkonzept nur diejenigen Akteure als Teil der vorhandenen Struktur erfasst, die sich aktiv in das Cluster einbringen. Derweil werden durch das Feldkonzept alle potentiellen Feldakteure einbezogen, unabhängig davon, ob diese Akteure sich aktiv oder passiv an der Clusterstruktur beteiligen bzw. nicht beteiligen.

Auffallend für das Feld *Wind* ist, dass sich neben den wirtschaftlichen und politischen Akteuren als den zentralen Akteursgruppen, mit den sogenannten Zertifizierern, also Akteuren, die die Einhaltung von technischen Normen und Standards prüfen und überwachen, eine weitere wichtige, technisch-regulative Akteursgruppe im Feld *Wind* hervorhebt. Aufgrund ihrer normativen Wirkungsmacht im Feld, nimmt diese Akteursgruppe, obgleich sie sich im Gegensatz zu den anderen Akteuren nicht im eigentlichen Sinne aktiv am Feld beteiligt, eine durchaus als dominant einzustufende Feldposition ein. Durch die Setzung und Überprüfung von Normen und Standards geben diese regulativen Akteure den anderen Feldakteuren, insbesondere wirtschaftlicher Prägung, spezifische Regeln und Auflagen vor, die die wirtschaftliche Leistungsfähigkeit dieser Akteure beeinflussen können. Dieser Umstand spiegelt sich dann wiederum in der einzelnen Positionierung der Akteure im Feld wieder. Somit können die Vorgaben der Zertifizierer das Feld als Ganzes prägen und strukturieren. Mit der Thematik Normierung bzw. Standardisierung kann auch eine bestimmte Feldlogik für das Feld *Wind* veranschaulicht werden. So wird ersichtlich, dass sich die Feldakteure hinsichtlich ihres Interessensgebietes, d.h. der Erneuerbaren Energien, absprechen und ihre Positionierungen im Feld wechselseitig zur Kenntnis nehmen. Auch wird über die Einbeziehung in die Diskussionen bzw. Diskurse über Normen und Standards die Feldzugehörigkeit der einzelnen Akteure erkennbar und nachvollziehbar. Als vollwertige Feldakteure sind somit diejenigen Akteure bzw. Akteursgruppen zu verstehen, die, aktiv oder passiv, an den Felddiskursen teilhaben und daran teilnehmen. Auch bei dem hier besprochenen Feldzusammenhang handelt es sich um ein kooperatives Feld, auch wenn einzelne, insbesondere wirtschaftliche, Feldakteure in einer Konkurrenzsituation stehen können. Dennoch ist dem Clusterfeld eine Zusammenarbeit der Konkurrenten möglich, so dass übergeordnete Interessensziele gemeinsam vertreten werden können.

Die Finanzierung der Erneuerbaren Energien, hierbei insbesondere die Förderung und Unterstützung durch die finanziellen Akteure, ist auch für das Feld *Wind* von zentraler Bedeutung. Dabei zeigt sich, dass die Finanzierung innerhalb des Felds *Wind* durch verschiedene finanzielle Akteure stattfindet. So sind sowohl Banken als auch institutionelle Akteure sowie Risikokapitalgeber und Venture Capital-Investoren vorhanden, die in die Aktivitäten und Projekte der Feldakteure investieren. Als wichtigste externe Finanzierungsform ist die Kreditfinanzierung über Banken anzusehen. Jedoch sind die wirtschaftlichen Akteure in Feld *Wind* auch in der Lage, ihre Unternehmungen durch den Einsatz von Eigenkapital zu finanzieren. Es besteht also keine latent einseitige Abhängigkeit von gewissen Kapitalgebern hinsichtlich der Finanzierung von bestimmten Unternehmungen. Dies hängt wiederum mit der Ausgestaltung und den Eigenheiten der Branche für Erneuerbare Energien zusammen. Die Branche der Erneuerbaren Energien in Deutschland ist aufgrund der im mittleren Technologiegrad anzusiedelnden, technologischen Komplexität weit weniger mit kapitalintensiven und unsicheren Innovationen konfrontiert. Daher sind gewisse spezielle Finanzierungsformen, u.a. Risikokapital oder Venture Capital, von einem eher geringen Interesse für die Mehrheit der Akteure in Feld *Wind*. Die Bedeutung der finanziellen Akteure zeigt sich in zeitlicher Perspektive in der Entwicklung und Etablierung des Felds. So sind finanzielle Akteure bzw. deren Investitionsbereitschaft in neue und bestehende Akteure von zentraler Bedeutung für den Feldzusammenhang. Anhand der Nachfrage nach Investitionsmöglichkeiten kann abgelesen werden, in welchem Stadium sich ein Feld befindet. So ist die Nachfrage nach Gründungsfinanzierungen besonderes in der Generierungsphase bzw. in der Entwicklungsphase eines Felds von Bedeutung. In etablierten Feldern werden dem hingegen vermehrt Wachstumsfinanzierungen durch die Feldakteure nachgefragt. Bei weit fortgeschrittener Feldetablierung ist die Chance des Feldzugangs für gänzlich neuartige Feldakteure nur in einem begrenzten Maße möglich.

Ich glaube, die Zeiten, dass es sehr viele Neugründungen gab, Kleinstunternehmen, die auf der Suche waren nach Geldgebern oder Gesellschaftern, also diese Zeit haben wir, glaube ich, abgeschlossen. (Interviewpartner Wind).

4.3.4 Clusterfeld Solar

Das Clusterfeld *Solar* hat seinen thematischen Schwerpunkt in der Technologie der Solarenergie. Das Cluster erstreckt sich über drei Bundesländer. Aus diesem Grund sind mehrere politische Akteure formal, inhaltlich sowie finanziell am Cluster beteiligt. Der generellen Struktur der Branche für Erneuerbaren Energien entsprechend, sind das Cluster sowie die Clusterakteure als relativ jung einzuordnen. Die Strukturen für das Cluster sind dabei durch verschiedene Vorläuferstrukturen beeinflusst. So waren bereits in den frühen 1970er Jahren die chemische Industrie und die Halbleiterindustrie im späteren Clustergebiet angesiedelt. An diese Pfade konnten die Akteure der Erneuerbaren Energien im weiteren Zeitverlauf anknüpfen. Zum Cluster gehören derzeit 35 Industrieunternehmen. Davon sind 28 als weltweit agierende Unternehmen einzuordnen. Als die zentralen Akteure treten in Cluster die wirtschaftlichen Akteure auf. Diese Akteure sind zudem als die treibenden Kräfte im Vorfeld der Clustergründung anzusehen. Aufgrund ihrer Forderung nach einer professionellen Clusterstruktur haben sie einen bedeutenden Anteil an der Clustergründung. Das Cluster ist thematisch auf die Anliegen und Bedürfnisse dieser Akteure hin ausgerichtet. Zudem sind zehn Forschungseinrichtungen und fünf Universitäten vertreten. Des Weiteren stellen die angeführten politischen Akteure auf Bundesländerebene eine wichtige Akteursgruppe dar. Von zentraler Bedeutung für die gesamte Clusterentwicklung war die Förderung über den Spitzencluster-Wettbewerb der Bundesregierung im Jahr 2008. Eine zentrale Finanzierungsquelle für die Clusterakteure stellt des Weiteren die Finanzierung über Banken dar. Risikokapital oder Venture Capital sind für die Finanzierung der Clusterakteure nicht von Relevanz.

Das Feldinteresse im Feld *Solar* gründet in der Verfolgung der spezifischen Interessen hinsichtlich des Gegenstandsbereichs der Erneuerbaren Energien. Hierbei sind für das Feld *Solar* insbesondere starke politische und wirtschaftliche Interessen ersichtlich. Der Raum, indem das Feld *Solar* angesiedelt ist, war Ende der 1980er Jahre mit einem sozialen, wirtschaftlichen und technologischen Strukturwandel konfrontiert. Die Etablierung der Erneuerbaren Energien, und in diesem Zuge die Begründung des Feldes *Solar*, ist als eine Reaktion auf diesen Strukturwandel zu verstehen. Hierbei hatten die politischen Akteure, hierunter sind zunächst die entsprechenden Einheiten der beteiligten drei Bundesländer hervorzuheben, ein Interesse daran, die aus dem Strukturwandel resultierenden negativen Effekte, u.a. den Verlust von Arbeitsplätzen, zu mildern, indem sie die Rahmenbedingungen für die Ansiedlung der Branche der Erneuerbaren Energien gefördert haben. Dies geschah insbesondere über spezifische infrastrukturfördernde Maßnahmen. Die politischen Akteure bringen sich zudem auf Bundeseben über regulative sowie über finanzielle Aspekte in den Feldkontext ein. Auch für das Feld *Solar* ist die besondere Bedeutung des EEGs hervorzuheben.

Auch die wirtschaftlichen Akteure hatten auf den stattfindenden Strukturwandel zu reagieren. So sah sich der Großteil der wirtschaftlichen Akteure zu Beginn der 1990er Jahre mit einer veränderten wirtschaftlichen Situation konfrontiert. Sie mussten sich zum einen auf geänderte systemische, insbesondere politische und wirtschaftliche, Rahmenbedingungen einstellen. Zum anderen mussten sie auf neue wirtschaftliche bzw. marktwirtschaftliche und technologische Paradigmen reagieren. Einem Teil der wirtschaftlichen Akteure gelang diese Umstellung auf die geänderten Rahmenbedingungen. Jedoch schieden auch viele wirtschaftliche Akteure, insbesondere aufgrund von Insolvenzen oder Übernahmen, aus den bisherigen Feldkontexten aus. In diesem Sinne sollte über eine erfolgreiche Etablierung der Branche der Erneuerbaren Energien das entstandene wirtschaftliche und gesellschaftliche Vakuum gefüllt werden. Von einer tatsächlichen Etablierung des Felds *Solar* kann in der Phase im Vorfeld der Bewerbung für den Spitzencluster-Wettbewerb der Bundesregierung und der damit einhergehenden Artikulierung eines allgemeinen Feldinteresses gesprochen werden. Analog zu den bereits besprochenen Feldern wirkt sich eine solche gemeinsam durchgeführte Aktion bzw. die gemeinsame Geschichte förderlich auf den Gemeinschaftssinn hinsichtlich der Entwicklung eines kollektiven Feldes aus

> *Es gibt so Vorgeschichten aus denen das dann entstanden ist. Initialzündung war natürlich die Ausschreibung des BMBF Spitzencluster in Deutschland. Damit ist die Jagd auf die Beute Fördermittel eröffnet worden. Die Solarbranche ist eine sehr junge Branche. Das waren alles einmal so kleine Start-Ups, mittlerweile börsennotierte Unternehmen oder sogar aufgekauft. Eine etwas heterogene Mischung. Aber letztendlich alles neugegründete Unternehmen. Und man kannte sich in der Branche. Richtig losgegangen ist die ganze Solarsache mit den Rahmenbedingungen, die der Staat gesetzt hat, das EEG, das Energieeinspeisegesetz. Das war Motor für die Entwicklung der Solarbranche weltweit. Da hat Deutschland eine Vorreiterrolle gespielt. (Interviewpartner Solar)*

Die finanziellen Akteure sind in Feld *Solar* eher von begleitender Bedeutung. So sind Banken insbesondere für die Unternehmensfinanzierung von Bedeutung. Risikokapitalgeber oder Venture Capital-Investoren sind in Feld *Solar* nicht vertreten. Dies dürfte wiederum auf den mittleren Technologiegrad der Erneuerbaren Energien zurückzuführen sein. Insbesondere Risikokapitalgeber sind aber eher an risikoreichen, dafür aber auch sehr profitablen Investitionen interessiert. Wie bereits angesprochen, nehmen dem hingegen die wirtschaftlichen Akteure eine zentrale Stellung in Feld *Solar* ein. Durch diese dominante Stellung werden den weiteren Akteuren bestimmte Positionen im Feld zugewiesen. So können die wissenschaftlichen Akteure als Ausbildungs- und Zuliefereinheiten für die wirtschaftlichen Akteure interpretiert werden. Die Ausbildung von Fachkräften und die Erforschung bzw. Weiterentwicklung der technischen und prozessualen Grundlagen der Photovoltaik, sind dabei die zentralen Aufgaben der wissenschaftlichen Akteure im Feld *Solar*. Durch die Fokussierung auf die Industrie zeigt sich, dass sich das Feld *Solar* von dem zuvor besprochenen Feld *Wind* unterscheidet. Somit kann festgehalten werden, dass in den einzelnen Feldern für Erneuerbare Energien zwar ähnliche Feldinteressen vorliegen, dass dabei aber die Ausrichtung dieser Interessen innerhalb der Felder unterschiedlich stattfinden kann.

4.3.5 Clusterfeld Wald

Das Cluster *Wald* ist in den Segmenten Solarenergie und Biomasse aktiv. Das Clustergebiet ist als ein ländlich geprägtes und eher strukturschwaches Gebiet einzustufen. Der Clusterradius beträgt ca. 50 km. Das Clustergebiet ist dabei von einem überdurchschnittlich hohen Rückgang an Arbeitsplätzen gekennzeichnet. Dabei wird angenommen, dass die Branche der Erneuerbaren Energien dem Cluster *Wald*, in der Tradition des kunststoff- und metallverarbeitenden Gewerbes und einer holzverarbeitenden Industrie stehend, Zukunftsperspektiven, insbesondere in der Bereitstellung von Arbeitsplätzen, aufzeigen kann.

> *Der [Wald]Kreis ist eine strukturschwache Region. Der [Wald] hat relativ wenige wirtschaftliche Entwicklungsperspektiven. Es gibt eine relative lange Tradition an Kunststoff- und Metallverarbeitendem Gewerbe, aber alles sehr kleinstrukturell. Und diese Branchen sind nicht im Wachstum begriffen. Hier ist eher mit Arbeitsplatzrückgang zu rechnen. Wir tun alles damit die Firmen auf dem Stand bleiben. Aber mit einem großen Wachstum ist nicht zu rechnen. Und das Thema Erneuerbare Energien ist eine der wenigen Branchen im [Wald]Kreis, bei der wir noch mit echtem Wachstum rechnen. Aus diesem Hintergrund ist die Politik sehr auf dieses Thema fokussiert. Und die Unternehmen wissen auch um die Bedeutung. Und über die Hemmnisse. (Interviewpartner Wald)*

Die Gründung des Clusters und damit einhergehend die Förderung und Forderung einer strukturellen und inhaltlichen Neuorientierung der Unternehmen ist sehr stark politisch motiviert. Dadurch ergibt sich zudem ein politisch begründeter Zuschnitt des Clustergebiets. Das Cluster *Wald* ist angesichts der vertretenen Clusterakteure als ein inhomogenes Cluster anzusehen. So sind im Clusterfeld *Wald* eine breite Vielfalt an Unternehmen vertreten, die wiederum ein breitgefächertes Marktsegment abdecken. Das Cluster *Wald* beinhaltet dabei 40 aktive Akteure. Die wirtschaftlichen Akteure sind zumeist klein- und mittelständische Unternehmen. Zudem sind ein großer regionaler Energieversorger sowie jeweils eine Universität und eine Hochschule von Bedeutung für das Cluster *Wald*. Des Weiteren treten Regionalbanken als Clusterakteure hinsichtlich der Finanzierung der unternehmerischen Unternehmungen und Aktivitäten auf. Das Cluster *Wald* wird insbesondere über einen Clusterwettbewerb des entsprechenden Bundeslandes gefördert. Das Cluster *Wald* wird nicht über nationalstaatliche Förderprogramme, beispielsweise den Spitzencluster-Wettbewerb der Bundesregierung, unterstützt. Die Finanzierung der wirtschaftlichen Clusterakteure findet zumeist über die Kreditvergabe durch regionale Volksbanken und Sparkassen statt. Investitionen von Risikokapital- bzw. Venture Capital-Gebern sind für die Finanzierung im vorliegenden Clusterkontext von keiner Relevanz. Dadurch, dass der wesentliche Impuls zur Clustergründung von dem politischen Akteur kam und die wirtschaftlichen Akteure keinerlei Bestrebungen zur gemeinsamen Zusammenarbeit zeigten, ist die Frage zu stellen, inwiefern von einem einheitlichen Feldinteresse der Akteure zu sprechen ist. Das Feldinteresse wurde in diesem Sinne tendenziell künstlich konstruiert. Die Clusterzugehörigkeit konnte nur über eine finanzielle Förderung der wirtschaftlichen Akteure initiiert werden. So konnte zwar ein Feld generiert werden, ob dieses Feld jedoch als etabliert angesehen werden kann, ist zu bezweifeln. Mit dem abzusehenden Wegfall des Anreizes in Form von Fördermitteln durch den politischen Akteur, scheint sich die Clusterstruktur, und mit ihr auch die Struktur des Felds *Wald*, zusehends destabilisieren

> *Da gab es Kooperation. Die Konflikte treten jetzt auf. Wir sind jetzt am Ende der Förderperiode und haben gerade einen Verlängerungsantrag gestellt. Und hier haben wir die Auflage bekommen, für eine eigenständige Rechtsform zu sorgen. Und eine Co-Finanzierung aus der Wirtschaft zu generieren. Mit diesem Schritt kommen die ersten Konfliktfelder auf. Und da war eben lange die Diskussion wie das Cluster weitergeführt wird.*
> *(Interviewpartner Wald)*

Die finanziellen Akteure stellen auf den ersten Blick eine homogene Akteursgruppe dar. Mit Sparkassen und Volksbanken sind die zwei zentralen finanziellen Akteure benannt. Weitere finanzielle Akteure sind in Feld *Wald* nicht vorhanden. Somit kann, insbesondere im Vergleich mit den Feldern *Wind* und *Solar*, keine, für die Branche der Erneuerbaren Energien kennzeichnende, Vollständigkeit der Akteure festgestellt werden. Weitere Akteure, wie wissenschaftliche oder soziale Akteure, sind im Clusterfeld *Wald* ebenfalls unterrepräsentiert. In diesem Sinne ist auch keine kritische Masse an potentiellen und tatsächlichen Feld- bzw. Cluster-akteuren vorzufinden. Die Instabilität des Felds *Wald* lässt sich aber nicht nur an der gegenwärtigen kritischen Feldphase verdeutlichen, sondern auch anhand der beteiligten Feldakteure. Es zeigt sich, dass die Feldakteure in Feld *Wald*, im Gegensatz zu den Feldakteuren der bislang besprochenen Felder für Erneuerbare Energien, über unterschiedliche Ausgangslagen verfügen. So sind die wirtschaft-lichen Akteure in Feld *Wald* zum Großteil neugegründete bzw. umstrukturierte Unternehmen. Zudem sind die wirtschaftlichen Akteure zumeist nicht in einem gemeinsamen Marktumfeld tätig, sondern verfolgen gesonderte Pfade. Wie bereits dargestellt, wurden die Feld- und Clusterstrukturen den wirtschaftlichen Akteuren gewissermaßen vom dominanten politischen Akteur vorgegebenen.

In der Besprechung des Clusterfelds *Wald* zeigt sich, dass zentrale Bestandteile eines Felds nicht vorhanden sind. Für das Cluster *Wald* können zwar diverse potentielle Akteure festgestellt werden, jedoch interagieren diese Akteure nicht in einem engeren Sinne miteinander, insbesondere findet keine Artikulation eines gemeinsamen Feldinteresses statt. Durch eine ausbleibende Signalsetzung individueller sowie kollektiver Feldinteressen durch die potentiellen Feldakteure findet auch keine wechsel- und gegenseitige Wahrnehmung der Akteure statt. Auch ist keine fundamentale Feldgeschichte vorzufinden, die zur Bildung einer gemein-samen Feldidentität gereichen könnte. Die Bemühungen des politischen Akteurs ein Clusterfeld zu begründen ermöglichte zwar die zeitweilige Etablierung eines Clusterkontexts, jedoch mündeten diese Bemühungen in keiner stabilen Feldbegründung. Auch das Fehlen einer kritischen Masse an Akteuren bzw. die ausbleibende Bereitschaft der vorhandenen Akteure sich in das Clusterfeld einzu-bringen, trägt ebenfalls zu einem Scheitern des Clusterfelds *Wald* im Sinne der Konzeption eines Felds bei. Mit Ende der Förderlaufzeit wird ein inhaltliches und finanzielles Engagement der Clusterakteure nötig. Diese Bereitschaft war jedoch zum Zeitpunkt der Untersuchung auf Seiten eines Großteils der Akteure nicht vorzufinden. Somit könnten sich durch das Clusterfeld *Wald* keine bleibenden Nachfolgestrukturen etablieren bzw. keine nachhaltigen Effekte einstellen. Aus dieser Perspektive kann argumentiert werden, dass ein Clusterzusammenhang einen formalen Kontext thematisiert. Dem hingegen zeichnet sich ein Feldzusam-menhang durch ein tiefergehendes institutionelles und soziales Miteinander der Akteure aus.

Das Cluster *Wasser* für Erneuerbare Energien ist in eines der flächenmäßig größten und bevölkerungsreichsten Bundesländer der Bundesrepublik Deutschland integriert. Das Bundesland selbst ist dabei seit Längerem von einem Strukturwandel einer ehemals prägenden und dominierenden Industrie gekennzeichnet. Ein professionelles Clustermanagement im Cluster *Wasser* für Erneuerbare Energien besteht seit dem Jahr 2008. Der Gründungsimpuls des Clusters *Wasser* ging dabei von der Landesregierung aus. Das Cluster *Wasser* umfasst ca. 400 Akteure. Davon sind etwa 300 als klein- und mittelständische Unternehmen und 100 als Großunternehmen einzustufen. Zu den weiteren wirtschaftlichen Akteuren sind zudem zwei große und überregional tätige Stromkonzerne zu zählen. Als finanzielle Akteure treten im Cluster *Wasser* insbesondere Banken, Venture Capital-Geber sowie Business Angels auf. Im Clusterfeld *Wasser* sind zahlreiche Universitäten, Hochschulen und Forschungseinrichtungen vertreten, die insbesondere den Themenschwerpunkt der Umwelttechnologie besetzen. Die Clustergründung war zu Beginn politisch motiviert. Dies unterstreicht die zentrale Position des politischen Akteurs auf Bundeslandebene. Durch die Vorleistungen des politischen Akteurs wurden weitere Akteursgruppen, insbesondere die wirtschaftlichen Akteure, aktiviert. Hieran zeigt sich, dass eine Art Reaktionsenergie notwendig ist, um Clusteraktivitäten anzustoßen. Das Cluster *Wasser* erfährt derzeit keine Förderung über nationale Programme. Das Feldinteresse im Feld *Wasser* gründet in der Verfolgung von Interessen hinsichtlich des Gegenstandsbereichs der Erneuerbaren Energien. Das Cluster *Wasser* ist als solches zwar seit dem Jahr 2008 aktiv. Jedoch bestanden clusterähnliche Strukturen bereits vor dieser Zeit. Von einem Clusterfeld *Wasser* kann seit etwa 1996 gesprochen werden. Zu dieser Zeit kumulierten sich verschiedene individuelle Interessen zu einem übergeordneten, kollektiven Feldinteresse. Zunächst ist diesbezüglich das Interesse des politischen Akteurs feststellbar, auf strukturelle Veränderungen in der vorliegenden Region bzw. dem entsprechenden Bundesland zu reagieren. Daran anknüpfend wurden seitens der wirtschaftlichen Akteure ähnliche Interessen artikuliert

> *Der Impuls kam nicht von den Unternehmen selber, sondern das war schon politikgetrieben. Es hatte eine Vorgängerorganisation gegeben, seit 1996 arbeiten wir in solchen Verbünden und Netzwerken, es tauchen ja immer wieder neue Begriffe auf. Es ist ein Impuls der Landesregierung gewesen, ein Angebot an die Firmen und Forschungsinstitutionen hier mitzumachen. Und das wurde gerne angenommen, weil das ja auch eine neutrale Plattform ist. Und was auch wichtig ist, denke ich, dass auch die Politik mit am Tisch sitzt. (Interviewpartner Wasser)*

Für das Clusterfeld *Wasser* resultiert die wechsel- und gegenseitige Wahrnehmung der Feldakteure über die lange Tradition im Bereich der Energieherstellung im räumlichen Kontext des Bundeslands. Hierbei wurden starke Identitäten, insbesondere auf regionaler und lokaler Ebene, ausgebildet, die sehr genau die Feldposition und die Feldrelevanz der einzelnen Akteure wiederspiegeln. Der Zeitraum nach Begründung des Felds in 1996 ist bis in die frühen 2000er Jahre von einer Sondierung bzw. der Etablierung des Felds geprägt. Als zentrale Gründe können hierfür die sogenannte Energiewende und der damit in der Region stattfindende Strukturwandel hinsichtlich der Energiewirtschaft genannt werden. Seit Beginn der 2000er Jahre ist eine kontinuierliche Weiterentwicklung des Felds *Wasser* festzustellen. Hierfür ist wiederum die staatliche Förderung der Erneuerbaren Energien in Form des EEGs als wesentlicher Grund für die positive Feldentwicklung anzuführen. Das Clusterfeld *Wasser* ist momentan in einem dynamischen Prozess der Stabilisierung der relativ jungen Strukturen und der Koordinierung der Akteure. Durch die Dynamik im Feld, insbesondere aufgrund der strukturellen Veränderungen bzw. des Branchenwandels, entsteht eine tendenziell labile Feldumgebung. Insgesamt ist zum gegenwärtigen Zeitpunkt aber von einer stabilen Feldphase auszugehen. Diese stabile Phase könnte aber aufgrund interner oder externer Irritationen in Frage gestellt werden.

Als die zentralen Feldakteure in Feld *Wasser* wurden bereits die politischen Akteure, zum einen in Gestalt der Landesregierung bzw. ihren stellvertretenden Einheiten, zum anderen in Form der Bundesregierung, hierbei insbesondere über die Vorgabe von rechtlichen und strukturellen Rahmenbedingungen, identifiziert. Der politische Akteur auf der Ebene des Bundeslandes ist neben der rechtlichen Rahmensetzung, hier in Anbindung an den übergeordneten politischen Akteur auf der nationalen Ebene, auch für die Ausgestaltung der finanziellen Rahmensetzung im Feld *Wasser* zuständig. Die finanzielle Einflussnahme dieses politischen Akteurs findet zum einen über Förderprogramme, u.a. in Form der generellen finanziellen Unterstützung der Clusteraktivitäten, statt. Zudem ist dieser politische Akteur auch über die entsprechende Landesbank indirekt an der Finanzierung von Akteuren und Projekten im Feld *Wasser* involviert. Die politischen Akteure werden in diesem Sinne wiederum zu marktlichen Akteuren, da sie aktiv dazu beitragen, einen Wandel des gegenwärtigen Markts zu initiieren bzw. zu vollziehen. Neben den angeführten politischen Akteuren sind zudem die wirtschaftlichen Akteure als eine weitere zentrale Akteursgruppe in Feld *Wasser* zu benennen. Unter wirtschaftlichen Akteuren sind zunächst zahlreiche klein- und mittelständische Unternehmen und entsprechende Großunternehmen im Bereich der Produktion von Anlagen und Gerätschaften zur Strom- und Wärmerzeugung zu verstehen. Des Weiteren sind zwei große Stromkonzerne sowie weitere lokale und regionale Stadtwerke als Feldakteure vertreten.

Die dynamischen Feldpositionierungen spiegeln die latent instabile Struktur des Felds *Wasser* wieder, da aufgrund des strukturellen Wandels die Vergabe der einzelnen Feldpositionierungen noch nicht vollständig abgeschlossen ist. Insbesondere die Feldpositionen der beiden angeführten Stromkonzerne sind aufgrund veränderter Rahmenbedingungen, ausgelöst durch Umweltschutzbestrebungen sowie im Zuge der sogenannten Energiewende, in Frage gestellt. Als konventionelle Stromerzeuger nutzten sie lange Zeit fossile Brenn- und Kraftstoffe, u.a. Braun- und Steinkohle. Für sie stellen die Erneuerbaren Energien eine relativ neue Feldumgebung dar. In diesem Zusammenhang mussten sie sich erst den neuen Rahmenbedingungen und geänderten Feldlogiken anpassen. Dem hingegen waren die Stadtwerke, aufgrund ihrer geringeren Komplexität und Gesamtgröße, schneller in der Lage, sich an die geänderten Feldbedingungen anzupassen bzw. ihre Position im Feld der Erneuerbaren Energien einzunehmen

> *Die Stadtwerke haben jetzt plötzlich Aufwind, die werden gestärkt, die merken, dass sie auch Chancen haben. Es gibt ja hier die großen Stadtwerke-Verbünde, die in kommunaler Hand sind. Das sind Tendenzen in der Energiewirtschaft, die die Branche sehr stark beeinträchtigen. Und einfach auch einen Wandel in der Unternehmensstruktur bewirken. Die Stromkonzerne stehen massiv unter Druck. Die sind ja auch die Bösen, obwohl sie auch viel im Bereich Erneuerbar und Energieeffizienz machen. Aber, da ist schon ein starker Wandel da. (Interviewpartner Wasser)*

Die zentralen finanziellen Akteure stellen für das Clusterfeld *Wasser* diverse Regionalbanken sowie die entsprechende Landesbank dar. Die Landesbank ist sehr aktiv im Sinne der Förderung der Erneuerbaren Energien im hier angesprochenen Bundesland und somit auch im Clusterfeld *Wasser*. Die Akteursgruppe der finanziellen Akteure wird durch private Investoren und Venture Capital-Geber vervollständigt. Jedoch sind diese beiden finanziellen Akteure von eher feldergänzender, denn von feldrelevanter Bedeutung. Ebenso sind zahlreiche wissenschaftliche Akteure im Clusterfeld *Wasser* vertreten. Die Hauptaufgabe dieser Akteure liegt insbesondere in der Ausbildung von Fachkräften für die wirtschaftlichen Akteure im Clusterfeld *Wasser*. Auch sind sie in der Forschung und Entwicklung tätig, jedoch sind hierbei die unternehmerischen Akteure die zentralen Träger im Kontext des Felds *Wasser*.

Wie bereits argumentiert ist insbesondere die wirtschaftliche Akteursgruppe mit einem elementaren Strukturwandel konfrontiert, der auch eine Veränderung der unternehmerischen Landschaft nach sich gezogen hat. Aufgrund des politisch und gesellschaftlich gewollten Wandels der Strom- und Wärmeherstellung, im Sinne einer Energiewende weg von fossilen Brennstoffen hin zu Erneuerbaren Energien, sind auch die wirtschaftlichen Akteure mit einem Wandel ihres unternehmerischen

Umfelds und einer veränderten Markt- sowie Erwartungssituation seitens der Gesellschaft konfrontiert. Dies verändert auch die interne Strukturierung der Akteure selbst. Aufgrund der ablaufenden bzw. teilweise bereits abgeschlossenen Transformationsprozesse, die direkt im Feld oder in angeschlossenen Teilbereichen stattfinden, können zudem neue Akteure in das Clusterfeld *Wasser* eindringen. Durch diesen anhaltenden wirtschaftlichen Strukturwandel bzw. technologischen Paradigmenwechsel kann die derzeitige Feldstruktur weiterhin einen Wandel erfahren. Ehemals etablierte Feldakteure können ihre Feldpositionierung beibehalten, verbessern aber auch verschlechtern. Auch können neue Akteure in das Feld aufgenommen werden und bestimmte Feldpositionen einnehmen. Für das Clusterfeld *Wasser* hat sich gezeigt, dass die beiden großen Stromkonzerne unter einen massiven wirtschaftlichen, aber auch gesellschaftlichen Druck geraten sind, sich intensiv mit der Thematik der Erneuerbaren Energien auseinanderzusetzen. Für andere Akteure, insbesondere für die Stadtwerke als lokale und regionale Stromanbieter, hat sich der Wandel in Feld *Wasser* als überaus positiv erwiesen, da sie ihre Feldpositionierung erheblich verbessern konnten, insbesondere ist dies an den höheren Marktanteilen dieser Akteursgruppe nachvollziehbar.

4.4. Zusammenfassung

Wie gezeigt werden konnte, sind die Entstehung und die weitere Entwicklung eines Felds eng an das Vorhandensein von Feldinteressen gebunden. Unter Feldinteressen sind dabei zum einen individuelle Interessen seitens der einzelnen Feldakteure, zum anderen ein allgemeines, kollektives Feldinteresse aller Feldakteure zu verstehen. Mit individuellen Feldinteressen sind die Individualinteressen der potentiellen und tatsächlichen Feldakteure angesprochen. Diese speziellen Feldinteressen orientieren sich dabei an der Art des Feldakteurs. Die einzelnen individuellen Feldinteressen kumulieren in einem kollektiven Feldinteresse. Unter einem kollektiven Feldinteresse ist somit ein übergeordnetes Interesse zu verstehen, welches für alle Feldakteure Gültigkeit besitzt. Das Vorhandensein von individuellen und einem kollektiven Feldinteresse ist von zentraler Bedeutung für die Ausgestaltung eines Felds.

In der Besprechung und Vorstellung der Fallstudien für Erneuerbare Energien zeigte sich, dass die untersuchten Clusterfelder für Erneuerbare Energien unterschiedlich ausgestaltet sind, und in diesem Sinne als heterogene Feldzusammenhänge, d.h. voneinander abweichend, beschrieben werden können. Für alle besprochenen Felder konnte zwar ein ähnlich gelagertes Feldinteresse festgestellt werden, jedoch treten die Feldakteure in den jeweiligen Feldern unterschiedlich an diese Interessenslagen in Hinblick auf die Feldgestaltung heran. Bei der Besprechung der Feldphasen hat sich gezeigt, dass die Felder für Erneuerbare Energien übereinstimmend Mitte der 1990er Jahre gegründet wurden. Einen erheblichen Anteil am Wachstum der einzelnen Clusterfelder sowie des nationalen Felds hatte das EEG. Durch diese elementare Rahmenbedingung, eingeführt durch den politischen Akteur auf Bundesebene, wurde ein Feldinteresse für die potentiellen Feldakteure bereitgestellt. In Zuge des EEGs und der damit verbunden wirtschaftlichen Planungssicherheit, u.a. aufgrund der gesetzlich festgelegten Einspeisevergütung, war es für die wirtschaftlichen Akteure lukrativ bzw. interessant, sich mit dem Gegenstandsbereich der Erneuerbaren Energien zu befassen. Die wirtschaftlichen Akteure konnten dabei über Unternehmensneugründungen, über Umstrukturierungen des ursprünglichen Geschäftsmodells oder über Zukäufe in die Felder der Erneuerbaren Energien eintreten. Die Phase der Entwicklung der Felder samt dem Auftreten neuer Feldakteure ist weitestgehend abgeschlossen. Momentan befinden sich die Felder der Erneuerbaren Energien tendenziell im Übergang zu einer kritischen Feldphase. Im Segment der Solarenergie ist diese kritische Phase bereits erreicht.

Als die zentrale Akteursgruppe in den Feldern für Erneuerbare Energien konnten, übergreifend für die besprochenen Fallstudien, die politischen Akteure festgestellt werden. Bezogen auf den Kontext der Clusterfelder handelt es sich dabei um die jeweiligen politischen Akteure auf der Bundesländerebene. Zudem ist der politische Akteur auf Bundesebene zwar von einer eher passiven, aber dennoch von gewichtiger Bedeutung für die Felder der Erneuerbaren Energien. Über gesetzliche Vorgaben hat der politische Akteur auf der nationalen Ebene die Möglichkeit als Setzer von Rahmenbedingungen, und in diesem Sinne auch einen erheblichen Anteil an der Ausgestaltung der einzelnen Clusterfelder. Des Weiteren ist der politische Akteur auf der nationalen Ebene im Sinn eines Regulativs sowie eines Korrektivs für die Felder der Erneuerbaren Energien zu verstehen. In diesem Sinne reguliert er zum einen das Feld, zum anderen korrigiert er systemische und strukturelle Nachteile des nationalen Wirtschaftsmodells. Dem hingegen treten die politischen Akteure auf der spezifischen Bundesländerebene direkt als aktive Akteure in den Clusterfeldern auf, indem sie eine bestimmte Technologie- bzw. Industrieförderung, und somit auch Clusterförderung, verfolgen. Hierbei wird, durch gezielte Fördermaßnahmen dieser politischen Akteure, ein koordiniertes Zusammenwirken der weiteren Feldakteure ermöglicht. Die wirtschaftlichen Akteure in den Feldern für Erneuerbare Energien sind insbesondere mit dem noch nicht vollständig abgeschlossenen Strukturwandel in der Energiewirtschaft konfrontiert. Die Akteure müssen sich dabei nicht nur mit einem externen Strukturwandel auseinandersetzen, sondern sie müssen sich auch feldintern hinsichtlich ihrer Feldpositionen neu orientieren. Veränderte Rahmenbedingungen, u.a. in Form der Energiewende, und neuartige Technologien begründen für die wirtschaftlichen Akteure neue Feldregeln und führen zu einer Neuverteilung der feldrelevanten Ressourcen.

Wie sich zeigte, können diese neuen Feldbedingungen sowohl zum Vor- als auch zum Nachteil der wirtschaftlichen Akteure gereichen. Zum Vorteil werden die geänderten Feldbedingungen für diejenigen Akteure, die sich eine verbesserte Feldposition aufgrund der Veränderungen im Feld erarbeiten konnten. Jedoch wirkt sich der Wandel im Feld für diejenigen Akteure nachteilig aus, die dadurch ihre ursprüngliche Feldposition verloren haben bzw. nicht mehr in der Lage sind, diese zu verteidigen. Es zeigt sich, dass in den Feldern für Erneuerbare Energien gegenwärtig ein dynamisches Feldumfeld vorherrscht. Als finanzielle Akteure agieren verschiedene Akteure in den Feldern für Erneuerbare Energien. Es hat sich in der Besprechung der einzelnen Clusterfelder angedeutet, dass es keinen dominanten Akteur hinsichtlich der Finanzierung gibt. In den einzelnen Clusterfeldern sind sowohl traditionelle finanzielle Akteure, u.a. Banken oder private Investoren, aber auch relativ neuartige finanzielle Akteure, u.a. Risikokapitalgeber oder institutionelle Investoren, vertreten. Als die bedeutendste Finanzierungsform wurde jedoch die Kreditfinanzierung über Banken festgestellt. Technische und wissenschaftliche Akteure sind von wichtiger Bedeutung in den Feldkontexten, sie nehmen jedoch eher passive Positionen in den Clusterfeldern für Erneuerbare Energien ein. In Form von gesamtgesellschaftlichen Bewegungen sind soziale Akteure von wichtiger Bedeutung für die Felder für Erneuerbare Energien, da sie eine wesentliche Akteursgruppe in der Herbeiführung eines gesellschaftlichen bzw. umweltpolitischen Umdenkens und somit auch eine zentrale Akteursgruppe eines technischen Strukturwandels waren bzw. sind.

Für alle besprochenen Clusterfelder zeigte sich jedoch auch, dass in ihnen jeweils spezifische Interessenslagen angelegt sind. Diese Interessenslagen sind, bezogen auf den jeweiligen Gegenstandsbereich, für die nationalen Felder sowie für die einzelnen Clusterfelder identisch. In den Feldern für Erneuerbare Energien liegt das kollektive Feldinteresse der Feldakteure im Umgang mit dem dort stattfindenden Strukturwandel sowie in den Herausforderungen und Chancen, die sich durch die sogenannte Energiewende ergeben. Hiermit geht zudem die Erschließung eines neuen Marktfelds einher. Die einzelnen Feldakteure sind zudem an der Etablierung bzw. Verteidigung der eigenen Feldposition in diesem neuen, dynamischen Marktumfeld interessiert. Es zeigt sich zudem, dass sich in spezifischen Fällen, hier in den Feldern *Wind* und *Wald*, Krisensituationen manifestieren. Für die untersuchten Clusterfelder konnte ebenfalls gezeigt werden, dass es wiederkehrende bzw. ähnliche Feldakteure sind, die die jeweiligen Felder prägen und gestalten. Insbesondere konnte gezeigt werden, dass politische, finanzielle und wirtschaftliche Akteure die wesentlichen Feldakteure darstellen. In den Clusterfeldern *Wind* und *Solar* sind insbesondere die wirtschaftlichen Akteure von zentraler Bedeutung, dem hingegen in den Clusterfeldern *Wald* und *Wasser* die politischen Akteure auf der jeweiligen Bundesländerebene. Des Weiteren konnte aufgezeigt werden, dass für alle Felder der politische Akteur auf der national-staatlichen Ebene von essentiellem Einfluss für die Feldgestaltung ist. Dieser Akteur nimmt Einfluss über seine Kompetenzen in der Rahmensetzung, insbesondere über die gesetzlichen Vorgaben in Form des EEGs. Die zentralen Feldakteure sind für die jeweiligen Clusterfelder von essentieller Bedeutung, da sie das Feldumfeld und das Feldgefüge in entscheidender Art und Weise prägen. Zudem besteht ein wechselseitiges Verhältnis zwischen Feldakteuren und dem jeweiligen Feld.

5. Schlussbetrachtung

Die Ausgangspunkte der vorliegenden Untersuchung waren zunächst die Infrage-stellung des Konzepts der sozialen Einbettung nach Mark Granovetter und die Ent-wicklung eines alternativen Erklärungskonzepts. Die Feldtheorie wird als ein viel-versprechendes Konzept angesehen, mit dem sowohl soziale als auch wirtschaft-liche Phänomene besprochen werden können. Ein weiterer Gegenstand dieser Arbeit war es zudem, der Frage nachzugehen, welche Bedeutung räumlich be-grenzte, institutionelle Ensembles für die Ausgestaltung bestimmter wirtschaft-licher Handlungsweisen einnehmen. Hierfür wurde auf den Untersuchungsgegen-stand des Wirtschaftsclusters abgestellt. Diesbezüglich wurden die Ansätze der ökonomischen Felder nach Pierre Bourdieu sowie der strategischen Handlungs-felder nach Neil Fligstein und Doug McAdam hervorgehoben. Dabei wurde ins-besondere der Feldansatz nach Fligstein und McAdam durch ein modifiziertes Feldkonzept erweitert. Zusammenfassend ist dabei festzuhalten, dass eine wirt-schaftssoziologisch geprägte Feldtheorie eine geeignete Herangehensweise darstellt, wirtschaftliche Phänomene und Fragestellungen aus einer soziologischen Perspek-tive zu analysieren und zu interpretieren. Als eine weitere zentrale Erkenntnis der vorliegenden Arbeit ist zudem festzuhalten, dass mit den untersuchten Cluster-feldern innerhalb eines nationalstaatlichen Wirtschaftsmodells spezifische region-ale soziale bzw. institutionelle Zusammenhänge aufzufinden sind, die nicht unein-geschränkt den Vorgaben des nationalen Wirtschaftsmodells entsprechen, sondern vielmehr Abweichungen und Eigenheiten aufweisen können, die diesen besonderen räumlichen Settings eigen sind. Insbesondere zeigen sich in diesen regionalen Kontexten Möglichkeiten, potentielle Schwachpunkte des nationalen Wirtschafts-modells auszugleichen.

Für die Einführung in den Gesamtzusammenhang dieser Arbeit wurden die strukturellen und raumtheoretischen Rahmenbedingungen des allgemeinen, nat-ionalen Wirtschaftsmodells in Deutschland vorgestellt. Bezugnehmend auf die spe-zifischen Eigenheiten von Finanz- und Innovationssystemen für die Ausgestaltung nationaler und regionaler Wirtschaftszusammenhänge wurde neben der Besprechung verschiedener Eigenschaften von Finanzsystemen die Ansätze der nationalen, regionalen und sektoralen Innovationssysteme vorgestellt. In der Auseinandersetzung mit diesen allgemeinen strukturellen Rahmenbedingungen wurde ersichtlich, dass für eine tiefergehende Behandlung der vorliegenden Fragestellungen eine Konkretisierung der räumlichen Dimension notwendig ist. Hierfür diente die Besprechung unterschiedlicher Raumkonzepte. Als Raumkonzepte wurden diesbezüglich sowohl wirtschaftsräumliche als auch soziologische Ansätze dargestellt. Unter Wirtschaftsräumen wurden die industriellen Distrikte nach Alfred Marshall, die regionalen Produktionswelten nach Michael Storper sowie der Clusteransatz nach Michael Porter eingeführt. Für eine Ergänzung und Anreicherung dieser wirtschaftsräumlichen Zusammenhänge wurden spezifische soziologische Raumkonzepte genutzt. In Zuge dieser konzeptionellen Zusammenführung der genannten Ansätze wurden Wirtschaftscluster nunmehr als spezifische soziale und institutionelle Einheiten angesehen. Ein Cluster ist in diesem Sinne als ein spezifischer räumlicher, zu meist regionaler, Kontext zu verstehen. Es wird dabei angenommen, dass in einem solchen Kontext spezifische Eigenheiten zum Tragen kommen, die das Cluster von anderen, es umgebenden, wirtschaftsräumlichen Strukturen unterscheidet. In diesem Zusammenhang wurden Cluster als wesentliche Bestandteile eines nationalen Wirtschaftszusammenhangs identifiziert und interpretiert. Diese regionalen Wirtschaftseinheiten orientieren sich dabei in einem ersten Zugang an politischen Vorgaben. Für eine Untersuchung spezifischer sozialer und institutioneller Settings erwies sich diese Herleitung des Untersuchungsbereichs jedoch als zu grob. Deshalb wurde eine Untersuchungsebene gewählt, die zwar an spezifischen räumlichen Grenzen festgemacht werden kann, die sich aber nicht allein auf Basis politischer Vorgaben entwickelt hat, sondern die historisch gewachsen ist. Als eine solche gewachsene Struktur wurden Wirtschaftscluster angesehen.

Im Sinne der Annäherung an den Gegenstand der Wirtschaftscluster wurden verschiedene feldtheoretische Ansätze dargestellt und besprochen. Diese spezifischen Feldkonzepte wurden als weiterführende und tiefergehende Ansätze verstanden, die das Paradigma des Konzepts der Einbettung nach Mark Granovetter in Frage stellen bzw. ersetzen könnten. Hierfür wurden zunächst erste sozialwissenschaftliche bzw. soziologische Feldüberlegungen nach Kurt Lewin und Georg Simmel angeführt. Nach der Vorstellung der organisationalen Felder nach Paul DiMaggio und Walter Powell sowie dem Ansatz der Marktfelder nach Harrison White wurde ein besonderer Fokus auf die ökonomischen Felder nach Pierre Bourdieu sowie auf die strategischen Handlungsfelder nach Neil Fligstein und Doug McAdam gelegt. Insbesondere in Bezug auf den Feldansatz nach Fligstein und McAdam wurde ein weiterführender Feldansatz in die Diskussion eingeführt. Ein Feld betont dabei das enge Zusammenwirken von Institutionen, Netzwerken und kognitiven Rahmungen. Zudem zeichnen sich Felder über die

122

individuellen sowie kollektiven Interessenslagen aus, die zusammengenommen die Grundlagen für die Bildung eines Felds darstellen. Über eine Signalsetzung von gleichgelagerten Interessen formieren sich Akteure in einem bestimmten Feldkontext. Über die gegen- und wechselseitige Wahrnehmung der Akteure, der Aushandlung von feldspezifischen Ressourcen sowie der Etablierung feldspezifischer Logiken und Handlungsweisen entsteht ein spezifischer Feldzusammenhang. Die Feldakteure nehmen in ihren jeweiligen Feldern Positionen ein, die ihrem Feldstatus, welcher insbesondere an die Feldressourcen gekoppelt ist, entsprechen. Ein Feld ist dabei als ein dynamisches Umfeld zu begreifen. Die Feldpositionen, Feldgrenzen sowie weitere Feldspezifika sind stetigen Wandlungsprozessen ausgesetzt. Ein Feld kann durch interne als auch durch externe Faktoren irritiert werden.

Die Konstellation der untersuchten Wirtschaftscluster für Erneuerbare Energien gestaltet sich uneinheitlich aus. Als generelle Feldinteressen sind die Chancen und Risiken der Energiewende und damit einhergehend das Ausschöpfen eines neuen Marktumfelds anzuführen. Das Stadium der Feldgenerierung ist in den untersuchten vier Clusterfeldern für Erneuerbare Energien bereits abgeschlossen. Jedoch sind die Felder in unterschiedlichen Feldphasen. Während bei zwei der untersuchten Clusterfelder *Wind* und *Wasser* etablierte und stabile Feldstrukturen auffindbar sind, befinden sich die beiden weiteren Clusterfelder *Solar* und *Wald* in Krisenphasen. Auch ist feststellbar, dass sich die zentralen Feldakteure in den einzelnen Clusterfeldern in wesentlichen Aspekten unterscheiden. Für alle Felder der Erneuerbaren Energien ist der politische Akteur auf der nationalstaatlichen Ebene als der zentrale Akteur hervorzuheben. Dieser Akteur bestimmt über die Setzung von spezifischen Rahmenbedingungen für die Branche der Erneuerbaren Energien, in einer passiven bzw. indirekten Weise, auch die Ausgestaltung der einzelnen Clusterfelder für Erneuerbare Energien entscheidend mit. In Form von rechtlichen Rahmenbedingungen, hierbei insbesondere durch das EEG, prägt er ein zentrales Element des Feldkontextes. Auch werden andere Akteure, insbesondere wirtschaftlicher Art, von diesen Rahmenbedingungen mitgeprägt. Als weitere wichtige Feldakteure sind sowohl sonstige politische als auch wirtschaftliche sowie finanzielle Akteure aufzufinden. Diese Akteursgruppen lassen sich jedoch in den einzelnen Clusterfeldern in einem unterschiedlichen Umfang feststellen. In diesem Sinne zeigen sich in den Wirtschaftsclustern für Erneuerbare Energien Eigen- und Besonderheiten, die als regionale oder lokale Abweichungen vom vorherrschenden nationalen Wirtschaftsmodell interpretiert werden können.

Für die untersuchten Clusterfelder konnte gezeigt werden, dass sich diese aufgrund ihrer heterogenen Ausgestaltung jeweils individuell entwickelt haben. So kann nicht von einem einheitlichen Konstrukt der Erneuerbaren Energien gesprochen werden, sondern vielmehr von jeweiligen individuellen Einheiten. Diese Einheiten orientieren sich zwar an den allgemeinen nationalen Rahmenbedingungen. In der Umsetzung ihrer individuellen Strategien nutzen die Cluster-felder sowohl Elemente einer koordinierten als auch einer liberalen Markt-wirtschaft. Dies betrifft insbesondere die individuelle Ausgestaltung der Wirt-schaftscluster. Es ist dabei zu beachten, dass dem politischen Akteur auf der national-staatlichen Ebene eine sehr zentrale und prominente Rolle in der Aus-gestaltung der Clusterfelder für Erneuerbare Energien in Deutschland zukommt. So übernimmt der politische Akteur auf der nationalen Ebene über die Vorgabe von Rahmenbedingungen, insbesondere in der Form von gesetzlichen Vorgaben, die Rolle eines Regulierers im eigentlichen freien Spiel der Akteure. In diesem Sinne ist das Umfeld der Erneuerbaren Energien als ein koordiniertes Gesamtkonstrukt zu verstehen. In diesem Konstrukt bestehen jedoch für die einzelnen Akteure die Möglichkeiten, individuelle Wege zu beschreiten und Nischen zu besetzen. In diesem Verständnis können sich dann wiederum lokale oder regionale Abweich-ungen vom nationalen Organisations- bzw. Wirtschaftsmodell ergeben. Somit resultiert im Fall der Erneuerbaren Energien die regionale Varietät aus den jeweiligen vorliegenden lokalen Gegebenheiten eines jeden einzelnen Clusterfelds.

Es ist davon auszugehen, dass soziale sowie institutionelle Zusammenhänge unter Bezugnahme einer entsprechenden Feldtheorie interpretiert und analysiert werden können. Es wurde auch darauf hingewiesen, dass der klassische Cluster-begriff ein eher ungeeignetes Grundgerüst für eine fundierte soziologische Unter-suchung darstellt, da das dahinterstehende theoretische Konzept als nicht ausreich-end für die Besprechung sozialer und institutioneller Zusammenhänge anzusehen ist. Unter diesem Gesichtspunkt sind Feldkonzepte als umfassender und sensibler für entsprechende wirtschaftssoziologische Fragestellungen zu verstehen. Für die untersuchten Wirtschaftscluster kann festgehalten werden, dass sie als spezifische Felder analysiert und interpretiert werden können. Über den gewählten feldtheo-retischen Zugang wird es dabei ermöglicht, wirtschaftliche Phänomene in einem umfassenderen Gesamtzusammenhang zu betrachten, als es insbesondere mit dem Einbettungskonzept möglich ist (vgl. Fuchs et al. 2012). Die Heterogenität der untersuchten Felder gilt auch für den Gesamtbereich der Erneuerbaren Energien in Deutschland. Es sind nationale Vorgaben vorhanden, insbesondere in Form des EEGs, diese Vorgaben finden aber jeweils regional-spezifische Umsetzungen. In diesem Sinn ergibt sich eine bestimmte regionale Varietät aus den jeweiligen lokalen Gegebenheiten. Insgesamt konnte somit gezeigt werden, dass unterhalb der nationalstaatlichen Ebene spezifische soziale und institutionelle Zusammenhänge in einem spezifischen räumlichen Umfeld, den Wirtschaftsclustern, aufzufinden sind, die nicht uneingeschränkt dem nationalen Wirtschaftsmodell entsprechen, sondern vielmehr Abweichungen und Eigenheiten aufweisen, die diesen besond-eren räumlichen Settings eigen sind (vgl. Cooke 2012). Insbesondere zeigen sich in diesen regionalen Kontexten Möglichkeiten, potentielle Schwachpunkte des nationalen Wirtschaftsmodells auszugleichen.

6. Literaturverzeichnis

Abolafia, Mitchel (1998): Markets and Culture. An Ethnographic Approach, in: Callon, Michel (Ed.): The Laws of the Markets, Oxford: Blackwell: 69-85.

Allen, Franklin/ Carletti, Elena (2010): The Roles of Banks in Financial Systems, in: Berger, Allen/ Molyneux, Philip/ Wilson, John (Eds.): Oxford Handbook of Banking, Oxford: Oxford University Press: 37-57.

Allen, Franklin/ Chui, Michael/ Maddaloni, Angela (2004): Financial Systems in Europe, the USA, and Asia, in: Oxford Review of Economic Policy, Vol. 20, No. 4: 490-508.

Allen, Franklin/ Gale, Douglas (2001): Comparing Financial Systems, Cambridge: MIT Press.

Altemayer-Butscher, Daniel (2009): Region als Vision, in: Hey, Marissa/ Engert, Kornelia (Hrsg.): Komplexe Regionen – Regionenkomplexe, Wiesbaden: VS-Verlag: 27-52.

Amable, Bruno (2003): The Diversity of Modern Capitalism, Oxford: Oxford University Press.

Amable, Bruno/ Palombarini, Stefano (2009): A Neorealist Approach to Institutional Change and the Diversity of Capitalism, in: Socio-Economic Review, 7: 123-143.

Antonczyk, Ron Christian/ Breuer, Wolfgang/ Brettel, Malte (2012): Venture Capital in Germany: The Role of Venture Capital Firms' Experience, Ownership Structure, and Agency Problems, in: Cumming, Douglas (Ed.): The Oxford Handbook of Venture Capital, Oxford: Oxford University Press: 571-601.

Asheim, Bjørn (2000): Industrial Districts: The Contributions of Marshall and Beyond, in: Clark, Gordon/ Feldman, Maryann/ Gertler, Meric (Eds.): The Oxford Handbook of Economic Geography, Oxford: Oxford University Press: 413-431.

Asheim, Bjørn/ Gertler, Meric (2005): The Geography of Innovation. Regional Innovation Systems, in: Fagerberg, Jan/ Mowery, David/ Nelson, Richard

(Eds.): The Oxford Handbook of Innovation, Oxford: Oxford University Press: 291–317.

Asheim, Bjørn/ Herstad, Sverre (2005): Regional Innovation Systems, Varieties of Capitalism and Non-local Relations. Challenges From the Globalising Economy, in: Boschma, Ron/ Kloosterman, Robert (Eds.): Learning from Clusters, Dordrecht: Kluwer: 169-201.

Aspers, Patrik (2007): Wissen und Bewertung auf Märkten, in: Berliner Journal für Soziologie, 17. Jg., Heft 4: 431-449.

Audretsch, David/ Feldman, Maryann (1996): R&D Spillovers and the Geography of Innovation and Production, in: American Economic Review, Vol. 86, No. 3: 630-640.

Audretsch, David/ Hülsbeck, Marcel/ Lehmann, Erik (2011): Regional Competitiveness, University Spillovers, and Entrepreneurial Activity, in: Small Business Economics, Vol. 39, Issue 3: 587-601.

Baecker, Dirk (1991): Womit handeln Banken? Eine Untersuchung zur Risikoverarbeitung in der Wirtschaft, Frankfurt: Suhrkamp.

Baecker, Dirk (1992): Für eine Soziologie der Banken, in: Sociologia Internationalis, Band 30, Heft 1: 101-116.

Baptista, Rui (1998): Clusters, Innovation, and Growth: A Survey of the Literature, in: Swann, Peter/ Prevezer, Martha/ Stout, David (Eds.): The Dynamics of Industrial Clustering, Oxford: Oxford University Press: 13-51.

Baptista, Rui/ Swann, Peter (1998): Do Firms in Clusters Innovate More? In: Research Policy, 27: 525-540.

Bardt, Hubertus/ Niehues, Judith/ Techert, Holger (2012): Die Förderung erneuerbarer Energien in Deutschland, Köln: Hundt.

Bathelt, Harald/ Glückler, Johannes (2011): The Relational Economy, New York: Oxford University Press.

Becattini, Giacomo (1978): The Development of Light Industry in Tuscany. An Interpretation, in: Economic Notes, 2: 107-123.

Becattini, Giacomo (1990): The Marshallian Industrial District as a Socio-economic Notion, in: Pyke, Frank / Sengenberger, Werner (Eds.): Industrial Districts and Inter-firm Co-operation in Italy, Geneva: International Institute for Labor Studies: 37-51.

Beck, Thorsten/ Levine, Ross (2002): Industry Growth and Capital Allocation. Does Having a Market- or Bank-Based System Matter? In: Journal of Financial Economics, 64: 147-180.

Beck, Thorsten/ Levine, Ross/ Loayza, Norman (2000): Finance and the Sources of Growth, in: Journal of Financial Economics, 58: 261-300.

Beck, Ulrich/ Loon, Joost van (2011): Until the Last Ton of Fossil Fuel Has Burnt to Ashes: Climate Change, Global Inequalities and the Dilemma of Green

Politics, in: Held, David/ Hervey, Angus/ Theros, Marika (Eds.): The Governance of Climate Change, Cambridge: Polity Press: 111-134.

Beckert, Jens (1996): Was ist soziologisch an der Wirtschaftssoziologie? Ungewissheit und die Einbettung wirtschaftlichen Handelns, in: Zeitschrift für Soziologie, 25. Jg., Heft 2: 125-146.

Beckert, Jens (1997): Grenzen des Marktes. Die sozialen Grundlagen wirtschaftlicher Effizienz, Frankfurt: Campus.

Beckert, Jens (2007a): Die soziale Ordnung von Märkten, in: Beckert, Jens/ Diaz-Bone, Rainer/ Ganßmann, Heiner (Hrsg.): Märkte als soziale Strukturen, Frankfurt: Campus: 43-62.

Beckert, Jens (2007b): Die Abenteuer der Kalkulation. Zur sozialen Einbettung ökonomischer Rationalität, in: Leviathan, 34. Jg., Heft 3: 295-309.

Beckert, Jens (2009): The Great Transformation of Embeddedness: Karl Polanyi and the New Economic Sociology, in: Hann, Chris/ Keith Hart (Eds.): Market and Society: The Great Transformation Today, New York: Cambridge University Press: 38-55.

Beckert, Jens (2010a): How Do Fields Change? The Interrelations of Institutions, Networks, and Cognition in the Dynamics of Markets, in: Organization Studies, Vol. 31, No. 5: 605-627.

Beckert, Jens (2010b): Institutional Isomorphism Revisited. Convergence and Divergence in Institutional Change, in: Sociological Theory, Vol. 28, No. 2: 150-166.

Beckert, Jens (2011): Postscript: Fields and Markets. Sociological and Historical Perspectives, in: Historical Social Research, Vol. 36, No. 3: 223-234.

Beckert, Jens (2012): Die sittliche Einbettung der Wirtschaft. Von der Effizienz- und Differenzierungstheorie zu einer Theorie wirtschaftlicher Felder, in: Berliner Journal für Soziologie, 22: 247-266.

Beckert, Jens/ Diaz-Bone, Rainer/ Ganßmann, Heiner (Hrsg.) (2007): Märkte als soziale Strukturen, Frankfurt: Campus.

Berger, Peter/ Luckmann, Thomas (2001): Die gesellschaftliche Konstruktion der Wirklichkeit, 18. Aufl., Frankfurt: Fischer. [1966]

Beyer, Jürgen (2006): Pfadabhängigkeit: Über institutionelle Kontinuität, anfällige Stabilität und fundamentalen Wandel, Frankfurt: Campus.

Beyer, Jürgen (2009): Spielarten des Kapitalismus. Empirische Einwände gegen die Verfestigungsannahme, in: Pfau-Effinger, Birgit/ Magdalenic, Sladana/ Wolf, Christof (Hrsg.): International vergleichende Sozialforschung, Wiesbaden: VS-Verlag: 41-64.

Black, Bernard/ Gilson, Ronald (1998): Venture Capital and the Structure of Capital Markets. Banks versus Stock Markets, in: Journal of Financial Economics, 47: 243-277.

Blättel-Mink, Birgit (2006): Kompendium der Innovationsforschung, Wiesbaden: VS-Verlag.

Blättel-Mink, Birgit (2009): Innovationssysteme. Soziologische Anschlüsse, in: Blättel-Mink, Birgit/ Ebner, Alexander (Hrsg.): Innovationssysteme, Wiesbaden: VS-Verlag: 177-195.

Blättel-Mink, Birgit/ Ebner, Alexander (2009): Innovationssysteme im wissenschaftlichen und gesellschaftlichen Diskurs, in: Ebd. (Hrsg.): Innovationssysteme, Wiesbaden: VS-Verlag: 11-23.

Block, Fred/ Polanyi, Karl (2003): Karl Polanyi and the Writing of ‚The Great Transformation', in: Theory and Society, Vol. 32, No. 3: 275-306.

BMJ (2008): Gesetz für den Vorrang Erneuerbarer Energien, unter: http://www.gesetze-im-internet.de/bundesrecht/eeg_2009/gesamt.pdf. [Letzter Zugriff: 19.07.2014]

BMU (2013a): Entwicklung der Erneuerbaren Energien in Deutschland im Jahr 2012, unter: http://www.erneuerbare-energien.de/fileadmin/Daten_EE/Dokumente__PDFs_/hgp_d_ppt_2012_fin_bf.pdf. [Letzter Zugriff: 21.07.2014]

BMU (2013b): Erneuerbare Energien in Zahlen. Nationale und internationale Entwicklungen, unter: http://www.erneuerbare-energien.de/fileadmin/Daten_EE/Dokumente__PDFs_/ee_in_zahlen_bf.pdf. [Letzter Zugriff: 27.03.2014]

Boekema, Frans/ Morgan, Kevin/ Bakkers, Silvia/ Rutten, Roel (Eds.) (2000): Knowledge, Innovation, and Economic Growth. The Theory and Practice of Learning Regions, Cheltenham: Edward Elgar Publishing.

Bogner, Alexander/ Menz, Wolfgang (2009a): Experteninterviews in der qualitativen Sozialforschung. Zur Einführung in eine sich intensivierende Methodendebatte, in: Bogner, Alexander/ Littig, Beate/ Menz, Wolfgang (Hrsg.): Das Experteninterview, 3., grundl. u. überarb. Aufl., Wiesbaden: VS-Verlag: 7-31.

Bogner, Alexander/ Menz, Wolfgang (2009b): Das theoriegenerierende Experteninterview. Erkenntnisinteresse, Wissensformen, Interaktion, in: Bogner, Alexander/ Littig, Beate/ Menz, Wolfgang (Hrsg.): Das Experteninterview, 3., grundl. u. überarb. Aufl., Wiesbaden: VS-Verlag: 61-98.

Boltanski, Luc/ Thévenot, Laurent (2007): Über die Rechtfertigung. Eine Soziologie der kritischen Urteilskraft, Hamburg: Hamburger Edition.

Bongaerts, Gregor (2008): Verdrängungen des Ökonomischen. Bourdieus Theorie der Moderne, Bielefeld: Transcript.

Bottazzi, Laura/ Da Rin, Marco (2005): Financing Entrepreneurial Firms in Europe – Facts, Issues, and Research Agenda, in: Kanniainen, Vesa/ Keuschnigg,

Christian (Eds.): Venture Capital, Entrepreneurship, and Public Policy, Cambridge: MIT Press: 3-32.

Bottazzi, Laura/ Da Rin, Marco/ Ours, Jan van/ Berglöf, Erik (2002): Venture Capital in Europe and the Financing of Innovative Companies, in: Economic Policy, Vol. 17, No. 34: 229-269.

Bourdieu, Pierre (1974a): Künstlerische Konzeption und ein intellektuelles Kräftefeld, in: Ebd. (Hrsg.): Zur Soziologie der symbolischen Formen, Frankfurt: Suhrkamp: 75-124. [1966]

Bourdieu, Pierre (1974b): Zur Soziologie symbolischer Formen, Frankfurt: Suhrkamp. [1970]

Bourdieu, Pierre (1982): Die feinen Unterschiede, Frankfurt: Suhrkamp. [1979]

Bourdieu, Pierre (1987): Sozialer Sinn, Frankfurt: Suhrkamp. [1980]

Bourdieu, Pierre (1990): Was heißt sprechen? Die Ökonomie des sprachlichen Tausches, Wien: Braumüller. [1982]

Bourdieu, Pierre (1991): Sozialer Raum und Klassen, 2. Aufl., Frankfurt: Suhrkamp. [1985]

Bourdieu, Pierre (1992): Rede und Antwort, Frankfurt: Suhrkamp.

Bourdieu, Pierre (1993): Soziologische Fragen, Frankfurt: Suhrkamp. [1980]

Bourdieu, Pierre (1997a): Ökonomisches Kapital, Kulturelles Kapital, Soziales Kapital, in: Steinrücke, Margareta (Hrsg.): Die verborgenen Mechanismen der Macht, unveränd. Nachdruck, Hamburg: VSA-Verlag: 49-79. [1992]

Bourdieu, Pierre (1997b): Zur Genese der Begriffe Habitus und Feld, in: Steinrücke, Margareta (Hrsg.): Der Tote packt den Lebenden, Hamburg: VSA-Verlag: 59-78.

Bourdieu, Pierre (1998): Praktische Vernunft. Zur Theorie des Handelns, Frankfurt: Suhrkamp. [1994]

Bourdieu, Pierre (2000): Making the Economic Habitus. Algerian Workers Revisited, in: Ethnography, Vol. 1, No. 1: 17-41.

Bourdieu, Pierre (2001a): Die Regeln der Kunst, Frankfurt: Suhrkamp.

Bourdieu, Pierre (2001b): Das politische Feld, Konstanz: UVK.

Bourdieu, Pierre (2002): Das ökonomische Feld, in: Steinrücke, Margareta (Hrsg.): Der Einzige und sein Eigenheim, erw. Neuausg., Hamburg: VSA-Verlag: 185-222.

Bourdieu, Pierre (2005): Principles of Economic Anthropology, in: Smelser, Neil/ Swedberg, Richard (Eds.): Handbook of Economic Sociology, 2nd ed., Princeton: Princeton University Press: 75-89.

Bourdieu, Pierre (2011a): Feld der Macht, intellektuelles Feld und Klassenhabitus, in: Schultheis, Franz/ Egger, Stephan (Hrsg.): Kunst und Kultur. Kunst und künstlerisches Feld. Schriften zur Kultursoziologie 4, Konstanz: UVK: 89-110.

Bourdieu, Pierre (2011b): Das literarische Feld, in: Schultheis, Franz/ Egger, Stephan (Hrsg.): Kunst und Kultur. Kunst und künstlerisches Feld. Schriften zur Kultursoziologie 4, Konstanz: UVK: 339-447.

Bourdieu, Pierre/ Wacquant, Loic (1996): Reflexive Anthropologie, Frankfurt: Suhrkamp.

Boyer, Robert (2000): Is a Finance-led Growth Regime a Viable Alternative to Fordism? A Preliminary Analysis, in: Economy and Society, Vol. 29, No. 1: 111-145.

Boyer, Robert (2008): Pierre Bourdieu, a Theoretician of Change? The View from Régulation Theory, in: Ebner, Alexander/ Beck, Nicolaus (Eds.): The Institutions of the Market, Oxford: Oxford University Press: 348-397.

Braun-Thürmann, Holger (2005): Innovation, Bielefeld: Transcript.

Brenner, Neil/ Jessop, Bob/ Jones, Martin/ MacLeod, Gordon (2003): Introduction: State Space in Question, in: Ibid (Eds.): State/Space, Malden: Blackwell Publishing: 1-26.

Brenner, Thomas (2004): Local Industrial Clusters. Existence, Emergence and Evolution, London: Routledge.

Breschi, Stefano (2008): Innovation-specific Agglomeration Economies and the Spatial Clustering of Innovative Firms, in: Karlsson, Charlie (Ed.): Handbook of Research on Innovation and Clusters, Cheltenham: Edward Elgar: 167-190.

Breschi, Stefano/ Malerba, Franco (1997): Sectoral Systems of Innovation. Technological Regimes, Schumpeterian Dynamics and Spatial Boundaries, in: Edquist, Charles. (Ed.): Systems of Innovation, London: Pinter Publishers: 130-156.

Breschi, Stefano/ Malerba, Franco (2005): Clusters, Networks and Innovation. Research Results and New Directions, in: Ibid. (Eds.): Clusters, Networks and Innovation, Oxford: Oxford University Press: 1-28.

Brown, Marilyn/ Sovacool, Benjamin (2011): Climate Change and Global Energy Security, Cambridge: MIT Press.

Bruns, Elke/ Ohlhorst, Dörte/ Wenzel, Bernd/ Köppel, Johann (2009): Erneuerbare Energien in Deutschland, Berlin: Universitätsverlag der TU Berlin.

Burroni, Luigi/ Trigilia, Carlo (2001): Italy: Economic Development through Local Economies, in: Crouch, Colin/ Le Galès, Patrick/ Trigilia, Carlo/ Voelzkow, Helmut (Eds.): Local Production Systems in Europe: Rise or Demise? Oxford: Oxford University Press: 46-78.

Cainelli, Giulio (2008): Industrial Districts: Theoretical and Empirical Insights, in: Karlsson, Charlie (Ed.): Handbook of Research on Cluster Theory, Cheltenham: Edward Elgar: 189-202.

Camagni, Roberto (Ed.) (1991): Innovation Networks. Spatial Perspectives, London: Belhaven.

Canter, Uwe/ Graf, Holger/ Meder, Andreas (2009): Urbane Innovationssysteme. Das Innovationsnetzwerk in Jena, in: Blättel-Mink, Birgit/ Ebner, Alexander (Hrsg.): Innovationssysteme, Wiesbaden: VS-Verlag: 199-228.

Caselli, Stefano (2010): Private Equity and Venture Capital in Europe. Markets, Techniques, and Deals, Amsterdam: Academic Press.

Casper, Steven (2007): Creating Silicon Valley in Europe, Oxford: Oxford University Press.

Casper, Steven (2010): The Comparative Institutional Analysis of Innovation. From Industrial Policy to the Knowledge Economy, in: Morgan, Glenn/ Campell, John/ Crouch, Colin/ Pedersen, Ove/ Whitley, Richard (Eds.): The Oxford Handbook of Comparative Institutional Analysis, Oxford: Oxford University Press: 335-362.

Casper, Steven/ Hollingsworth, Rogers/ Whitley, Richard (2005): Varieties of Capitalism. Comparative Institutional Approaches to Economic Organization and Innovation, in: Casper, Steven/ Waarden, Frans van (Eds.): Innovation and Institutions, Cheltenham: Elgar: 193-228.

Casper, Steven/ Soskice, David (2004): Sectoral Systems of Innovation and Varieties of Capitalism. Explaining the Development of High-Technology Entrepreneurship in Europe, in: Malerba, Franco (Ed.): Sectoral Systems of Innovation, Cambridge: Cambridge University Press: 348-387.

Clusterplattform Deutschland (2014): Clusterebene, unter: http://www.clusterplattform.de/de/clusterebene. [Letzter Zugriff: 09.07.2014]

Clusterportal Baden-Württemberg (2014): Clusterdatenbank, unter: http://www.clusterportal-bw.de/clusterdatenbank/clusterdb/Cluster/list/. [Letzter Zugriff: 09.07.2014]

Coleman, James (1986): Individual Interests and Collective Action, Cambridge: Cambridge University Press.

Comte, Auguste (1973): Plan der wissenschaftlichen Arbeiten, die für eine Reform der Gesellschaft notwendig sind, München: Hanser. [1822]

Conti, Sergio (2005): A Systematic Perspective on Local Development, in: Boschma, Ron/ Kloosterman, Robert (Eds.): Learning from Clusters, Dordrecht: Kluwer: 19-50.

Cooke, Philip (2004a): Regional Innovation Systems. An Evolutionary Approach, in: Cooke, Philip/ Heidenreich, Martin/ Braczyk, Hans-Joachim (Eds.): Regional Innovation Systems. The Role of Governance in a Globalized World, 2nd ed., London: Routledge: 1-18. [1998]

Cooke, Philip (2004b): The Regional Innovation System in Wales, in: Cooke, Philip/ Heidenreich, Martin/ Braczyk, Hans-Joachim (Eds.): Regional Innovation Systems. The role of Governance in a Globalized World, 2nd ed., London: Routledge: 214-233. [1998]

Cooke, Philip (2009): Regionale Innovationssysteme, Cluster und die Wissensökonomie, in: Blättel-Mink, Birgit/ Ebner, Alexander (Hrsg.): Innovationssysteme, Wiesbaden: VS-Verlag: 87-116.

Cooke, Philip (2012): Transversality and Transition: Green Innovation and New Regional Path Creation, in: European Planning Studies, Vol. 20, No. 5: 817-834.

Cooke, Philip/ De Laurentis, Carla/ Tödtling, Franz/ Trippl, Michaela (2007): Regional Knowledge Economies. Markets, Clusters and Innovation, Cheltenham: Edward Elgar.

Cooke, Philip/ Heidenreich, Martin/ Braczyk, Hans-Joachim (Eds.) (2004): Regional Innovation Systems. The Role of Governance in a Globalized World, 2nd ed., London: Routledge. [1998]

Cooke, Philip/ Huggins, Robert (2003): High-Technology Clustering in Cambridge (UK), in: Sforzi, Fabio (Ed.): The Institutions of Local Development, Aldershot: Ashgate: 51-72.

Cooke, Philip/ Lazzeretti, Luciana (Eds.) (2008): Creative Cities, Cultural Clusters and Local Economic Development, Cheltenham: Edward Elgar.

Cooke, Philip/ Morgan, Kevin (1998): The Associational Economy. Firms, Regions and Innovation, Oxford: Oxford University Press.

Crevoisier, Olivier (2004): The Innovative Milieus Approach: Toward a Territorialized Understanding of the Economy? In: Economic Geography, Vol. 80, No. 4: 367-379.

Crouch, Colin (1979): The Politics of Industrial Relations, Glasgow: Fontana/Collins.

Crouch, Colin (2005a): Capitalist Diversity and Change, Oxford: Oxford University Press.

Crouch, Colin (2005b): Models of Capitalism, in: New Political Economy, Vol. 10, No.4: 439-456.

Crouch, Colin/ Keune, Maarten/ Rafiqui, Pernilla/ Sjöberg, Örjan/ Tóth, András (2009): Three Cases of Changing Capitalism. Sweden, Hungary, and the United Kingdom, in: Crouch, Colin/ Voelzkow, Helmut (Eds.): Innovation in Local Economies. Germany in Comparative Context, Oxford: Oxford University Press: 43-69.

Crouch, Colin/ Schröder, Martin/ Voelzkow, Helmut (2009a): Regional and Sectoral Varieties of Capitalism, in: Economy and Society, Vol. 38, No.4: 654-678.

Crouch, Colin/ Schröder, Martin/ Voelzkow, Helmut (2009b): Conclusion. Local and Global Sources of Capitalist Diversity, in: Crouch, Colin/ Voelzkow, Helmut (Eds.): Innovation in Local Economies, Oxford: Oxford University Press: 169-188.

Crouch, Colin/ Voelzkow, Helmut (2009): Introduction. Local and Sectoral Diversity within National Economic Systems, in: Ibid. (Eds.): Innovation in Local Economies, Oxford: Oxford University Press: 1-21.

Cruz, Sara/ Teixeira, Aurora (2010): The Evolution of the Cluster Literature. Shedding Light on the Regional Studies-Regional Science Debate, in: Regional Studies, Vol. 44, No. 9: 1263-1288.

Culpepper, Pepper (2005): Institutional Change in Contemporary Capitalism. Coordinated Financial Systems since 1990, in: World Politics, Vol. 57, No. 2: 173-199.

Dagger, Steffen (2009): Energiepolitik und Lobbying, Stuttgart: Ibidem-Verlag.

Deeg, Richard (2005): Path Dependency, Institutional Complementarity, and Change in National Business Systems, in: Morgan, Glenn/ Whitley, Richard/ Moen, Eli (Eds.): Changing Capitalism? Internationalization, Institutional Change, and Systems of Economic Organization, Oxford: Oxford University Press: 21-52.

Deeg, Richard (2009): The Rise of Internal capitalist Diversity? Changing Patterns of Finance and Corporate Governance in Europe, in: Economy and Society, Vol. 38, No.4: 552-579.

Deeg, Richard (2010): Institutional Change in Financial Systems, in: Morgan, Glenn/ Campell, John/ Crouch, Colin/ Pedersen, Ove/ Whitley, Richard (Eds.): The Oxford Handbook of Comparative Institutional Analysis, Oxford: Oxford University Press: 309-334.

Deeg, Richard (2012): Financialisation and Models of Capitalism, in: Lane, Christel/ Wood, Geoffrey (Eds.): Capitalist Diversity and Diversity within Capitalism, London: Routledge: 121-149.

Deeg, Richard/ Jackson, Gregory (2007): Towards a more Dynamic Theory of Capitalist Variety, in: Socio-Economic Review, 5: 149-179.

Dequech, David (2003): Uncertainty and Economic Sociology, in: American Journal of Economics and Sociology, Vol. 62, No. 3: 509-532.

Deutschmann, Christoph (2007): Unsicherheit und soziale Einbettung: Konzeptionelle Probleme der Wirtschaftssoziologie, in: Beckert, Jens/ Diaz-Bone, Rainer/ Ganßmann, Heiner (Hrsg.): Märkte als soziale Strukturen, Frankfurt: Campus: 79-93.

Deutschmann, Christoph (2008b): Der Typus des Unternehmers in wirtschaftssoziologischer Sicht, in: Maurer, Andrea/ Schimank, Uwe (Hrsg.): Die Gesellschaft der Unternehmen – Die Unternehmen der Gesellschaft, Wiesbaden: VS-Verlag: 40-62.

Deutschmann, Christoph (2011): Limits to Financialization. Sociological Analyses of the Financial Crisis, in: European Journal of Sociology, Vol. 52, Issue 3: 347-389.

Diaz-Bone, Rainer (2005): Die ‚interpretative Analytik' als rekonstruktiv-strukturalistische Methodologie, in: Keller, Reiner/ Hirseland, Andreas/ Schneider, Werner/ Viehöver, Willy (Hrsg.): Die diskursive Konstruktion von Wirklichkeit, Konstanz: UVK: 179-197.

Diaz-Bone, Rainer (2007a): Habitusformierung und Theorieeffekte: Zur sozialen Konstruktion von Märkten, in: Beckert, Jens/ Diaz-Bone, Rainer/ Ganßmann, Heiner (Hrsg.): Märkte als soziale Strukturen, Frankfurt: Campus: 253-266.

Diaz-Bone, Rainer (2007b): Qualitätskonventionen in ökonomischen Feldern, in: Berliner Journal für Soziologie, Heft 4, 2007: 489-509.

Diaz-Bone, Rainer (2010a): Kulturwelt, Diskurs und Lebensstil, 2. erw. Aufl., Wiesbaden: VS-Verlag.

Diaz-Bone, Rainer (2010b): Qualitätskonstruktion und Marktstrukturen. Ein Vergleich der Économie des conventions mit dem Marktmodell von Harrison White, in: Fuhse, Jan/ Mützel, Sophie (Hrsg.): Relationale Soziologie, Wiesbaden: VS-Verlag: 163-178.

Diaz-Bone, Rainer (2011): Einführung in die Soziologie der Konventionen, in: Ebd. (Hrsg.): Soziologie der Konventionen, Frankfurt: Campus: 9-42.

Diaz-Bone, Rainer (2012): Ökonomische Felder und Konventionen. Perspektiven für die transdisziplinäre Analyse der Wirtschaft, in: Bernhard, Stefan/ Schmidt-Wellenburg, Christian (Hrsg.): Feldanalyse als Forschungsprogramm I, Wiesbaden: VS-Verlag: 99-119.

Diaz-Bone, Rainer/ Krell, Gertraude (2009): Einleitung: Diskursforschung und Ökonomie, in: Ebd. (Hrsg.): Diskurs und Ökonomie, Wiesbaden: VS-Verlag: 9-34.

Diaz-Bone, Rainer/ Salais, Robert (2011): Economics of Convention and the History of Economies. Towards a Transdisciplinary Approach in Economic History, in: Historical Social Research, Special Issue, Vol. 36, No. 4: 7-39.

DiMaggio, Paul (1982): Cultural Capital and School Success: The Impact of Status Culture Participation on the Grades of U.S. High Students, in: American Sociological Review, Vol. 47, No. 2: 189-201.

DiMaggio, Paul (1988): Interest and Agency in Institutional Theory, in: Zucker, Lynne (Ed.): Institutional Patterns and Organizations. Culture and Environment, Cambridge: Ballinger: 3-21.

DiMaggio, Paul (1991): Construction an Organizational Field as a Professional Project, in: Powell, Walter/ DiMaggio, Paul (Eds.): The New Institutionalism in Organizational Analysis, Chicago: Chicago University Press: 267-292.

DiMaggio, Paul (1997): Culture and Cognition, Annual Review of Sociology, 23: 263-287.

DiMaggio, Paul/ Powell, Walter (1983): The Iron Cage Revisited. Institutional Isomorphism and Collective Rationality in Organizational Fields, in: American Sociological Review, Vol. 48: 147-160

DiMaggio, Paul/ Powell, Walter (2000): Das stahlharte Gehäuse neu betrachtet: Institutioneller Isomorphismus und kollektive Rationalität in organisationalen Feldern, in: Müller, Hans-Peter/ Sigmund, Steffen (Hrsg.): Zeitgenössische amerikanische Soziologie, Opladen: 147-173. [Übersetzung d. englischen Originals v. 1983]

Dohse, Dirk (2007): Cluster-Based Technology Policy. The German Experience, in: Industry and Innovation, Vol. 14, No. 1: 69-94.

Dolata, Ulrich (2008): Technologische Innovationen und sektoraler Wandel, in: Zeitschrift für Soziologie, Jg. 37, Heft 1: 42-59.

Dore, Ronald (2008): Financialization of the Global Economy, in: Industrial and Corporate Change, Vol. 17, No. 6: 1097-1112.

Dosi, Giovanni (1982): Technological Paradigms and Technological Trajectories, in: Research Policy 11: 147-162.

Dosi, Giovanni (1990): Finance, Innovation and Industrial Change, in: Journal of Economic Behavior and Organization, 13: 299-319.

Dosi, Giovanni/ Egidi, Massimo (1991): Substantive and Procedural Uncertainty, in: Journal of Evolutionary Economics, Vol. 1, No. 2: 145-168.

Dosi, Giovanni/ Teece, David/ Chytry, Josef (1998): Technology, Organization, and Competitiveness, Oxford: Oxford University Press.

Douglas, Mary (1991): Wie Institutionen denken, Frankfurt, Suhrkamp. [1986]

Durkheim, Émile (1992): Über soziale Arbeitsteilung: Studie über die Organisation höherer Gesellschaften, Frankfurt: Suhrkamp.

Ebner, Alexander (2006): Schumpeterian Entrepreneurship Revisited. Historical Specificity and the Phases of Capitalist Development, in: Journal of the History of Economic Thought, Vol. 28, No. 3: 315-332.

Ebner, Alexander (2007): Joseph A. Schumpeter und die Geschichte der ökonomischen Analyse, in: Vorwort zu Schumpeter, Joseph: Geschichte der ökonomischen Analyse.

Ebner, Alexander (2008a): Innovationssysteme, Arbeitsorganisation und regionale Wirtschaftsentwicklung. Empirische Befunde zur Südtiroler Industrie, in: Ebner, Alexander/ Heine, Klaus/ Schnellebach, Jan (Hrsg.): Innovationen zwischen Staat und Markt, Baden-Baden: Nomos: 193-221.

Ebner, Alexander (2008b): Institutional Evolution and the Political Economy of Governance, in: Ebner, Alexander/ Beck, Nikolaus (Eds.): The Institutions of the Market, New York: Oxford University Press: 287-308.

Ebner, Alexander (2009): Governance von Innovationssystemen und die politische Ökonomie der Wettbewerbsfähigkeit, in: Blättel-Mink, Birgit/ Ebner, Alexander (Hrsg.): Innovationssysteme, Wiesbaden: VS-Verlag: 119-141.

135

Ebner, Alexander (2011a): Polanyi on Markets, Democracy and the Crisis of Liberalism, in: Backhaus, Jürgen (Ed.): The Beginnings of Scholarly Economic Journalism, Münster: Lit: 15-29.

Ebner, Alexander (2011b): Transnational Markets and the Polanyi Problem, in: Joerges, Christian/ Falke, Josef (Eds.): Karl Polanyi, Globalisation and the Potential of Law in Transnational Markets, Oxford: Hart: 19-41.

Ebner, Alexander (2013): Cluster Policies and Entrepreneurial States in East Asia, in: Eriksson, Sören (Ed.): Clusters and Economic Growth in Asia, Aldershot: Edward Elgar: 1-20.

Edquist, Charles (2005): Systems of Innovation. Perspectives and Challenges, in: Fagerberg, Jan/ Mowery, David/ Nelson, Richard (Eds.): The Oxford Handbook of Innovation, Oxford: Oxford University Press: 181-208.

Edquist, Charles (Ed.) (1997): Systems of Innovation, London: Pinter.

Engelen, Ewald (2008): The Case for Financialization, in: Competition and Change, Vol. 12, No. 2: 111-119.

Epstein, Gerald (Ed.) (2005): Financialization and the World Economy, Cheltenham: Elgar.

Esser, Josef (1989): Does Industrial Policy Matter? Zum Einfluß industriepolitischer Konzepte auf die Technikentwicklung, in: Fleischmann, Gerd/ Esser, Josef (Hrsg.): Technikentwicklung als sozialer Prozeß, Frankfurt: GAFB: 123-135.

Etzkowitz, Henry/ Leydesdorff, Loet (Eds.) (1997): Universities and the Global Knowledge Economy. A Triple Helix of University-Industry-Government Relations, London: Continuum.

Fagerberg, Jan (2005): Innovation. A Guide to the Literature, in: Fagerberg, Jan/ Mowery, David/ Nelson, Richard (Eds.): The Oxford Handbook of Innovation, Oxford: Oxford University Press: 1–26.

Feldman, Maryann (2008): The Entrepreneurial Event Revisited: Firm Formation in a Regional Context, in: Karlsson, Charlie (Ed.): Handbook of Research on Innovation and Clusters, Cheltenham: Edward Elgar: 318-342.

Ferrary, Michael/ Granovetter, Mark (2009): The Role of Venture Capital Firms in Silicon Valley's Complex Innovation Network, in: Economy and Society, Vol. 38, No. 2: 326-359.

Ferrary, Michel (2003): Trust and Social Capital in the Regulation of Lending Activities, in: Journal of Socio-Economics, 31: 673-699.

Fligstein, Neil (1996): Markets as Politics. A Political-Cultural Approach to Market Institutions, in: American Sociological Review, Vol. 61, No. 4: 656-673.

Fligstein, Neil (2001a): The Architecture of Markets, Princeton: Princeton University Press.

Fligstein, Neil (2001b): Social Skill and the Theory of Fields, in: Sociological Theory, Vol. 19, No. 2: 105-125.

Fligstein, Neil/ Dauter, Luke (2007): The Sociology of Markets, in: Annual Review of Sociology, 2007/33: 105-128.

Fligstein, Neil/ McAdam, Doug (2011): Toward a General Theory of Strategic Action Fields, in: Sociological Theory, Vol. 29, No. 1: 1-26.

Fligstein, Neil/ McAdam, Doug (2012): A Theory of Fields, Oxford: Oxford University Press.

Florian, Michael (2006): Ökonomie als soziale Praxis. Zur wirtschaftssoziologischen Anschlussfähigkeit von Pierre Bourdieu, in: Florian, Michael/ Hillebrandt, Frank (Hrsg.): Pierre Bourdieu. Neue Perspektiven für die Soziologie der Wirtschaft, Wiesbaden: VS-Verlag: 73-108.

Florian, Michael/ Hillebrandt, Frank (Hrsg.) (2006): Pierre Bourdieu. Neue Perspektiven für die Soziologie der Wirtschaft, Wiesbaden: VS-Verlag.

Florida, Richard (1995): Toward the Learning Region, in: Futures, Vol. 27, No. 5: 527-536.

Florida, Richard (2004): The Rise of the Creative Class, New York: Basic Books.

Floysand, Arnt/ Jakobsen, Stig-Erik (2002): Clusters, Social Fields, and Capabilities. Rules and Restructuring in Norwegian Fish-Processing Clusters, in: International Studies of Management and Organization, Vol. 31, No. 4: 35-55.

Foucault, Michel (2003): Die Ordnung der Dinge, Sonderausg., Frankfurt: Suhrkamp. [1966]

Foucault, Michel (2005): Analytik der Macht, Frankfurt: Suhrkamp. [1994]

Foucault, Michel (2008): Archäologie des Wissens, Frankfurt: Suhrkamp. [1973]

Foucault, Michel (2012): Die Ordnung des Diskurses, 12. Aufl., Frankfurt: Fischer. [1972]

Fourcade, Marion (2007): Theories of Markets and Theories of Society, in: American Behavioral Scientist, Vol. 50, No. 8: 1015-1034.

Fourcade, Marion (2013): Wirtschaftssoziologie und Gesellschaftstheorie, in: Maeße, Jens (Hrsg.): Ökonomie, Diskurs, Regierung, Wiesbaden: Springer VS: 35-56.

Freeman, Christopher (1987): Technology Policy and Economic Performance. Lessons from Japan, London: Pinter Publishers.

Freeman, Christopher (1988): Japan: A New National System of Innovation? In: Dosi, Giovanni/ Freeman, Christopher/ Nelson, Richard/ Silverberg, Gerald/ Soete, Luc (Eds.): Technical Change and Economic Theory, London: Pinter Publishers: 330-348.

Freeman, Christopher (1995): The National System of Innovation in Historical Perspective, in: Cambridge Journal of Economics 19, 1995: 5-24.

Freeman, Christopher (2002): Continental, National and Sub-National Innovation Systems. Complementarity and Economic Growth, in: Research Policy 31: 191-211.

Freeman, Christopher/ Perez, Carlota (1988): Structural Crises of Adjustment, Business Cycles and Investment Behaviour, in: Dosi, Giovanni/ Freeman, Christopher/ Nelson, Richard/ Silverberg, Gerald/ Soete, Luc (1988): Technical Change and Economic Theory, London/New York: Pinter: 38-66.

Freeman, John (2005): Venture Capital and Modern Capitalism, in: Nee, Victor/ Swedberg, Richard (Eds.): The Economic Sociology of Capitalism, Princeton: Princeton University Press: 144-167.

Fuchs, Gerhard/ Hinderer, Nele/ Kungl, Gregor/ Neukirch, Mario (2012): Adaptive Capacities, Path Creation and Variants of Sectoral Change, in: Research Contributions to Organizational Sociology and Innovation Studies, Discussion Paper 2012-02.

Ganßmann, Heiner (2007): Doppelte Kontingenz und wirtschaftliches Handeln, in: Beckert, Jens/ Diaz-Bone, Rainer/ Ganßmann, Heiner (Hrsg.): Märkte als soziale Strukturen, Frankfurt: Campus: 63-77.

Geertz, Clifford (1978): The Bazar Economy. Information and Search in Peasant Marketing, in: Economics and Anthropology, Vol. 68, No. 2: 28-32.

George, Alexander/ Bennett, Andrew (2005): Case Studies and Theory Development in Social Sciences, Cambridge: MIT Press.

Gerhard, Markus/ Rüschen, Thomas/ Sandhövel, Armin (Hrsg.) (2011): Finanzierung Erneuerbarer Energien, Frankfurt: Frankfurt School Verlag.

Gerring, John (2007): Case Study Research, Cambridge: Cambridge University Press.

Gertler, Meric/ Wolfe, David/ Garkut, David (2000): No Place like Home? The Embeddedness of Innovation in a Regional Economy, in: Review of International Political Economy, Vol. 7, No. 4: 688-718.

Gillham, Bill (2000): Case Study Research Methods, London: Continuum.

Gläser, Jochen/ Laudel, Grit (2010): Experteninterviews und qualitative Inhaltsanalyse, 4., Aufl., Wiesbaden: VS-Verlag.

Glassmann, Ulrich (2009): Rule-Breaking and Freedom of Rules in National Production Models. How German Capitalism Departs from the 'Rheinish Equilibrium', in: Crouch, Colin/ Voelzkow, Helmut (Eds.): Innovation in Local Economies, Oxford: Oxford University Press: 22-42.

Glassmann, Ulrich/ Voelzkow, Helmut (2006): Regionen im Wettbewerb. Die Governance regionaler Wirtschaftscluster, in: Lütz, Susanne (Hrsg.): Governance in der politischen Ökonomie, Wiesbaden: VS-Verlag: 57-106.

Glauser, Andrea (2006): Pionierarbeit mit paradoxen Folgen? Zur neueren Rezeption der Raumsoziologie von Georg Simmel, in: Zeitschrift für Soziologie, Jg. 35, Heft 4: 250-268.

Goeke, Bertold (2011): Politik zur Förderung der Erneuerbaren Energien in Deutschland, in: Gerhard, Markus/ Rüschen, Thomas/ Sandhövel, Armin (Hrsg.): Finanzierung Erneuerbarer Energien, Frankfurt: Frankfurt School Verlag: 45-60.

Goldstone, Jack/ Useem, Bert (2012): Putting Values and Institutions into the Theory of Strategic Action Fields, in: Sociological Theory, Vol. 30, No. 1: 37-47.

Gompers, Paul/ Lerner, Josh (2001): The Venture Capital Revolution, in: Journal of Economic Perspectives, Vol. 15, No. 2: 145-168.

Gompers, Paul/ Lerner, Josh (2006): The Venture Capital Cycle, 2nd ed., Cambridge: MIT Press.

Granovetter, Mark (1985): Economic Action and Social Structure. The Problem of Embeddedness, in: American Journal of Sociology, Vol. 91, No. 3: 481-510.

Groß, Matthias (2010): Ignorance and Surprise. Science, Society, and Ecological Design, Cambridge: MIT Press.

Hackethal, Andreas/ Schmidt, Reinhard/ Tyrell, Marcel (2005): Banks and German Corporate Governance. On the Way to a Capital Market-based System? In: Corporate Governance, Vol. 13, No. 3: 397-407.

Hall, Peter (1986): Governing the Economy: The Politics of State Intervention in Britain and France, Oxford: Polity Press.

Hall, Peter (2007): The Evolution of Varieties of Capitalism in Europe, in: Hancké, Bob/ Rhodes, Martin/ Thatcher, Mark (Eds.): Beyond Varieties of Capitalism: Conflict, Contradictions, and Complementarities in the European Economy, Oxford: Oxford University Press: 39-85.

Hall, Peter/ Gingerich, Daniel (2009): Varieties of Capitalism and Institutional Complementarities in the Political Economy: An Empirical Analysis, in: Hancké, Bob (Ed.): Debating Varieties of Capitalism, Oxford: Oxford University Press: 135-179.

Hall, Peter/ Soskice, David (2001): An Introduction to Varieties of Capitalism, in: Ibid. (Eds.): Varieties of Capitalism, Oxford: Oxford University Press: 1-68.

Hall, Peter/ Thelen, Kathleen (2009): Institutional Change in Varieties of Capitalism, in: Socio-Economic Review, 7: 7-34.

Hanappi, Doris (2011): Economic Action, Fields and Uncertainty, in: Journal of Economic Issues, Vol. 45, No. 4: 785-803.

Hartmann, Philipp/ Heider, Florian/ Papaioannou, Elias/ Lo Duca, Marco (2007): The Role of Financial Markets and Innovation in Productivity and Growth in Europe, in: Occasional Paper Series, No. 72, September 2007.

Heertje, Arnold (1988): Innovation, Technik und Finanzwesen, Oxford: Blackwell.

Heidenreich, Martin (2004): The Dilemmas of Regional Innovation Systems, in: Cooke, Philip Cooke, Philip/ Heidenreich, Martin/ Braczyk, Hans-Joachim (Eds.): Regional Innovation Systems. The Role of Governance in a Globalized World, 2nd ed., London: Routledge: 363-394. [1998]

Heidenreich, Martin (2005): The Renewal of Regional Capabilities. Experimental Regionalism in Germany, in: Research Policy, 34: 739-757.

Heidenreich, Martin/ Krauss, Gerhard (2004): The Baden-Württemberg Production and Innovation Regime, in: Cooke, Philip/ Heidenreich, Martin/ Braczyk, Hans-Joachim (Eds.): Regional Innovation Systems. The Role of Governance in a Globalized World, 2nd ed., London: Routledge: 186-213.

Heidenreich, Martin/ Mattes, Jannika (2012): Regional Embeddedness of Multinational Companies and their Limits. A Typology, in: Heidenreich, Martin (Ed.): Innovation and Institutional Embeddedness of Multinational Companies, Cheltenham: Edward Elgar: 29-58.

Held, David/ Hervey, Angus/ Theros, Marika (Eds.) (2011): The Governance of Climate Change, Cambridge: Polity Press.

Hervas-Oliver, Jose-Luis/ Albors-Garrigos, Jose (2009): The Role of the Firm's Internal and Relational Capabilities in Clusters. When Distance and Embeddedness Are not enough to Explain Innovation, in: Journal of Economic Geography, 9: 263-283.

Hessling, Alexandra/ Pahl, Hanno (2006): The Global System of Finance. Scanning Talcott Parsons and Niklas Luhmann for Theoretical Keystones, in: American Journal of Economics and Sociology, Vol. 65, No. 1: 189-218.

Hightech-Gründerfonds (2014): Portfolio-Finder, unter: http://www.high-tech-gruenderfonds.de/portfolio/portfolio-finder. [Letzter Zugriff: 19.07.2014]

Hilbert, Josef/ Nordhause-Janz, Jürgen/ Rehfeld, Dieter/ Heinze, Rolf (2004): Industrial Clusters and the Governance of Change in: Cooke, Philip/ Heidenreich, Martin/ Braczyk, Hans-Joachim (Eds.): Regional Innovation Systems. The Role of Governance in a Globalized World, 2nd ed., London: Routledge: 234-258. [1998]

Hippel, Eric von (1994): "Sticky Information" and the Locus of Problem Solving: Implications for Innovation, in: Management Science, Vol. 40, No. 4: 429-439.

Hirsch-Kreinsen, Hartmut (2010): Innovation und Finanzmarkt, in: WSI Mitteilungen 3/2010: 119-125.

Hirsch-Kreinsen, Hartmut (2011): Financial Market and Technological Innovation, in: Industry and Innovation, Vol. 18, No. 4: 351-368.

Hirschman, Albert (1984): Leidenschaften und Interessen. Politische Begründungen des Kapitalismus vor seinem Sieg, 2. Aufl., Frankfurt: Suhrkamp.

Hollingsworth, Rogers/ Boyer, Robert (1997): Coordination of Economic Actors and Social Systems of Production, in: Ibid. (Eds.): Contemporary Capitalism. The Embeddedness of Institutions, Cambridge: Cambridge University Press: 1-47.

Hollingsworth, Rogers/ Schmitter, Philippe/ Streeck, Wolfgang (Eds.) (1994): Governing Capitalist Economies. Performance and Control of Economic Sectors, Oxford: Oxford University Press.

Höpner, Martin (2004): Der organisierte Kapitalismus in Deutschland und sein Niedergang. Unternehmenskontrolle und Arbeitsbeziehungen im Wandel, in: Czada, Roland/ Zintl, Reinhard (Hrsg.): Politik und Macht, Wiesbaden: VS-Verlag: 300-321.

Howaldt, Jürgen/ Jacobsen, Heike (Hrsg.) (2012): Soziale Innovation, Wiesbaden: VS-Verlag.

Hübner, Kurt (2009): Innovationssysteme und ,Varieties of Capitalism' unter Bedingungen ökonomischer Globalisierung, in: Blättel-Mink, Birgit/ Ebner, Alexander (Hrsg.): Innovationssysteme, Wiesbaden: VS-Verlag: 143-157.

Huchler, Andreas/ Geiger, Christian (2009): Warum gibt es regionale Unterschiede hinsichtlich des Gründungsgeschehens? In: Hey, Marissa/ Engert, Kornelia (Hrsg.): Komplexe Regionen – Regionenkomplexe, Wiesbaden: VS-Verlag: 153-171.

Hudson, Ray (2012): Regions, Varieties of Capitalism and the Legacies of Neoliberalism, in: Lane, Christel/ Wood, Geoffrey (Eds.): Capitalist Diversity and Diversity within Capitalism, London: Routledge: 189-208.

Jackson, Gregory/ Deeg, Richard (2006): How Many Varieties of Capitalism, in: MPIfG Discussion Paper 06/2: Köln.

Jagd, Søren (2007): Economics of Convention and New Economic Sociology, in: Current Sociology, Vol. 55, No. 1: 75-91.

Jonas, Michael (2005): Brücken zur regionalen Clusterforschung, in: Zeitschrift für Soziologie, Jg. 34, Heft 4: 270-287.

Kallio, Anne/ Harmaakorpi, Vesa/ Pihkala, Timo (2010): Absorptive Capacity and Social Capital in Regional Innovation Systems. The Case of the Lahti Region in Finland, in: Urban Studies, Vol. 47, No. 2: 303-319.

Kalthoff, Herbert (2007): Rechnende Organisation: Zur Anthropologie des Risikomanagements, in: Beckert, Jens/ Diaz-Bone, Rainer/ Ganßmann, Heiner (Hrsg.): Märkte als soziale Strukturen, Frankfurt: Campus: 151-165.

Kammer, Johannes (2011): Die Windenergieindustrie, Mitteilungen der Geographischen Gesellschaft in Hamburg, Band 103, Stuttgart: Franz Steiner Verlag.

Kang, Nahee (2006): A Critique of the 'Varieties of Capitalism' Approach, in: ICCSR Research Paper Series, No.45.

Kaplan, Steven/ Martel, Frederic/ Strömberg, Per (2007): Financial Contracting Meets the Real World: An Empirical Analysis of Venture Capital Contracts, in: Review of Economic Studies, Vol. 70; No. 243: 281-315.

Keller, Jens (2011): Diskursforschung, 4. Aufl., Wiesbaden: VS-Verlag. [2004]

Keller, Jens (2013): Das Wissen der Wörter und Diskurs. Über Sprache und Wissen in der Wissenssoziologischen Diskursanalyse, in: Viehöver, Willy/ Keller, Reiner/ Schneider, Werner (Hrsg.): Diskurs, Sprache, Wissen, Wiesbaden: Springer VS: 21-49.

Kiese, Matthias (2008): Stand und Perspektiven der regionalen Wirtschaftsforschung, in: Kiese, Matthias/ Schätzl, Ludwig (Hrsg.): Cluster und Regionalentwicklung, Dortmund: Rohn: 9-50.

Kiese, Matthias (2012): Regionale Clusterpolitik in Deutschland, Marburg: Metropolis.

Kiese, Matthias/ Schätzl, Ludwig (Hrsg.) (2008): Cluster und Regionalentwicklung. Dortmund: Rohn.

Kieserling, André (2008): Felder und Klassen: Pierre Bourdieus Theorie der modernen Gesellschaft, in: Zeitschrift für Soziologie, Jg. 37, Heft 1: 3-24.

Klingbeil, Harald (2011): Elektromagnetische Feldtheorie, 2. überarb. u. erw. Aufl., Wiesbaden: Vieweg und Teubner. [2003]

Knight, Frank (1948): Risk, Uncertainty and Profit, 7th impr. ed., London: London School of Economics and Political Science.

Knorr Cetina, Karin/ Brügger, Urs (2002): Global Microstructures: The Virtual Societies of Financial Markets, in: American Journal of Sociology, Vol. 107, No. 4: 905-950.

Kortum, Samuel/ Lerner, Josh (2000): Assessing the Contribution of Venture Capital to Innovation, in: RAND Journal of Economics, Vol. 31, No. 4: 674-692.

Krauss, Gerhard (2009): Baden-Württemberg als Prototyp eines regionalen Innovationssystems. Eine organisationssoziologische Betrachtungsweise, in: Blättel-Mink, Birgit/ Ebner, Alexander (Hrsg.): Innovationssysteme, Wiesbaden: VS-Verlag: 229-248.

Krippner, Greta (2005): The Financialization of the American Economy, in: Socio-Economic Review, 3: 173-208.

Krippner, Greta/ Granovetter, Mark/ Block, Fred/ Biggart, Nicole/ Beamish, Tom/ Hsing, Youtien/ Hart, Gillian/ Arrighi, Giovanni/ Mendell, Margie/ Hall, John/ Burawoy, Michael/ Vogel, Steve/ O'Riain, Sean (2004): Polanyi Symposium. A Conversation on Embeddedness, in: Socio-Economic Review, 2: 109-135.

Kuckartz, Udo (2012): Qualitative Inhaltsanalyse. Methoden, Praxis, Computerunterstützung, Weinheim: Beltz.

La Porta, Rafael/ Lopez-de-Silanes, Florencio/ Shleifer, Andrei/ Vishny, Robert (1998): Law and Finance, in: Journal of Political Economy, Vol. 106, No. 6: 1113-1155.

Lane, Christel (2003): Changes in Corporate Governance of German Corporations. Convergence to the Anglo-American Model? In: Competition and Change, Vol. 7, No. 2-3: 79-100.

Laperche, Blandine/ Uzunidis, Dimitri (2008): Introduction. How Does Finance Condition Innovation Trajectories? In: Ibid. (Eds.): Powerful Finance and Innovation Trends in a High-Risk Economy, Hampshire/New York: Palgrave: 1-10.

Lazerson, Mark/ Lorenzoni, Gianni (2005): The Firms that Feed Industrial Districts. A Return to the Italian Source, in: Breschi, Stefano/ Malerba, Franco (Eds.): Clusters, Networks and Innovation, Oxford: Oxford University Press: 167-198.

Lazonick, William (2005): The Innovative Firm, in: Fagerberg, Jan/ Mowery, David/ Nelson, Richard (Eds.): The Oxford Handbook of Innovation, Oxford: Oxford University Press: 29-55.

Lerner, Josh/ Schoar, Antoinette (2005): Does Legal Enforcement Affect Financial Transactions? The Contractual Channel in Private Equity, in: Quarterly Journal of Economics, Vol. 120, No. 1: 223-246.

Lesage, Dries/ de Graaf, Thijs van/ Westphal, Kirsten (2010): Global Energy Governance in a Multipolar World, Farnham: Ashgate.

Levine, Ross (2002): Bank-Based or Market-Based Financial Systems. Which Is Better? In: Journal of Financial Intermediation, 11: 398-428.

Lewin, Kurt (2012): Feldtheorie in den Sozialwissenschaften, Bern: Huber. [1951]

Lie, John (1997): Sociology of Markets, in: Annual Review of Sociology, Vol. 23, Issue 1: 341-360.

List, Friedrich (1959): Das nationale System der politischen Ökonomie, Basel: Kyklos. [1844]

Löw, Martina (2001): Raumsoziologie, Frankfurt: Suhrkamp.

Luhmann, Niklas (1987): Soziale Systeme. Grundriß einer allgemeinen Theorie, Frankfurt: Suhrkamp.

Lundvall, Bengt-Åke (1988): Innovation as an Interactive Process: From User-Producer Interaction to the National System of Innovation, in: Dosi, Giovanni/ Freeman, Christopher/ Nelson, Richard/ Silverberg, Gerald/ Soete, Luc (Eds.): Technical Change and Economic Theory, London: Pinter Publishers: 349-369.

Lundvall, Bengt-Åke (1998): Why Study National Systems and National Styles of Innovation? In: Technology Analysis and Strategic Management, 1998: 407-421.

Lundvall, Bengt-Åke (2007): National innovation Systems. Analytical Concept and Development Tool, in: Industry and Innovation, Vol. 14, No. 1: 95-119.

Lundvall, Bengt-Åke (2009): Warum sollte man nationale Innovationssysteme und nationale Innovationsstile untersuchen? In: Blättel-Mink, Birgit/ Ebner, Alexander (Hrsg.): Innovationssysteme, Wiesbaden: VS-Verlag: 69-86.

Lundvall, Bengt-Åke (Ed.) (1995): National Systems of Innovation. Towards a Theory of Innovation and Interactive Learning, London: Pinter Publishers.

Lundvall, Bengt-Åke/ Vang, Jan/ Joseph, K.J./ Chaminade, Cristina (Eds.) (2009): Handbook of Innovation Systems and Developing Countries, Cheltenham: Elgar.

Lütz, Susanne (2005): Von der Infrastruktur zum Markt? Der deutsche Finanzsektor zwischen Deregulierung und Reregulierung, in: Windolf, Paul (Hrsg.): Finanzmarkt-Kapitalismus. Analysen zum Wandel von Produktionsregimen, Wiesbaden: VS-Verlag: 294-315.

Maeße, Jens (2013): Das Feld und der Diskurs der Ökonomie, in: Ebd. (Hrsg.): Ökonomie, Diskurs, Regierung, Wiesbaden: Springer VS: 241-275.

Malerba, Franco (2005): Sectoral Systems. How and Why Innovation Differs Across Sectors, in: Fagerberg, Jan/ Mowery, David/ Nelson, Richard (Eds.): The Oxford Handbook of Innovation, Oxford: Oxford University Press: 380–406.

Malerba, Franco (2007): Schumpeterian Patterns of Innovation and Technological Regimes, in: Hanusch, Horst/ Pyka, Andreas (Eds.): Elgar Companion to Neo-Schumpeterian Economics, Cheltenham: Edward Elgar Publishing: 344-359.

Malerba, Franco (Ed.) (2004): Sectoral Systems of Innovation. Concepts, Issues and Analyses of Six Major Sectors in Europe, Cambridge: Cambridge University Press.

Malmberg, Anders (2003): Beyond the Cluster. Local Milieus and Global Connections, in: Peck, Jamie/ Yeung, Henry (Eds.): Remarking the Global Economy, London: Sage: 145-159.

Manger, Daniela (2009): Innovation und Kooperation. Zur Organisierung eines regionalen Netzwerks, Bielefeld: Transcript.

Markusen, Ann (1996): Sticky Places in Slippery Space. A Typology of Industrial Districts, in: Economic Geography, Vol. 72, No. 3: 293-313.

Marshall, Alfred (1962): Principles of Economics, 8th ed., London: Macmillan. [1920]

Marshall, Alfred (1997): Industry and Trade, Bristol: Overstone Press. [1919]

Martin, John Levi (2003): What Is Field Theory? In: American Journal of Sociology, Vol. 109, No. 1: 1-49.

Martin, John Levi (2009): Social Structures, Princeton: Princeton University Press.

Martin, Ron/ Sunley, Peter (1996): Paul Krugman's Geographical Economics and Its Implications for Regional Development Theory: A Critical Assessment, in: Economic Geography, Vol. 74: 259-292.

Martin, Ron/ Sunley, Peter (2003): Deconstruction Clusters: Chaotic Concept or Policy Panacea? In: Journal of Economic Geography, 3: 5-35.

Maurer, Andrea (2006): Wirtschaftssoziologie als soziologische Analyse ökonomischer Felder? Bourdieus Beitrag zur Wirtschaftssoziologie, in: Florian, Michael/ Hillebrandt, Frank (Hrsg.): Pierre Bourdieu. Neue Perspektiven für die Soziologie der Wirtschaft, Wiesbaden: VS-Verlag: 127-146.

Maurer, Andrea (2008): Institutionalismus und Wirtschaftssoziologie, in: Ebd. (Hrsg.): Handbuch der Wirtschaftssoziologie, Wiesbaden: VS-Verlag: 62-84.

Mayntz, Renate (2002): Zur Theoriefähigkeit makro-sozialer Analysen, in: Ebd. (Hrsg.): Akteure, Mechanismen, Modelle. Zur Theoriefähigkeit makro-sozialer Analysen, Frankfurt: Campus: 7-43.

Mayntz, Renate (2009): Geleitwort, in: Blättel-Mink, Birgit/ Ebner, Alexander (Hrsg.): Innovationssysteme, Wiesbaden: VS-Verlag: 7-8.

Mayring, Philipp (2002): Einführung in die qualitative Sozialforschung, 5. Aufl., Weinheim: Beltz.

Mayring, Philipp (2008): Neuere Entwicklungen in der qualitative Forschung und der Qualitativen Inhaltsanalyse, in: Mayring, Philipp/ Gläser-Zikuda (Hrsg.): Die Praxis der Qualitativen Inhaltsanalyse, 2. Aufl., Weinheim: Beltz: 7-19.

Mayring, Philipp (2010): Qualitative Inhaltsanalyse. Grundlagen und Techniken, 11., aktual. u. überarb. Aufl., Weinheim: Beltz.

Meyer, John/ Rowan, Brian (1977): Institutionalized Organizations: Formal Structure as Myth and Ceremony, in: American Journal of Sociology, Vol. 83, No. 2: 340-363.

Mizruchi, Mark/ Stearns, Linda Brewster (2001): Getting Deals Done: The Use of Social Networks on Bank Decision Making, in: American Sociological Review, 66: 647-671.

Mützel, Sophie (2006): Strukturelle Netzwerkanalyse und Bourdieus Praxistheorie. Weiterführende Ideen für die neue Wirtschaftssoziologie, in: Florian, Michael/ Hillebrandt, Frank (Hrsg.): Neue Perspektiven für die Soziologie der Wirtschaft, Wiesbaden: VS-Verlag: 109-125.

Mützel, Sophie (2007): Marktkonstitution durch narrativen Wettbewerb, in: Berliner Journal für Soziologie, Jg. 17, Heft 4: 451-464.

Mützel, Sophie (2009): Geschichten als Signale: Zur diskursiven Konstruktion von Märkten, in: Diaz-Bone, Rainer/ Krell, Gertraude (Hrsg.): Diskurs und Ökonomie. Diskursanalytische Perspektiven auf Märkte und

Organisationen. Interdisziplinäre Diskursforschung, Wiesbaden: VS-Verlag: 225-244.

Mützel, Sophie (2010): Koordinierung von Märkten durch narrativen Wettbewerb, in: Beckert, Jens/ Deutschmann, Christoph (Hrsg.): Wirtschaftssoziologie, Wiesbaden: VS-Verlag: 87-106.

Nathaus, Klaus/ Gilgen, David (2011): Analysing the Change of Markets, Fields and Market Societies: An Introduction, in: Historical Social Research, Vol. 36, No. 3: 7-16.

Nelson, Richard (1988): Institutions Supporting Technical Change in the United States, in: Dosi, Giovanni/ Freeman, Christopher/ Nelson, Richard/ Silverberg, Gerald/ Soete, Luc (Eds.): Technical Change and Economic Theory, London: Pinter Publishers: 312-329.

Nelson, Richard (Ed.) (1993): National Innovation Systems. A Comparative Analysis, New York: Oxford University Press.

Nelson, Richard/ Winter, Sidney (1982): An Evolutionary Theory of Economic Change, Cambridge: Harvard University Press.

Nölke, Andreas (2009): Finanzkrise. Finanzialisierung und vergleichende Kapitalismusforschung, in: Zeitschrift für Internationale Beziehungen, 16. Jg., Heft 1: 123-139.

Nölke, Andreas/ Vliegenthart, Arjan (2009): Enlarging the Varieties of Capitalism. The Emergence of Dependent Market Economies in East Central Europe, in: World Politics, Vol. 61, No. 4: 670-702.

Nooteboom, Bart (2000): Learning and Innovation in Organizations and Economies, Oxford: Oxford University Press.

Nooteboom, Bart/ Woolthuis, Rosalinda (2005): Cluster Dynamics, in: Boschma, Ron/ Kloosterman, Robert (Eds.): Learning from Clusters, Dordrecht: Kluwer: 51-67.

North, Douglass (1990): Institutions, Institutional Change and Economic Performance, Cambridge: Cambridge University Press.

O'Sullivan, Mary (2005): Finance and Innovation, in: Fagerberg, Jan (Eds.): Handbook of Innovation, Oxford: Oxford University Press: 240-265.

OECD (1997): National Innovation Systems, unter: www.oecd.org/dataoecd/35/56/2101733.pdf. [Letzter Zugriff: 29.11.2014]

OECD (1999): Boosting Innovation. The Cluster Approach, Paris: OECD.

OECD (2001): Innovative Clusters. Drivers of National Innovation Systems, Paris: OECD.

Ohmae, Kenichi (1995): The End of the Nation State. The Rise of Regional Economies, London: Harper Collins.

Patel, Parimal/ Pavitt, Keith (1994): National Innovation Systems: Why they are Important and How they might be Compared, in: Economics of Innovation and New Technology, Vol. 3, No. 1: 77-95.

146

Pavitt, Keith (2005): Innovation Process, in: Fagerberg, Jan/ Mowery, David/ Nelson, Richard (Eds.): The Oxford Handbook of Innovation, Oxford: Oxford University Press: 86-114.

Perez, Carlota (2003): Technological Revolutions and Financial Capital, Cheltenham: Edward Elgar Publishing.

Piore, Michael/ Sabel, Charles (1989): Das Ende der Massenproduktion, Frankfurt: Fischer.

Podolny, Joel (2001): Networks as the Pipes and Prisms of the Market, in: American Journal of Sociology, Vol. 107, No. 1: 33-60.

Podolny, Joel (2005): Status Signals, Princeton: Princeton University Press.

Polanyi, Karl (1978): The Great Transformation, Frankfurt: Suhrkamp. [1944]

Porter, Michael (1990): The Competitive Advantage of Nations, London: MacMillan Press.

Porter, Michael (1998): Clusters and the New Economics of Competition, in: Harvard Business Review, November-December 1998: 77-90.

Porter, Michael (2001): Regions and the New Economics of Competition, in: Crouch, Colin/ Le Galès, Patrick/ Trigilia, Carlo/ Voelzkow, Helmut (Eds.): Local Production Systems in Europe: Rise or Demise? Oxford: Oxford University Press: 139-157.

Porter, Michael (2002): Regions and the New Economics of Competition, in: Scott, Allen (Ed.): Global City-Regions, Oxford: Oxford University Press: 139-157.

Porter, Michael/ Stern, Scott (2001): Innovation. Location Matters, in: MIT Sloan Management Review, Summer 2001: 28-36.

Powell, Walter/ Grodal, Stine (2005): Networks of Innovators, in: Fagerberg, Jan/ Mowery, David/ Nelson, Richard (Eds.): The Oxford Handbook of Innovation, Oxford: Oxford University Press: 56-85.

Rammert, Werner (2008): Technik und Innovation, in Maurer, Andrea (Hrsg.): Handbuch der Wirtschaftssoziologie, Wiesbaden: VS-Verlag: 291-319.

Rodriguez-Fuentes, Carlos (2003): The Role of Financial System in Innovation and Economic Growth, in: Thierstein, Alain/ Schamp, Eike (Eds.): Innovation, Finance, and Space, Frankfurt: Institut für Wirtschafts- und Sozialgeographie der Johann-Wolfgang-Goethe-Universität: 9-18.

Runde, Jochen (1998): Clarifiying Frank Knight's Discussion of the Meaning of Risk and Uncertainty, in: Cambridge Journal of Economics, 1988, 22: 539-546.

Sabel, Charles/ Zeitlin, Jonathan (Eds.) (1997): World of Possibilities. Flexibility and Mass Production in Western Industrialization, Cambridge: Cambridge University Press.

Sallaz, Jeffrey/ Zavisca, Jane (2007): Bourdieu in American Sociology, 1980-2004, in: Annual Review of Sociology, 33: 21-41.

Sassen, Saskia (Ed.) (2002): Global Networks, Linked Cities, New York: Routledge.

Saxenian, Annalee (2000): Regional Advantage, 9th ed., Cambridge: Harvard University Press. [1994]

Schamp, Eike (2003): Knowledge, Innovation and Funding in Spatial Context. The Case of the High-Tech Clusters in Switzerland, in: Thierstein, Alain/ Schamp, Eike (Eds.): Innovation, Finance, and Space, Gotha: Perthes: 179-193.

Schenk, Patrick/ Rössel, Jörg (2012): Identität und Qualität im Weinfeld, in Bernhard, Stefan/ Schmidt-Wellenburg, Christian (Hrsg.): Feldanalyse als Forschungsprogramm 2, Wiesbaden: VS-Verlag: 83-108.

Schiele, Holger/ Ebner, Alexander (2013): The Role of Domestic and International Cluster Linkages Explored on the Example of Buyer-Supplier Relations in Learning Regions: A Cross-Functional Assessment, in: European Planning Studies, Vol. 21; Vol. 5: 683-699.

Schmidt, Christian (Ed.) (1996): Uncertainty in Economic Thought, Cheltenham: Elgar.

Schmidt, Reinhard/ Hackethal, Andreas/ Tyrell, Marcel (2001): The Convergence of Financial Systems in Europe, in: Working Paper Series Financing and Accounting, Johann Wolfgang Goethe-Universität Frankfurt, No. 75.

Schmitter, Philippe (Ed.) (1979): Trends toward Corporatist Intermediation, Beverly Hills: Sage.

Schumpeter, Joseph (1928): The Instability of Capitalism, in: The Economic Journal, Vol. 38, No. 151: 361-386.

Schumpeter, Joseph (1993): Kapitalismus, Sozialismus und Demokratie, 7. erw. Auflage, Tübingen: UTB. [1942]

Schumpeter, Joseph (1997): Theorie der wirtschaftlichen Entwicklung, 9. Aufl., unveränd. Nachdr., Berlin: Duncker und Humblot. [1911]

Schumpeter, Joseph (2009): Geschichte der ökonomischen Analyse, Band 1 und 2, Göttingen: Vandenhoeck & Ruprecht. [1954]

Schumpeter, Joseph (2010): Konjunkturzyklen, Göttingen: UTB. [1939]

Scott, Alan/ Storper, Michael (2003): Regions, Globalization, Development, in: Regional Studies, Vol. 37, No. 6&7: 579-593.

Scott, Allen John (1998): Regions and the World Economy, Oxford: Oxford University Press.

Scott, Allen John (Ed.) (2001): Global City Regions. Trends, Theory and Policy, Oxford: Oxford University Press.

Scott, Richard (2001): Institutions and Organizations, 2nd ed., Thousand Oaks: Blackwell.

Shonfield, Andrew (1965): Modern Capitalism. The Changing Balance of Public and Private Power, London: Oxford University Press.

Simmel, Georg (1911): Soziologie der Geselligkeit, Verhandlungen des Ersten Deutschen Soziologentages, Reprint, Tübingen: Mohr: 1-16.
Simmel, Georg (1992): Soziologie. Untersuchungen über die Formen der Vergesellschaftung, Gesamtausgabe Band 11, Frankfurt: Suhrkamp. [1908]
Simmie, James (2004): Innovation and Clustering in the Globalised International Economy, in: Urban Studies, Vol. 51, No. 5&6: 1095-1112.
Smith, Keith (2005): Measuring Innovation, in: Fagerberg, Jan/ Mowery, David/ Nelson, Richard (Eds.): The Oxford Handbook of Innovation, Oxford: Oxford University Press: 148-177.
Sorge, Arndt (2005): The Global and the Local, Oxford: Oxford University Press.
Stearns, Linda Brewster/ Mizruchi, Mark (2005): Banking and Financial Markets, in: Smelser, Neil/ Swedberg, Richard (Eds.): The Handbook of Economic Sociology, 2nd ed., Princeton: Princeton University Press: 284-306.
Steil, Benn/ Victor, David/ Nelson, Richard (2002): Introduction and Overview, in: Ebd. (Eds.): Technological Innovation and Economic Performance, Princeton: Princeton University Press: 3-22.
Steinle, Claus/ Schiele, Holger (2002): When Do Industries Cluster? A Proposal on how to Access an Industry's Propensity to Concentrate in a Single Region or Nation, in: Research Policy, 31: 849-858.
Sternberg, Rolf (2010): Neither Planned nor by Chance: How Knowledge-intensive Clusters Emerge, in: Fornahl, Dirk/ Henn, Sebastian/ Menzel, Max-Peter (Eds.): Emerging Clusters. Theoretical, Empirical and Political Perspectives on the Initial Stage of Cluster Evolution, Cheltenham: Edward Elgar: 295-323.
Sternberg, Rolf/ Kiese, Matthias/ Stockinger, Dennis (2010): Cluster Policies in the US and Germany. Varieties of Capitalism Perspective on Two High-Tech States, in: Environment and Planning C, Vol. 28: 1063-1082.
Storper, Michael (1997): The Regional World. Territorial Development in a Global Economy, New York: Guilford.
Storper, Michael (2002): Globalization and Knowledge Flows. An Industrial Geographer's Perspective, in: Dunning, John (Ed.): Regions, Globalization, and the Knowledge-based Economy, Oxford: Oxford University Press: 42-62.
Storper, Michael/ Salais, Robert (1997): Worlds of Production. The Action Frameworks of the Economy, Cambridge: Harvard University Press.
Stough, Roger/ Kulkarni, Rajendra/ Riggle, Jim/ Haynes, Kingsley (2002): Technology and Industrial Analysis: Some New Methods, in: Higano, Yoshiro/ Nijkamp, Peter/ Poot, Jacques/ Wyk, Kobus van (Eds.): The Region in the New Economy, Aldershot: Ashgate: 155-191.
Streeck, Wolfgang (2009): Re-Forming Capitalism. Institutional Change in the German Political Economy, Oxford: Oxford University Press.

Streeck, Wolfgang (2010): Institutions in History. Bringing Capitalism Back In, in: Morgan, Glenn/ Campell, John/ Crouch, Colin/ Pedersen, Ove/ Whitley, Richard (Eds.): The Oxford Handbook of Comparative Institutional Analysis, Oxford: Oxford University Press: 695-686.

Streeck, Wolfgang/ Höpner, Martin (Hrsg.) (2003): Alle Macht dem Markt? Frankfurt: Campus.

Streeck, Wolfgang/ Thelen, Kathleen (Eds.) (2005): Beyond Continuity. Institutional Change in Advanced Political Economies, Oxford: Oxford University Press.

Suck, André (2008): Erneuerbare Energien und Wettbewerb in der Elektrizitätswirtschaft. Staatliche Regulierung im Vergleich zwischen Deutschland und Großbritannien, Wiesbaden: VS-Verlag.

Swedberg, Richard (2003): Principles of Economic Sociology, Princeton: Princeton University Press.

Swedberg, Richard (2005a): Can there be a Sociological Concept of Interest, in: Theory and Society, 34: 359-390.

Swedberg, Richard (2005b): Markets in Society, in: Smelser, Neil/ Swedberg, Richard (Eds.): The Handbook of Economic Sociology, 2nd ed., Princeton: Princeton University Press: 233-253.

Swidler, Ann (1986): Culture in Action: Symbols and Strategies, in: American Sociological Review, Vol. 51, No 2: 273-286.

Teipen, Christina (2008): Hochtechnologische Unternehmen im Spiegel des ‚Varieties-of-Capitalism'-Ansatzes, in: Kölner Zeitschrift für Soziologie und Sozialpsychologie, Jg. 60, Heft 4: 765-787.

Thelen, Kathleen (2012): Varieties of Capitalism: Trajectories of Liberalization and the New Politics of Social Solidarity, in: Annual Review of Political Science, 15: 137-159.

Thévenot, Laurent (2001): Organized Complexity: Conventions of Coordination and the Composition of Economic Arrangements, in: European Journal of Social Theory, Vol. 4, No. 4: 405-425.

Thomi, Walter/ Sternberg, Rolf (2008): Cluster. Zur Dynamik von Begrifflichkeiten und Konzeptionen, in: Zeitschrift für Wirtschaftsgeographie, Jg. 52, Heft 2-3: 73-78.

Thumfart, Dominik (2011): Finanzierungsinstrumente im Bereich Erneuerbare Energien: Ein Überblick, in: Gerhard, Markus/ Rüschen, Thomas/ Sandhövel, Armin (Hrsg.): Finanzierung Erneuerbarer Energien, Frankfurt: Frankfurt School Verlag: 623-642.

Trippl, Michaela (2004): Innovative Cluster in alten Industriegebieten, Wien: LIT.

Trippl, Michaela/ Tödtling, Franz (2008): Cluster Renewal in Old Industrial Regions. Continuity or Radical Change? In: Karlsson, Charlie (Ed.):

Handbook of Research on Cluster Theory, Cheltenham: Edward Elgar: 203-218.

Tylecote, Andrew (1996): Managerial Objectives and Technological Collaboration: The Role of National Variations in Cultures and Structures, in: Coombs, Rod (Ed.): Technological Collaboration: The Dynamics of Cooperation in Industrial Innovation, Cheltenham: Elgar: 34-53.

Tylecote, Andrew/ Visitin, Francesca (2009): Corporate Governance, Finance and the Technological Advantage of Nations, London: Routledge.

Viehöver, Willy/ Keller, Reiner/ Schneider, Werner (Hrsg.) (2013): Diskurs, Sprache, Wissen, Wiesbaden: Springer VS.

Voelzkow, Helmut (2007): Jenseits nationaler Produktionsmodelle? Die Governance regionaler Wirtschaftscluster, Marburg: Metropolis.

Wacquant, Loic (2004): Following Pierre Bourdieu into the Field, in: Ethnography, Vol. 5, No. 4: 387-414.

Wagner, Gerhard (2012): Die Wissenschaftstheorie der Soziologie, München: Oldenbourg.

Walgenbach, Peter/ Meyer, Renate (2008): Neoinstitutionalistische Organisationstheorie, Stuttgart: Kohlhammer.

Weber, Max (1980): Wirtschaft und Gesellschaft, 5., rev. Aufl., Tübingen: Mohr. [1922]

Weber, Max (2000): Die protestantische Ethik und der ‚Geist' des Kapitalismus, 3. Aufl., Weinheim: Beltz. [1904/05]

White, Harrison (1981): Where Do Markets Come From, in: American Journal of Sociology, Vol. 87, No. 3: 517-547.

White, Harrison (1992): Identity and Control: A Structural Theory of Social Action, Princeton: Princeton University Press.

White, Harrison (2000): Modeling Discourse In and Around Markets, in: Politics, 27: 117-133.

White, Harrison (2002): Markets from Networks, 2nd ed., Princeton: Princeton University Press.

White, Harrison/ Godart, Frédéric (2007): Märkte als soziale Formationen, in: Beckert, Jens/ Diaz-Bone, Rainer/ Ganßmann, Heiner (Hrsg.): Märkte als soziale Strukturen, Frankfurt: Campus: 197-215.

Wrobel, Martin (2009): Das Konzept regionaler Cluster: Zwischen Schein und Sein? Eine kritische Analyse gängiger Annahmen der aktuellen Clusterdiskussion, in: Jahrbuch für Regionalwissenschaft, 29: 85-103.

Wrong, Dennis (1961): The Oversocialized Conception of Man in Modern Sociology, in: American Sociological Review, Vol. 26, No. 2: 183-193.

Zafirovski, Milan (2001): Exchange, Action, and Social Structure, Westport: Greenwood Press.

Zapf, Wolfgang (1989): Über soziale Innovationen, in: Soziale Welt, Vol. 40, No.1/2: 170-183.

Zelizer, Viviana (1996): Payments and Social Ties, in: Sociological Forum, Vol. 11, No. 3: 481-495.

Zucker, Lynne (1977): The Role of Institutionalization in Cultural Persistence, in: American Sociological Review, Vol. 42, Issue 5: 726-743.

Zysman, John (1983): Governments, Markets, and Growth: Financial Systems and the Politics of Industrial Change, Oxford: Robertson.

The manufacturer's authorised representative in the EU is Springer
Nature Customer Service Centre GmbH, Europaplatz 3, 69115 Heidelberg,
Germany. If you have any concerns regarding our products, please
contact ProductSafety@springernature.com

Printed and bound by CPI Group (UK) Ltd, Croydon, CR0 4YY
27/04/2026
02097643-0002